年志远 ◎ 著

经济安全
与经济发展研究

中国社会科学出版社

图书在版编目(CIP)数据

经济安全与经济发展研究 / 年志远著. —北京：中国社会科学出版社，2017.10
ISBN 978 - 7 - 5203 - 0884 - 7

Ⅰ.①经⋯　Ⅱ.①年⋯　Ⅲ.①经济安全—研究—吉林
Ⅳ.①F127.34

中国版本图书馆 CIP 数据核字（2017）第 210428 号

出 版 人	赵剑英
责任编辑	孙　萍
责任校对	朱妍洁
责任印制	王　超

出　　版	中国社会科学出版社
社　　址	北京鼓楼西大街甲 158 号
邮　　编	100720
网　　址	http://www.csspw.cn
发 行 部	010 - 84083685
门 市 部	010 - 84029450
经　　销	新华书店及其他书店
印　　刷	北京君升印刷有限公司
装　　订	廊坊市广阳区广增装订厂
版　　次	2017 年 10 月第 1 版
印　　次	2017 年 10 月第 1 次印刷
开　　本	710×1000　1/16
印　　张	16.5
字　　数	254 千字
定　　价	68.00 元

凡购买中国社会科学出版社图书，如有质量问题请与本社营销中心联系调换
电话：010 - 84083683
版权所有　侵权必究

目 录

导　言 ·· (1)

第一篇　WTO条件与经济安全

第一章　WTO条件下我国贸易安全研究 ···························· (5)
　　第一节　WTO条件下我国进出口贸易安全分析 ················· (5)
　　第二节　WTO条件下我国进出口贸易安全基本判断 ············ (17)
　　第三节　WTO条件下我国进出口贸易安全维护 ················ (23)
第二章　WTO条件下我国产业安全研究 ··························· (28)
　　第一节　WTO条件下我国能源石化产业安全研究 ············· (28)
　　第二节　WTO条件下我国冶金产业安全研究 ·················· (34)
　　第三节　WTO条件下我国轻工纺织产业安全研究 ············· (41)
　　第四节　WTO条件下我国汽车产业安全研究 ·················· (46)
　　第五节　WTO条件下我国家电产业安全研究 ·················· (50)
第三章　WTO条件下我国金融安全研究 ··························· (61)
　　第一节　WTO条件下我国金融安全分析 ······················· (61)
　　第二节　WTO条件下我国金融安全基本判断 ·················· (81)
　　第三节　WTO条件下我国金融安全维护 ······················· (84)
第四章　WTO条件下我国经济安全专论 ··························· (91)
　　第一节　国家经济安全保障机制研究 ························· (91)
　　第二节　国家经济安全预警指标体系研究 ··················· (96)
　　第三节　我国加入WTO后的"陷阱"研究 ···················· (102)

目 录

第二篇 金融市场与金融结构

第五章 金融市场创新影响金融结构变迁研究综述 (113)
第一节 国外研究综述 (113)
第二节 国内研究综述 (118)
第三节 国内外研究评析 (124)

第六章 吉林省金融市场分析 (129)
第一节 吉林省银行业分析 (129)
第二节 吉林省债券市场分析 (137)
第三节 吉林省农村金融分析 (138)

第七章 金融市场演化分析 (148)
第一节 金融系统的动态演化 (148)
第二节 金融系统的创新完善 (152)
第三节 金融市场创新影响金融结构演进 (154)

第八章 吉林省金融市场创新影响金融结构变迁分析 (157)
第一节 研究对象本质分析 (157)
第二节 研究对象运行分析 (158)
第三节 初步结论 (163)

第九章 完善吉林省金融结构的对策 (165)
第一节 银行业创新对策 (165)
第二节 债券市场创新对策 (169)
第三节 农村金融创新对策 (172)

第三篇 财政杠杆与资源配置

第十章 城市基础设施投融资平台分析 (179)
第一节 城市基础设施投融资平台释义 (179)
第二节 城市基础设施投融资平台出现的背景 (182)
第三节 城市基础设施投融资平台出现的依据 (185)

第十一章 长春市城市基础设施投融资平台发展分析 (188)
第一节 长春市城市基础设施投融资平台发展现状 (188)
第二节 长春市城市基础设施投融资平台存在的问题 (196)

第三节　长春市城市基础设施投融资平台存在问题的
　　　　　　原因 ………………………………………………（197）
第十二章　部分省市城市基础设施投融资平台发展经验及
　　　　　启示 ……………………………………………………（208）
　　第一节　部分省市城市基础设施投融资平台发展的经验 …（208）
　　第二节　部分省市城市基础设施投融资平台发展的启示 …（214）
第十三章　推动长春市城市基础设施投融资平台发展的建议 …（219）
　　第一节　授权长春市财政局统一配置城建资源 ……………（219）
　　第二节　授权长春城开集团为城建资源运营主体 …………（220）
　　第三节　制定扶持城建资源配置主体和运营主体的政策 …（221）
　　第四节　分类运作和管理城建资源 …………………………（221）

第四篇　住房公积金与经济发展

第十四章　长春市住房公积金发展回顾 ………………………（227）
　　第一节　长春市住房公积金建立过程 ………………………（227）
　　第二节　长春市住房公积金发展分析 ………………………（231）
第十五章　长春市住房公积金运行及其风险评价 ……………（239）
　　第一节　长春市住房公积金运行分析 ………………………（239）
　　第二节　长春市住房公积金运行风险评价 …………………（245）
第十六章　长春市住房公积金对长春市经济发展的贡献 ……（250）
　　第一节　拉动了长春市经济增长 ……………………………（250）
　　第二节　改善了部分职工的居住条件 ………………………（251）
　　第三节　促进了长春市房地产市场的发展 …………………（252）

导　言

　　奉献给读者的这部经济安全与经济发展专著，实际上是由笔者主持的四项科研课题的研究报告修改而成。全书由四篇构成。

　　第一篇——WTO条件与经济安全，是笔者2005—2008年主持的吉林大学哲学社会科学跨学科研究项目（项目批准号：2005KXK002），《WTO条件下的我国经济安全问题研究——一种法经济学视角的观照》研究报告的修改稿。

　　第二篇——金融市场与金融结构，是笔者2008—2009年主持的吉林省软科学研究项目（项目编号：20080649），《吉林省金融市场创新影响金融结构变迁的作用机理研究》研究报告的修改稿。

　　第三篇——财政杠杆与资源配置，是笔者2011—2012年主持的长春市软科学研究计划项目（项目编号：11RY04），《长春市利用财政杠杆优化城建资源配置研究》研究报告的修改稿。

　　第四篇——住房公积金与经济发展，是笔者2005—2009年主持的长春市软科学研究计划项目（项目编号：05RK21），《长春市住房公积金运行对长春市经济发展的贡献研究》研究报告的修改稿。

　　本书虽然取得了一定的研究成果，但是，由于是由四个研究报告修改而成，所以本书的系统性和有机性有待完善。为了呈现课题当时的学术观点，本书在编辑时没有对有关资料和数据进行更新，保留了当时结项时的原貌。另外，由于研究者水平有限，难免存在错误、疏漏和不足，欢迎各界朋友和同人予以批评指正。

　　全书共十六章，第一章WTO条件下我国贸易安全研究、第二章WTO条件下我国产业安全研究、第三章WTO条件下我国金融安全研

| 导　言

究、第四章 WTO 条件下我国经济安全专论、第五章金融市场创新影响金融结构变迁研究综述、第六章吉林省金融市场分析、第七章金融市场演化分析、第八章吉林省金融市场创新影响金融结构变迁分析、第九章完善吉林省金融结构的对策、第十章城市基础设施投融资平台分析、第十一章长春市城市基础设施投融资平台发展分析、第十二章部分省市城市基础设施投融资平台发展经验及启示、第十三章推动长春市城市基础设施投融资平台发展的建议、第十四章长春市住房公积金发展回顾、第十五章长春市住房公积金运行及其风险评价和第十六章长春市住房公积金对长春市经济发展的贡献。

年志远

2017 年 1 月 7 日

第一篇

WTO 条件与经济安全

第一章　WTO条件下我国贸易安全研究

加入WTO以后，我国完全履行加入WTO的各项承诺，遵守WTO规则。WTO规则对我国贸易具有双重作用，既具有积极的作用——促进我国贸易快速发展，又具有消极的作用——威胁我国贸易安全。在政府和各界的共同努力下，我国及时有效地化解了威胁，维护了贸易安全；同时，也取得了举世公认的辉煌成就，贸易额逐年快速增加。这表明，在WTO条件下，我国贸易是安全的。我国贸易安全包括多方面内容，其中最重要的是有形商品进出口贸易安全。因此，本章仅研究WTO条件下我国有形商品进出口贸易安全。

第一节　WTO条件下我国进出口贸易安全分析

WTO条件下，我国进出口贸易的安全状况，可以通过分析我国进出口贸易额及其有关数据得出。因为进出口贸易额及其有关数据不仅可以直观反映进出口贸易安全状况，而且还可以间接反映我国维护进出口贸易安全的能力。进出口贸易额不断增加，既表明我国进出口贸易安全，又表明我国维护进出口贸易安全能力较强；进出口贸易额不断减少，既表明我国进出口贸易安全受到威胁，又表明我国维护进出口贸易安全的能力较弱。

由于构成我国进出口贸易额的数据种类较多，较复杂，对它们全部进行分析不仅需要消耗大量的人财物，而且也没有必要。因此，本研究仅选取其中若干重要的数据来分析，但不会影响结果的正确性。考虑多方面因素，确定选取我国进出口贸易额、我国农产品进出口贸易额、我国机电产品进出口贸易额、我国纺织品服装进出口贸易额和我国五矿化工类商品进出口贸易额,作为分析我国进出口贸易安全的分析数据。这四类商品进出口贸易总额约占我国贸易总额的 95% 以上(见表 1.3)。

一 WTO 条件下我国进出口贸易安全的现状

在 WTO 条件下,我国进出口贸易额占世界进出口贸易额的比重不断上升,位次也不断前移。2001 年为第 6 位,2002 年为第 5 位,2003 年为第 4 位,2004 年至 2007 年为第 3 位。

(一) WTO 条件下我国进出口贸易总体安全现状

在 WTO 条件下,我国进出口贸易安全状况可以通过具体分析我国进出口贸易总额增长状况(见表 1.1)、我国国家外汇储备增长状况(见表 1.2)、我国进出口贸易增长率与单类商品进出口贸易增长率比较(见表 1.4)、我国出口贸易增长率与单类商品出口贸易增长率比较(见表 1.5)、我国进口贸易增长率与单类商品进口贸易增长率比较(见表 1.6)和我国进出口贸易差额与单类商品贸易差额比较(见表 1.7)来得出。

表 1.1　　　　　　我国进出口贸易总额增长状况　　　　　单位:亿美元

年份	进出口贸易总额	增长率(%)	出口贸易总额	增长率(%)	进口贸易总额	增长率(%)	贸易差额
2001	5096.5	7.5	2661.0	6.8	2435.5	8.2	225.5
2002	6207.7	21.8	3255.7	22.3	2953.0	21.2	303.7
2003	8512.1	37.1	4383.7	34.6	4128.4	39.9	255.3
2004	11547.4	35.7	5933.6	35.4	5613.8	36.0	319.8
2005	14221.2	23.2	7620.0	28.4	6601.2	17.6	1018.8
2006	17607	23.8	9691	27.2	7916	20.0	1775.0
2007	21738	23.5	12180	25.7	9558	20.8	2622

在 WTO 条件下,截至 2007 年年底(见表 1.1),我国进出口贸易总额持续增长,年均增长 24.7%;我国出口贸易总额持续增长,年均增长 25.7%;我国进口贸易总额持续增长,年均增长 23.3%;我国进

出口贸易差额除2001年和2003年外，每年都保持增长。从我国进出口贸易总额上来分析，我国进出口贸易是安全的。

表1.2　　　　　　　我国国家外汇储备增长状况　　　　　单位：亿美元

2001年	2002年	2003年	2004年	2005年	2006年	2007年
2121	2864	4033	6099	8189	10663	15300
增长28.2%	增长35.0%	增长40.8%	增长51.2%	增长34.3%	增长30.2%	增长43.3%

在WTO条件下，截至2007年年底（见表1.2），我国国家外汇储备总额持续增长，年均增长37.5%，从我国国家外汇储备持续增长上来分析，我国进出口贸易是安全的。

表1.3　　四类商品进出口贸易额占我国进出口贸易总额的比重

年份	我国农产品进出口贸易额占我国进出口贸易总额比重（%）	我国机电产品进出口贸易额占我国进出口贸易总额比重（%）	我国纺织品服装出口贸易额占我国进出口贸易总额比重（%）	我国五矿化工类商品进出口贸易额占我国进出口贸易总额比重（%）
2001	5.5	46.9	13.9	
2002	4.9	50.4	12.5	
2003	4.7	53.2	11.3	24.0
2004	4.4	54.2	9.9	25.8
2005	3.9	54.6	9.3	26.6
2006	3.7	55.5	9.4	26.8
2007	3.6	55.2	8.9	27.9

在WTO条件下，截至2007年年底（见表1.3），我国农产品进出口贸易额、机电产品进出口贸易额、纺织品服装进出口贸易额和五矿化工类商品进出口贸易额占全国进出口贸易总额的比重，年均分别为4.3%、52.8%、10.7%和26.2%。四类商品进出口贸易额年均共占全国进出口贸易总额的比重为95.6%。因此，这四类商品进出口贸易额基本可以代表我国进出口贸易总额。

表1.4　我国进出口贸易增长率与四类商品进出口贸易增长率比较

年份	我国进出口贸易总额增长率（%）	农产品进出口贸易额增长率（%）	机电产品进出口贸易额增长率（%）	纺织品服装进出口贸易额增长率（%）	五矿化工类商品进出口贸易额增长率（%）
2001	7.5	3.5	15.0	0.9	
2002	21.8	9.5	30.8	9.5	
2003	37.1	31.9	44.7	24.2	37.5
2004	35.7	27.2	38.2	26.2	45.9
2005	23.2	9.3	24.3	15.7	27.0
2006	23.8	13.7	25.7	24.9	24.6
2007	23.5	23.0	22.8	17.7	28.3

在WTO条件下，截至2007年年底（见表1.4），我国进出口贸易增长率与单类商品进出口贸易增长率每年保持同步增长。农产品进出口贸易总额年均增长16.8%；机电产品进出口贸易总额年均增长28.7%；纺织品服装进出口贸易总额年均增长17.0%；五矿化工类商品进出口贸易总额年均增长32.6%（2003—2007年）。从我国进出口贸易增长率与单类商品进出口贸易增长率比较上来分析，我国进出口贸易是安全的。

表1.5　我国出口贸易增长率与四类商品出口贸易增长率比较

年份	我国出口贸易总额增长率（%）	农产品出口贸易额增长率（%）	机电产品出口贸易额增长率（%）	纺织品服装出口贸易额增长率（%）	五矿化工类商品出口贸易额增长率（%）
2001	6.8	2.3		1.7	
2002	22.3	12.8	32.2	16.3	
2003	34.6	17.9	44.8	27.7	30.8
2004	35.4	10.1	42.3	21.0	49.6
2005	28.4	16.2	32.0	20.9	31.7
2006	27.2	15.5	28.7	27.9	32.5
2007	25.7	17.8	28.0	19.4	31.3

第一章　WTO条件下我国贸易安全研究

在WTO条件下，截至2007年年底（见表1.5），我国出口贸易增长率与单类商品出口贸易增长率每年保持同步增长。农产品出口贸易总额年均增长13.2%；机电产品出口贸易总额年均增长34.6%（2002—2007年）；纺织品服装出口贸易总额年均增长19.2%；五矿化工类商品出口贸易总额年均增长35.1%（2003—2007年）。从我国出口贸易增长率与单类商品出口贸易增长率比较上来分析，我国出口贸易是安全的。

表1.6　　我国进口贸易增长率与四类商品进口贸易增长率比较

年份	我国进口贸易总额增长率（%）	农产品进口贸易额增长率（%）	机电产品进口贸易额增长率（%）	纺织品服装进口贸易额增长率（%）	五矿化工类商品进口贸易额增长率（%）
2001	8.2	5.2		-1.8	
2002	21.2	5.2	29.4	-13.0	
2003	39.9	52.1	44.5	8.5	41.3
2004	36.0	48.4	34.2	7.8	44.0
2005	17.6	2.2	16	2.0	24.4
2006	20.0	11.9	22.1	5.3	20.2
2007	20.8	28.1	16.7	3.8	26.4

在WTO条件下，截至2007年年底（见表1.6），我国进口贸易增长率与单类商品进口贸易增长率每年保持同步增长。农产品进口贸易总额年均增长21.8%；机电产品进口贸易总额年均增长27.1%（2002—2007年）；纺织品服装进口贸易总额年均增长1.8%；五矿化工类商品进口贸易总额年均增长31.2%（2003—2007年）。从我国进口贸易增长率与单类商品进口贸易增长率比较上来分析，我国进口贸易是安全的。

表1.7　　我国进出口贸易差额与四类商品贸易差额比较　　　单位：亿美元

年份	全国进出口贸易差额	农产品进出口贸易差额	机电产品进出口贸易差额	纺织品服装进出口贸易差额	五矿化工类商品进出口贸易差额
2001	225.5	41.7	-15.2	376.7	
2002	303.7	56.0	13.2	486.4	

续表

年份	全国进出口贸易差额	农产品进出口贸易差额	机电产品进出口贸易差额	纺织品服装进出口贸易差额	五矿化工类商品进出口贸易差额
2003	255.3	23.5	24.7	648.9	-662.3
2004	319.8	-46.4	215.1	805.8	-914.5
2005	1018.8	-14.7	763.7	978.9	-1063.1
2006	1775.0	-6.7	1217.2	1290.3	-1109.4
2007	2622.0	-40.8	2022.0	1569.7	-1314.7

在WTO条件下，截至2007年年底（见表1.7），虽然四类商品进出口贸易差额有顺差也有逆差，但是，每年这四类商品的进出口贸易差额总和均为正值。因此，我国进出口贸易差额与这四类商品的进出口贸易差额总和是同步增加的。从我国进出口贸易差额与四类商品进出口贸易差额总和比较来分析，我国进出口贸易是安全的。

（二）WTO条件下我国农产品进出口贸易安全现状

在WTO条件下，我国农产品进出口贸易安全状况可以通过具体分析我国农产品进出口贸易额及其增长率（见表1.8）和我国农产品进出口贸易总额占全国进出口贸易总额的比重（见表1.9）来得出。

表1.8　　　　　我国农产品进出口贸易额增长状况　　　　单位：亿美元

年份	进出口贸易额	增长率（%）	出口贸易额	增长率（%）	进口贸易额	增长率（%）	贸易差额
2001	277.9	3.5	159.8	2.3	118.1	5.2	41.7
2002	304.4	9.5	180.2	12.8	124.2	5.2	56.0
2003	401.4	31.9	212.4	17.9	188.9	52.1	23.5
2004	510.6	27.2	233.9	10.1	280.3	48.4	-46.4
2005	558.3	9.3	271.8	16.2	286.5	2.2	-14.7
2006	634.8	13.7	314	15.5	320.7	11.9	-6.7
2007	781.0	23.0	370.1	17.8	410.9	28.1	-40.8

在WTO条件下，截至2007年年底（见表1.8），我国农产品进出口贸易额每年都保持增长，年均增长16.8%；出口贸易额每年都保持增

长，年均增长 13.2%；进口贸易总额每年都保持增长，年均增长 21.8%；进出口贸易差额虽然 2001 年至 2003 年为顺差，2004 年至 2007 年为逆差，但是数额极小，对我国进出口贸易安全影响可以忽略不计。因此，从我国农产品进出口贸易额来分析，我国进出口贸易是安全的。

表 1.9　　我国农产品进出口贸易额占我国进出口贸易总额的比重

年份	我国农产品进出口贸易额占我国进出口贸易总额比重（%）	我国农产品进出口贸易额占我国出口贸易总额比重（%）	我国农产品进出口贸易额占我国进口贸易总额比重（%）
2001	5.5	6.0	4.8
2002	4.9	5.5	4.2
2003	4.7	4.8	4.6
2004	4.4	3.9	5.0
2005	3.9	3.6	4.3
2006	3.7	3.1	4.1
2007	3.6	3.0	4.2

在 WTO 条件下，截至 2007 年年底（见表 1.9），我国农产品进出口贸易额占全国进出口贸易总额的比重逐年上升，年均占 4.3%；出口贸易额占全国出口贸易总额的比重逐年上升，年均占 4.2%；进口贸易额占全国进口贸易总额的比重逐年上升，年均占 4.4%。因此，综合分析我国农产品进出口贸易额占全国进出口贸易总额的比重，我国进出口贸易是安全的。

（三）WTO 条件下我国机电产品进出口贸易安全现状

在 WTO 条件下，我国机电产品进出口贸易安全状况可以具体由我国机电产品进出口贸易额及其增长率（见表 1.10）和机电产品进出口贸易额占全国进出口贸易总额的比重（见表 1.11）来反映。

表 1.10　　　　　　我国机电产品进出口贸易状况　　　　　　单位：亿美元

年份	进出口贸易额	增长率（%）	出口贸易额	增长率（%）	进口贸易额	增长率（%）	贸易差额
2001	2391.0	15.0	1187.9		1203.1		−15.2

续表

年份	进出口贸易额	增长率（%）	出口贸易额	增长率（%）	进口贸易额	增长率（%）	贸易差额
2002	3126.8	30.8	1570.0	32.2	1556.8	29.4	13.2
2003	4524.5	44.7	2274.6	44.8	2249.9	44.5	24.7
2004	6253.1	38.2	3234.1	42.3	3019	34.2	215.1
2005	7771.3	24.3	4267.5	32.0	3503.8	16	763.7
2006	9771.5	25.7	5494.2	28.7	4277.6	22.1	1217.2
2007	12000	22.8	7012	28.0	4990.0	16.7	2022.0

在 WTO 条件下，截至 2007 年年底（见表 1.10），我国机电产品进出口贸易持续增长，进出口贸易额年均增长 28.7%；出口贸易额年均增长 34.6%（2002—2007 年）；进口贸易总额年均增长 27.1%（2002—2007 年）。进出口贸易差额始终顺差，而且差额逐年增加。因此，从我国机电产品进出口贸易额来分析，我国进出口贸易是安全的。

表 1.11　我国机电产品进出口贸易额占全国进出口贸易总额的比重

年份	我国机电产品进出口贸易额占我国进出口贸易总额比重（%）	我国机电产品出口贸易额占我国出口贸易总额比重（%）	我国机电产品进口贸易额占我国进口贸易总额比重（%）
2001	46.9	44.6	49.5
2002	50.4	48.2	52.7
2003	53.2	51.0	54.5
2004	54.2	54.5	53.8
2005	54.6	56.0	53.1
2006	55.5	56.7	54.0
2007	55.2	57.6	52.2

在 WTO 条件下，截至 2007 年年底（见表 1.11），我国机电产品进出口贸易额占全国进出口贸易总额的比重逐年上升，年均占 52.8%；出口贸易额占全国出口贸易总额的比重逐年上升，年均占 52.6%；进口贸易额占全国进口贸易总额的比重逐年上升，年均占 52.8%。因此，

从我国机电产品进出口贸易额占全国进出口贸易总额的比重来分析,我国进出口贸易是安全的。

(四) WTO条件下我国纺织品服装进出口贸易安全现状

在WTO条件下,我国纺织品服装进出口贸易状况可以具体由我国纺织品服装进出口贸易额及其增长率(见表1.12)和纺织品服装进出口贸易额占我国进出口贸易总额的比重(见表1.13)来反映。

表1.12　　　　我国纺织品服装进出口贸易状况　　　　单位:亿美元

年份	进出口贸易额	增长率(%)	出口贸易额	增长率(%)	进口贸易额	增长率(%)	贸易顺差
2001	706.9	0.9	541.8	1.7	165.1	-1.8	376.7
2002	773.8	9.5	630.1	16.3	143.7	-13.0	486.4
2003	960.7	24.2	804.8	27.7	155.9	8.5	648.9
2004	1141.9	26.2	973.9	21.01	168.1	7.8	805.8
2005	1321.7	15.7	1150.3	20.9	171.4	2.0	978.9
2006	1651.4	24.9	1470.9	27.9	180.5	5.3	1290.3
2007	1943.5	17.7	1756.1	19.4	187.4	3.8	1569.7

在WTO条件下,截至2007年年底(见表1.12),我国纺织品服装进出口贸易额持续增长,年均增长17.0%;出口贸易额年均增长19.2%;进口贸易总额年均增长1.8%。进出口贸易差额始终顺差,而且差额逐年增加。因此,从我国纺织品服装进出口贸易额来分析,我国进出口贸易是安全的。

表1.13　纺织品服装进出口贸易额占我国进出口贸易总额的比重

年份	纺织品服装进出口贸易额占我国进出口贸易总额比重(%)	纺织品服装进出口贸易额占我国出口贸易总额比重(%)	纺织品服装进出口贸易额占我国进口贸易总额比重(%)
2001	13.9	20.4	6.8
2002	12.5	19.4	4.9
2003	11.3	18.4	3.8

续表

年份	纺织品服装进出口贸易额占我国进出口贸易总额比重（%）	纺织品服装出口贸易额占我国出口贸易总额比重（%）	纺织品服装进口贸易额占我国进口贸易总额比重（%）
2004	9.9	16.4	3.0
2005	9.3	15.2	2.6
2006	9.4	15.1	2.3
2007	8.9	14.4	1.9

在WTO条件下，截至2007年年底（见表1.13），我国纺织品服装进出口贸易额占全国进出口贸易总额比重、出口贸易额占全国出口贸易总额的比重和进口贸易额占全国进口贸易总额的比重，年均分别为10.7%、17.0%和3.6%。因此，从我国纺织品服装进出口贸易额占全国进出口贸易总额的比重来分析，我国进出口贸易是安全的。

（五）WTO条件下我国五矿化工类商品进出口贸易安全现状

在WTO条件下，我国五矿化工类商品服装进出口贸易状况可以具体由我国五矿化工类商品进出口贸易额及其增长率（见表1.14）和五矿化工类商品进出口贸易额占我国进出口贸易总额的比重（见表1.15）来反映。

表1.14　　　　我国五矿化工类商品进出口贸易状况　　　　单位：亿美元

年份	进出口贸易额	增长率（%）	出口贸易额	增长率（%）	进口贸易额	增长率（%）	贸易顺差
2003	2045.0	37.5	691.4	30.8	1353.7	41.3	-662.3
2004	2983.1	45.9	1034.3	49.6	1948.8	44.0	-914.5
2005	3787.3	27.0	1362.1	31.7	2425.2	24.4	-1063.1
2006	4719.7	24.6	1805.1	32.5	2914.5	20.2	-1109.4
2007	6058.5	28.3	2371.9	31.3	3686.6	26.4	-1314.7

在WTO条件下，截至2007年年底（见表1.14），我国五矿化工类商品进出口贸易额持续增长，年均增长32.6%（2003—2007年）；出口贸易额年均增长35.1%（2003—2007年）；进口贸易总额年均增长

31.2%（2003—2007年）。进出口贸易差额始终逆差，而且差额逐年增加。进出口贸易逆差的逐年增加，可以抵消一部分机电产品和纺织品服装进出口贸易顺差。因此，从我国五矿化工类商品进出口贸易额来分析，我国进出口贸易是安全的。

表1.15　　WTO条件下五矿化工类商品进出口贸易额占我国
进出口贸易总额的比重

年份	五矿化工类商品进出口贸易额占我国进出口贸易总额比重（%）	五矿化工类商品出口贸易额占我国出口贸易总额比重（%）	五矿化工类商品进口贸易额占我国进口贸易总额比重（%）
2003	24.0	15.8	32.8
2004	25.8	17.4	34.7
2005	26.6	17.9	36.7
2006	26.8	18.6	36.8
2007	27.9	19.4	38.5

在WTO条件下，截至2007年年底（见表1.15），我国五矿化工类商品进出口贸易额占全国进出口贸易总额比重、出口贸易额占全国出口贸易总额的比重和进口贸易额占全国进口贸易总额的比重逐年上升，年均分别为26.2%、17.8%和35.9%。因此，从我国五矿化工类商品进出口贸易额占全国进出口贸易总额的比重来分析，我国进出口贸易是安全的。

二　WTO条件下我国进出口贸易安全的威胁

加入WTO以后，我国进出口贸易安全的威胁来自两个方面：一是出口贸易；二是进口贸易。

（一）WTO条件下我国出口贸易安全的威胁

在WTO条件下，我国出口贸易安全的威胁主要来自以下几个方面：

第一，反倾销。2001年，世界反倾销调查数为364起，我国遭受反倾销调查数为53起，占世界比重的14.6%；世界最终实施的反倾销数为166起，我国最终被实施的反倾销数为30起，占世界比重的18.1%。2002年，世界反倾销调查数为312起，我国遭受反倾销调查数为51起，占世界比重的16.3%；世界最终实施的反倾销数为216起，我国最终被实施的反倾销数为37起，占世界比重的17.1%。2003年，世界反倾销调查数为232起，我国遭受反倾销调查数为52起，占世界比重的22.4%；世界最终实施的反倾销数为221起，我国最终被实施的反倾销数为40起，占世界比重的18.1%。2004年，世界反倾销调查数为213起，我国遭受反倾销调查数为49起，占世界比重的23.0%；世界最终实施的反倾销数为151起，我国最终被实施的反倾销数为43起，占世界比重的28.5%。2005年，世界反倾销调查数为191起，我国遭受反倾销调查数为57起，占世界比重的29.8%；世界最终实施的反倾销数为131起，中国最终被实施的反倾销数为40起，占世界比重的30.5%。

从我国"入世"到2005年年底，世界反倾销调查数为1312起，中国遭受反倾销调查数为262起，占世界比重的20.0%，世界最终实施的反倾销数为885起，中国最终被实施的反倾销数为190起，占世界比重的21.5%。2006年，我国遭受反倾销调查数为63起。这些数据直观地表明，加入WTO以后，反倾销已经成为我国出口贸易安全的威胁。

第二，反补贴调查。2001年到2003年，我国没有遭受一起反补贴调查。2004年到2007年2月，我国共遭受6起反补贴调查。其中加拿大4起，美国1起，日本1起。反补贴调查已经成为我国出口贸易安全的威胁。

第三，实施保障措施。2001年，我国没有遭遇国外保障措施（特别保障措施）调查。2002年，我国遭遇保障措施调查15起，特别保障措施调查3起。2003年，我国遭遇保障措施调查9起。2004年，我国遭遇保障措施调查9起，特别保障措施调查16起。2005年，我国遭遇保障措施调查5起，涉案金额0.9亿美元，特别保障措施调查涉案金额2.2亿美元。2006年我国遭遇保障措施调查16起，涉案金额4.4亿美元；特别保障措施调查5起，涉案金额0.6亿美元。不断增加的保障措施调查表明，国外保障措施调查已经成为我国出口贸易安全的威胁。

第四，技术壁垒等。依据某些WTO条款，发达国家可以设置各种贸易壁垒阻止我国产品进入该国。2001年，中国约有70多亿美元的出口商品受到技术壁垒的影响。2002年，我国71%的出口企业、39%的出口产品受到国外技术壁垒的限制，造成损失170亿美元，相当于当年出口额的5.2%。出口企业主要受欧盟、美国、日本、韩国等国家和地区技术壁垒的限制。

2005年，我国有15.13%的出口企业受到国外技术壁垒的影响。2006年全国有15.22%的出口企业遭受国外技术壁垒影响。国外技术壁垒已经成为我国出口贸易安全的威胁。

(二) WTO条件下我国进口贸易安全的威胁

在WTO条件下，我国进口贸易安全的威胁主要来自国外产品倾销和国外产品对本国产业的损害。截至2006年5月，我国共发起反倾销调查44起，保障措施1起。

通过依法、公正、合理地实施反倾销措施和保障措施，遏制了境外倾销产品对国内市场和产业的冲击，维护了公平竞争的贸易秩序，大部分受损害产业生产经营状况明显好转，产业竞争力迅速提升。[①] 国内产业的反倾销和保障措施申请已从化工、钢铁、造纸等传统行业产品逐渐向高科技产品、农产品和医药产品拓展。

我国反倾销和实施保障措施已经取得了良好的效果。主要表现为：涉案产品价格回升，涉案国家和地区的产品进口数量明显下降；为受损害产业的恢复和发展创造了良好的环境，促进了产业结构调整和产业升级；提高了我国企业提起反倾销诉讼的积极性。[②]

第二节　WTO条件下我国进出口贸易安全基本判断

在WTO条件下，我国进出口贸易安全的基本判断，主要是从我国进出口贸易安全总体和我国四类商品进出口贸易安全两个方面展开。

[①] 高虎城：《依法实施反倾销措施　维护公平贸易秩序》，《国际商报》2007年6月6日。

[②] 《中国对进口产品已发起反倾销调查43起》，网易（http://news.163.com/06/0420/19/2F652KPO0001124J.html）。

一 WTO条件下我国进出口贸易安全总体判断

加入WTO后,我国完全履行承诺,严格遵循WTO规则。在WTO条件下,尽管我国进出口贸易安全受到一定的威胁,但是这是次要方面,是发展中的小问题,并没有影响到我国进出口贸易的总体安全。也就是说,加入WTO以后,我国进出口贸易一直呈现着良好的发展态势,安全状况良好。这个基本判断可以通过我国进出口贸易总额持续增长、我国进出口贸易总额占世界进出口贸易总额的比重和位次不断提高和我国国家外汇储备持续增长等指标予以说明。

第一,进出口贸易总额持续增长。在WTO条件下,我国进出口贸易发展良好。一是进出口贸易总额持续增长。2001年至2007年分别增长7.5%、21.8%、37.1%、35.7%、23.2%、23.8%和23.5%,年均增长24.6%。二是出口贸易总额持续增长。2001年至2007年分别增长6.8%、22.3%、34.6%、35.4%、28.4%、27.2%和25.7%,年均增长25.7%。三是进口贸易总额持续增长。2001年至2007年分别增长8.2%、21.2%、39.9%、36.0%、17.6%、20.0%和20.8%,年均增长23.3%。四是贸易差额波动性增长。

第二,我国进出口贸易总额占世界进出口贸易总额的比重和位次不断提高。在WTO条件下,我国进出口贸易总额占世界进出口贸易总额的比重和位次不断提高。2001年为第6位,2002年为第5位,2003年为第4位,2004年至2007年为第3位。

第三,我国国家外汇储备持续增长。2001年增长28.2%,2002年增长35.0%,2003年增长40.8%,2004年增长51.2%,2005年增长34.3%,2006年增长30.2%,2007年增长43.0%,年均增长37.5%。

二 WTO条件下我国四类商品进出口贸易安全基本判断

(一) WTO条件下我国农产品进出口贸易安全基本判断

在WTO条件下,我国农产品进出口贸易呈现出较好的发展态势,安全状况良好。这个基本判断可以通过以下事实予以证明。

第一,农产品进出口贸易总额持续增长。加入WTO以后,我国农产品进出口贸易保持增长态势,农产品进出口贸易总额逐年持续增长。

2001年至2007年分别增长3.5%、9.5%、31.9%、27.2%、9.3%、13.7%和23.0%，年均增长16.8%。农产品进出口贸易在较快增长的同时，农产品贸易逆差呈波动状况。这表明在WTO条件下，我国利用WTO规则，促进进出口贸易发展，调节贸易平衡，降低和避免了国外农产品对国内市场的冲击。

第二，农产品出口贸易额持续增长。2001年至2007年分别增长2.3%、12.8%、17.9%、10.1%、16.2%、15.5%和17.8%，年均增长13.2%。若以1990年农产品出口额为基数，2000年比1990年增长57.5%，2006年比1990年增长212.8%，我国已成为世界上农产品出口增长最快的国家之一。[①] 这表明我国正在向农产品进出口贸易大国迈进。

第三，农产品进口总额持续增长。2001年至2007年分别增长5.2%、5.2%、52.1%、48.4%、2.2%、11.9%和28.1%，年均增长21.8%。我国农产品贸易连续4年出现逆差，其根本原因是土地、水等资源相对不足，制约了一些农产品的产量和质量。

现实表明，在WTO条件下，我国农业不但没有受到较大的冲击，反而为我国劳动密集型农产品的出口提供了机遇。虽然2004年至2007年我国农产品对外贸易出现逆差，但是，稍加分析就会发现，这是由于我国连续多年粮食产量不足而出现的。

虽然我国农产品进出口贸易是安全的，但是，并不能因此而忽视存在的问题。存在的主要问题：一是农产品进出口贸易总额占全国进出口贸易总额的比重不断下降。它表明农产品进出口贸易总额的增长率低于当年全国进出口贸易总额的增长率。二是农产品出口贸易总额占全国出口贸易总额的比重不断下降。它表明农产品出口贸易总额的增长率低于当年全国出口贸易总额的增长率。三是农产品进出口贸易顺差占全国进出口贸易顺差的比重不断下降。这些问题有待于在WTO规则下逐步加以解决。

（二）WTO条件下我国机电产品进出口贸易安全基本判断

在WTO条件下，我国机电产品进出口贸易呈现出良好的发展态

---

① 翁鸣：《农产品进出口贸易：在竞争中寻求平衡》，《国际商报》2007年3月3日。

势，安全状况良好。这个基本判断基于以下事实。

第一，机电产品进出口贸易总额快速增长。加入 WTO 以后，我国机电产品进出口贸易总额逐年高速增长。2001 年至 2007 年分别增长 15.0%、30.8%、44.79%、38.2%、24.3%、25.7% 和 22.8%，年均增长 28.7%。可见，在 WTO 条件下，中国利用 WTO 规则，促进了机电产品进出口贸易的高速发展，支持了国民经济的发展。

第二，机电产品进出口贸易总额占全国进出口贸易总额的比重快速增长。在 WTO 条件下，我国机电产品进出口贸易总额的稳健增长，也使其占我国进出口贸易总额的比重稳健上升。一是机电产品进出口贸易总额占全国进出口贸易总额的比重稳健上升。2001 年至 2007 年分别占 46.9%、50.4%、53.2%、54.2%、54.6%、55.5% 和 55.2%，年均占 52.8%。除 2001 年外，其余年份都占 50% 以上，而且是稳健上升。我国机电产品进出口贸易在我国进出口贸易中举足轻重。二是机电产品出口贸易总额占全国出口贸易总额的比重稳健上升。2001 年至 2007 年分别占 44.6%、48.2%、51.0%、54.5%、56.0%、56.7% 和 57.65%，年均占 52.6%。除 2001 年和 2002 年外，其余年份都占 50% 以上，而且是稳健上升。三是机电产品进口贸易总额占全国进口贸易总额的比重稳健上升。2001 年至 2007 年分别占 49.5%、52.7%、54.5%、53.8%、53.1%、54.0% 和 52.2%，年均占 52.8%。除 2001 年外，其余年份都占 50% 以上，趋势是不断上升。

第三，机电产品出口贸易总额快速增长。加入 WTO 后，我国充分利用 WTO 规则，大幅度促进我国机电产品出口贸易总额的增长。2002 年至 2007 年分别增长 32.2%、44.8%、42.3%、32.0%、28.7% 和 28.1%，年均增长 34.6%。2006 年，占世界机电产品出口总额的比重超过 10%。便携式计算机和手机产品，是中国出口额排在第一、第二位的两种机电产品。2006 年中国出口的机电产品中，有 50.3% 是高新技术产品，金额达到 2765 亿美元。

第四，机电产品进口总额波动下降。2002 年至 2007 年分别增长 29.4%、44.5%、34.2%、16%、22.1% 和 16.7%，年均增长 27.1%。2006 年进口额位居前列的为电子器件、自动数据处理设备及零部件、电工器材、通信设备及零件、汽车及零部件、航空航天及零部件、计量检测分析自控仪器及器具、机械基础件和金属加工机床，进口合计为3365亿美元，占机电产品进口总额的78.7%。高新技术机电产品进口比重不断提高，2006年高新技术机电产品进口2433亿美元，占机电产品进口的56.9%。2006年，我国机电产品进口额在全球排名位列第二。机电产品的进口推动了我国产业结构的优化，为国内生产提供了必要的生产资料。

（三）WTO条件下我国纺织品服装进出口贸易安全的基本判断

在WTO条件下，我国纺织品服装进出口贸易呈现出良好的发展态势，安全状况良好。这个基本判断基于以下事实。

第一，纺织品服装进出口贸易总额较快增长。在WTO条件下，我国纺织品服装进出口贸易总额保持增长态势，进出口贸易总额逐年较快增长。2001年至2007年分别增长0.9%、9.5%、24.2%、26.2%、15.7%、24.9%和17.7%，年均增长17.0%。贸易顺差不断增加。2001年至2007年顺差分别为376.7亿美元、486.4亿美元、648.9亿美元、805.8亿美元、978.9亿美元、1290.3亿美元和1569.7亿美元。在WTO条件下，中国利用WTO规则，维护了纺织服装进出口贸易的安全，促进了纺织品服装进出口贸易的快速发展。

第二，纺织品服装出口贸易总额较快增长。我国充分利用WTO规则，促进了我国纺织品服装出口贸易总额的较快增长。2001年至2007年分别增长1.7%、16.3%、27.7%、21.0%、20.9%、27.9%和19.4%，年均增长19.2%。在WTO条件下，依据WTO规则，我国已经形成了适合国情的以一般贸易为主、加工贸易为辅的出口格局。

加入WTO以前，我国纺织品服装出口贸易，一般贸易比例较小，加工贸易比例较大，以来料加工为主。加入WTO六年后，我国已形成以一般贸易为主、加工贸易为辅的出口格局。目前我国纺织品服装出口以一般贸易为主，占总出口的70%左右；加工贸易为辅，约占26%。2001年，一般贸易出口占出口的56.89%。2004年，一般贸易出口增幅达到114%，占贸易出口的67.75%。出口结构趋于优化合理。我国已经改变了面料实力差造成的来料加工局面。目前，我国服装面料直接出口在不断增加，使用国内原产面料制成的服装出口也在增加。

第三，纺织品服装进口贸易总额缓慢波动上升。2001年增长-1.8%，2002年增长-13.0%，2003年增长8.5%，2004年增长7.8%，2005年增长2.0%，2006年增长5.3%，年均增长1.6%。纺织品服装进口总额的缓慢波动上升，不会影响到我国纺织品服装贸易安全。

（四）WTO条件下我国五矿化工类商品进出口贸易安全的基本判断

在WTO条件下，我国五矿化工类商品进出口贸易呈现出良好的发展态势，安全状况良好。这个基本判断基于以下事实。

第一，五矿化工类商品进出口贸易总额快速增长。在WTO条件下，五矿化工类商品进出口贸易总额不断增长。2003年至2007年分别增长37.5%、45.9%、27.0%、24.6%和28.3%，年均增长32.6%。2006年我国资源类产品，如原油、成品油、煤炭、铁矿石、天然橡胶、合成橡胶等进口量快速增长，而资源类产品，如煤炭、原油、成品油等出口在下降。

第二，五矿化工类商品出口贸易总额占全国进出口贸易总额的比重快速增长。加入WTO后，我国五矿化工类商品进出口贸易总额的稳健增长，也使其占我国进出口贸易总额的比重稳健上升。一是五矿化工类商品进出口贸易总额占全国进出口贸易总额的比重稳健上升，年均增长26.2%。二是五矿化工类商品出口贸易总额占全国出口贸易总额的比重稳健上升。五矿化工类商品出口贸易总额占全国出口贸易总额的比重，2003年至2007年分别为15.8%、17.4%、17.9%、18.6%和19.4%，年均占17.8%，稳健上升。三是五矿化工类商品进口贸易总额占全国进口贸易总额的比重稳健上升。五矿化工类商品进口贸易总额占全国进口贸易总额的比重，2003年至2007年分别为32.8%、34.7%、36.7%、36.8%和38.5%，年均占35.9%。

第三，五矿化工类商品出口贸易总额稳定增长。我国充分利用WTO规则，促进了我国五矿化工类商品出口贸易总额稳定增长。2003年增长30.8%，2004年增长49.6%，2005年增长31.7%，2006年增长32.5%，年均增长35.1%。2006年对欧盟双边贸易快速增长，欧盟超过日本成为我国第一大贸易伙伴。

第四，五矿化工类商品进口贸易总额快速增长。加入WTO后，我国五矿类商品进口贸易总额不断增长。2003年增长41.3%，2004年增长44.0%,2005年增长24.4%,2006年增长20.2%,2007年增长26.4%,年均增长31.2%。

第三节 WTO条件下我国进出口贸易安全维护

在WTO条件下,我国应运用WTO规则维护我国进出口贸易安全和促进我国产品国际竞争力的不断提高。

一 依据WTO规则完善国内法律法规

在WTO条件下,我国根据WTO规则制定的法律法规应该实现两个目标,一个是维护我国进出口贸易的安全,另一个是促进我国产品国际竞争力的不断提高。加入WTO以后,根据WTO规则,我国已经制定了一系列相关的进出口贸易法律法规。但是,这些法律法规既不健全,又存在缺陷,难以满足维护我国进出口贸易安全和促进我国产品竞争力不断提高的需要。

比如,现有的进出口贸易法律法规,主要是考虑对国外进口产品的约束,忽视了对我国出口产品的约束,没有把进口国合理的技术标准、环保要求、社会责任等内容,纳入法律法规中强制作为出口企业产品生产的规范。所以,应根据WTO规则完善现有的进出口贸易法律法规,维护我国进出口贸易安全和促进我国产品国际竞争力提高。同时,还应该根据我国实际需要和进口国的实际要求,不断修改完善法律法规和制定新的法律法规,强化维护我国进出口贸易安全目标和促进我国产品国际竞争力提高目标。

二 参与WTO规则制定和WTO事务

参与制定和修改WTO规则,才能表达我国的关切和要求,使WTO规则最大限度地符合和反映我国的意愿,维护我国在世界贸易中的地位和合法权益,维护我国的贸易安全,并在建立和维护公正合理的国际经济秩序方面发挥更大的作用。

同时,还可以利用WTO这个平台,宣传我国改革开放的政策和成就,发展与世界各国的经济合作;将WTO汇集的世界各国经济贸易信息用于我国的经济贸易实践之中；参与 WTO 事务，可以了解世界各国贸易状况和特性，也有利于世界各国对我国贸易的了解，同时，还可以增进与世界各国的友谊，有利于我国依据 WTO 规则促进贸易发展。

三　遵守 WTO 规则和相关国内法律法规

我国已经加入了 WTO，所以，企业和政府的行为就必须遵守 WTO 规则、遵守我国根据 WTO 规则制定的相关法律法规。企业只有遵守了 WTO 规则和我国相关法律法规，生产的产品才能够符合进口国的要求，产品出口才会受 WTO 规则的保护，出口贸易才会安全；政府只有遵守了 WTO 规则和我国相关法律法规，才能对出口产品进行有效保护，才能对进口产品顺利地实施反倾销、反补贴和保障措施，才能取得预期成效，进出口贸易才会安全。

如果出口企业不遵守 WTO 规则和我国相关法律法规，"独来独往"生产，那么，产品出口后就有可能遭遇到技术、社会责任等壁垒；即使出口企业能够按照 WTO 规则和我国相关法律法规进行生产，但如果不按照 WTO 规则要求和我国相关法律法规要求出口，产品出口后也可能遭遇反倾销和保障措施等壁垒。如果是我国政府没有遵守 WTO 规则和我国相关的法律法规，盲目为企业减税、优惠和补贴等，或放任企业"自主"生产和"自由"出口等，也将使我国出口产品遭遇反补贴、技术壁垒和反倾销等。因此，在开展进出口贸易中，无论是企业，还是政府，都必须严格遵守 WTO 规则和我国相关法律法规。

四　运用争端解决机制

加入 WTO 后，我国维护自身利益有了更多的政策选择，其中一个重要手段就是运用 WTO 争端解决机制处理同其他成员国的贸易争端。利用 WTO 规则所赋予的权利，审视其他成员国对我国产品的反倾销、反补贴和保障措施等立法，审视其他成员国对我国产品的反倾销、反补贴和保障措施。通过 WTO 争端解决机制，要求其符合 WTO 规则，保护我国企业利益，改变我国企业受制于他国国内法律的被动局面。制定运用争端解决机制的国内法律法规；成立专门管理机构，具体运作 WTO 争端解决机制。

对于我国企业和产品遭遇的各种不公平待遇或歧视，要合理运用WTO的争端解决机制，及时申诉，维护企业合法权益。遵守WTO规则和国内相关法律法规，尽量避免或减少各种潜在贸易争端的发生。

参考文献

1. 《完善产业损害预警机制》，《公共商务信息导报》2006年7月7日。
2. 刘力：《国外反补贴 中国面临的紧迫课题》，《今日浙江》2007年第6期。
3. 薛珺君：《贸易技术壁垒预警系统的分析与设计》，硕士学位论文，暨南大学，2007年。
4. 宋东霞：《中欧纺织品贸易摩擦问题研究》，硕士学位论文，东北财经大学，2007年。
5. 瞿启平：《反倾销的经济效益及公共利益》，《当代经济》2008年第5期。
6. 王国明：《直面倾销与反倾销》，《中国工商报》2007年6月21日。
7. 高虎城：《依法实施反倾销措施 维护公平贸易秩序》，《国际商报》2007年6月6日。
8. 吴竑：《运用贸易救济措施维护产业安全的思考》，《湖南财经高等专科学校学报》2007年第6期。
9. 武非、许炯锋、周维：《我国出口企业反倾销现状、原因及对策》，《泰安教育学院学报岱宗学刊》2008年第4期。
10. 张长青：《我国企业反倾销的现状和对策》，《消费导刊》2008年第4期。
11. 任思强：《我国将逐步细化贸易救济措施》，《北京商报》2007年8月1日。
12. 裴玥：《商务部着力推进产业安全保障体系建设》，《国际商报》2007年7月31日。
13. 吴竑：《贸易救济措施不是生产力落后的保护伞》，《国际商报》2007年9月28日。
14. 姜岩：《我国企业应对反倾销的现状和对策》，《中国科技信息》2008年第6期。
15. 李军伟、崔强：《浅析我国反倾销的发展状况》，《当代经济》2008年第1期。
16. 何芬兰：《商务发展"法"护航》，《国际商报》2007年10月11日。
17. 何芬兰：《商务法律工作护航商务发展》，《国际商报》2008年2月26日。
18. 赵晓亮：《五矿化工行业进出口双飘红》，《国际商报》2007年3月7日。

19. 马涛、赵敏：《纺织业围追堵截中顽强发展》，《WTO 经济导刊》2006 年第 12 期。

20. 梁若韫、赵敏：《WTO·出口五年说赢》，《中国服饰报》2007 年 2 月 2 日。

21. 徐元明：《我国农产品国际贸易状况及发展对策》，《世界经济与政治论坛》2005 年第 6 期。

22. 何振红：《我国机电产品进出口结构调整步伐加快》，《经济日报》2007 年 3 月 7 日。

23. 翁鸣：《我国农产品进出口贸易基本现状及原因分析》，《农业展望》2007 年第 4 期。

24. 王帆：《WTO 争端解决机制的法律问题研究》，硕士学位论文，大连海事大学，2004 年。

25. 本刊编辑部：《2006 年机电产品进出口分析》，《进出口经理人》2007 年第 4 期。

26. 谢瑛慧：《与 WTO 规则接轨法律问题研究》，硕士学位论文，大连海事大学，2002 年。

27. 胡文：《截至 3 月底我国对进口产品共发起反倾销调查 43 起》，《中国贸易报》2006 年 5 月 11 日。

28. 汤莉：《贸易摩擦频发　机电产品贸易良性发展要"跨栏"》，《中国贸易报》2007 年 2 月 15 日。

29. 杨益：《全球贸易救济的现状、发展及我国面临的形势》，《国际贸易》2007 年第 9 期。

30. 杨益：《运用贸易救济措施　维护国内产业安全》，《国际商报》2007 年 10 月 15 日。

31. 徐微：《论技术性贸易壁垒及其对中国机电产业国际竞争力的影响和对策》，硕士学位论文，复旦大学，2008 年。

32. 陈振锋、吴莹、汪寿阳：《中国机电产品进出口的统计分析》，《国际技术经济研究》2005 年第 3 期。

33. 王虹：《论入世对我国社会经济的总体影响》，《华北煤炭医学院学报》2005 年第 4 期。

34. 《中国对进口产品已发起反倾销调查 43 起》，网易（http：//news.163.com/06/0420/19/2F652KPO0001124J.html）。

35. 翁鸣：《农产品进出口贸易：在竞争中寻求平衡》，《国际商报》2007 年 3 月 3 日。

36. 高维新:《我国贸易救济制度的建立、实践与完善》,《对外经贸实务》2010年第5期。

37. 陈焱:《我国对外实施反倾销措施研究》,硕士学位论文,江苏大学,2007年。

38. 商文:《贸易救济措施"春风化雨"》,《国际商报》2006年7月11日。

39. 胡敏华:《人民币升值背景下我国企业国际化战略转型》,《经济管理》2010年第7期。

第二章 WTO条件下我国产业安全研究

加入WTO后,我国产业发展就开始遵循WTO规则。WTO规则对我国产业发展,既有积极的一面,即有利于我国产业快速发展;又有消极的一面,即威胁我国产业安全。因此,我们必须对WTO规则对我国产业发展的影响展开深入研究,在此基础上,充分利用WTO规则积极的一面,抑制WTO规则消极的一面,既促进我国产业快速发展,又维护我国产业安全。我国产业种类较多,受时间等因素约束,难以对所有产业都进行产业安全研究。因此,本章仅重点研究能源石化产业、冶金产业、轻工纺织产业、汽车产业和家电产业等安全问题。

第一节 WTO条件下我国能源石化产业安全研究

在WTO条件下,我国能源石化产业安全研究,主要是从我国能源石化产业安全分析、我国能源石化产业安全基本判断和我国能源石化产业安全维护三个方面展开。

一 WTO条件下我国能源石化产业安全分析

(一) WTO条件下我国能源石化产业安全现状

在WTO条件下,依据WTO有关规则创造的有利条件,我国能源石化企业在国内外进行了一系列收购和并购活动,扩大了行业规模,增强了行业实力,提高了产量和经济效益,加快了行业发展。2006年,我国生产原油18500万吨,同比增长1.5%;原油加工量29000万吨,同比增长5%;生产天然气590亿立方米,同比增长20%;生产原煤

20.80 亿吨，同比增长 6%；发电 27400 亿千瓦时，同比增长 13.5%。2007 年，我国生产原油 18665.7 万吨，同比增长 1.6%；原油加工量 32679.3 万吨，同比增长 6.4%；生产天然气 693.1 亿立方米，同比增长 23.1%；生产原煤 23 亿吨，同比增长 9.4%；发电 32086.8 亿千瓦时，同比增长 14.9%。

我国能源石化产业包括石油化工行业、煤炭行业和电力行业。下面分别对这三个行业安全进行分析。

第一，石油化工行业安全分析。2007 年，我国石油和化工行业共有企业 26043 家，其中国有企业 2432 家，非国有企业 23611 家，分别占 9.3% 和 90.7%。国有企业资产规模 16133 亿元，占全行业资产规模比例为 61.6%；非国有企业资产规模 10216.1 亿元，占全行业资产规模比例为 38.4%，销售收入 13478.7 亿元，占比 40.8%，利润总额 910.8 亿元，占比 24.6%。

2007 年，原油和天然气行业的集中度为：中国石油天然气集团公司、中国石油化工集团公司、中国海洋石油总公司三家公司的原油产量、天然气产量分别占全国总产量的 95% 和 94%，原油加工量占全国总加工量的 93%。原油产量中石油和中石化占 80%，中海油约占 5%；天然气产量也集中在中石油和中石化，集中度超过 85%，中海油约占 8%；原油加工的市场集中度更高，中石油和中石化约占 92%。

2007 年，精炼石油产品制造业产品集中度为：排名前十的企业总产量占行业总产量的 34.37%；排名前 20 的企业总产量占行业总产量的 83.95%；排名前 40 的企业总产量占行业总产量的 90.59%。2005—2007 年，排名前 40 的企业总产量占行业总产量都在 90% 以上，这表明整个行业产品集中度基本不变，属于较高状态。

2007 年，我国石油化工行业利润继续保持增长。全年实现利润 5300 亿元，增长 21.08%；对 GDP 的贡献为 5.99%，比上年提高 0.2 个百分点。原油和天然气开采业效益继续增长，全年实现利润 3618 亿元，同比增长 23.8%。炼油业为稳定国内物价，做出了牺牲。全年亏损 226.2 亿元。

在 WTO 条件下，我国石油化工行业稳定发展，处于安全态势之中。

第二,煤炭行业安全分析。我国是世界第一产煤大国,产量占世界的37%。2006年超过20亿吨,2007年为23亿吨。我国现有煤炭可采储量为1145亿吨,占世界储量的11.5%。2006年,我国煤炭出口量占世界总出口量的11%,居世界第二位。虽然我国煤炭生产持续增加,但进口量也在持续增加,很快就会成为煤炭净进口国。

加入WTO后,全国煤炭行业生产、运输和销售继续保持增长。从煤炭生产情况来看,小煤矿安全整治力度不断加大,出现一批产能超千万吨的煤炭集团,保证了原煤产量的持续增长。2007年,全国原煤产量为252341.7万吨,增加19163.55万吨,增长8.22%;全国商品煤销量约223400万吨,同比增长8.1%;煤炭出口大幅度减少,出口5300万吨,同比下降13.9%;社会煤炭库存继续上升,到12月末,社会库存17200万吨,比年初增长9.5%,但煤矿库存同比下降2.15%;铁路煤炭发送量15.4亿吨,增运1.6亿吨,同比增长11.9%。煤炭运力增长快于同期煤炭产量增长,煤炭运输难的问题正在逐步解决之中。

2007年,我国第一部专门针对煤炭行业发展的产业政策——《煤炭产业政策》出台。煤炭产业政策要求,推进煤炭企业股份制改造、兼并和重组,形成以大型煤炭企业集团为主体、中小型煤炭企业协调发展的产业组织结构;通过整合,淘汰中小煤矿,提高产业集中度,抑制无序竞争,调控大集团的产量,调解未来煤炭供求平衡。

2006年,全国十大煤炭集团的原煤产量为6.5亿吨,占全国煤炭产量的27.38%,市场集中度较低。2007年,全国关闭小煤矿近9000个,剩余2万个左右。其中,产量1亿吨的2家、5000万吨的4家、千万吨以上的31家。2007年国有重点煤矿产煤量约占全国总产量的48%,乡镇煤矿占35%,国有地方煤矿占17%。全国31家产量在千万吨以上的煤炭企业市场占有率为43%。

2007年我国煤炭开采和洗选业销售收入9126亿元,利润总额951亿元,利润率为40.43%。但是,负债也相对较高,增长率超过销售收入增长率。同时,销售费用也偏高,为348亿元,增加17.47%,这表明,费用压缩空间还较大。

总体来说,我国煤炭行业稳定发展,处于安全态势之中。

第三,电力行业安全分析。在WTO条件下,我国电力行业发展迅速，取得了巨大的成就，电力工业呈现持续稳定增长态势。发电装机容量和年发电量均已跃居世界第二位。2001年，全国发电量14332.51亿千瓦时；2002年，全国发电量16024亿千瓦时；2003年，全国发电量18462.1亿千瓦时；2004年，全国发电量21302.3亿千瓦时；2005年，全国发电量24145.8亿千瓦时；2006年，全国发电量28344亿千瓦时；2007年，全国发电量32086.8亿千瓦时，同比增长14.9%。电力消费也处于较高水平。2007年，全社会用电量约32000亿千瓦时，电力供需基本平衡，缺电状况明显改善。我国电力行业基本都是国家资本。有五大国有电力集团，两大电网集团。五大国有电力集团发电资产占全国总额的50%。

随着小火电企业的关停展开，电力企业整体生产效率不断提升，带动电力生产和供应业产品销售收入和利润快速增长。2007年，电力生产业实现利润1000亿元，同步增长23.75%。电力生产业资金利润率为8.67%，成本费用利润率为12.65%，行业获利能力稳步增强。

(二) WTO条件下我国能源石化产业安全的威胁

第一，进出口贸易环境差。环境差主要是指出口贸易壁垒增加和进口石油价格上涨。国外不断对我国石化产品设置贸易壁垒，使我国石化产品出口环境日趋严峻。国内资源紧张，国际石油价格不断上涨，导致行业成本上升，对产业发展形成制约。加入WTO后，由于我国石化产品成本低、质量高、服务好；再加上WTO规则的某些促进作用，所以，我国石化产品出口快速增加，国际市场份额也不断加大，这导致世界各国，特别是西方发达国家，不断设置新的贸易壁垒，阻止我国石化产品出口。因为我国已经加入了WTO，所以它们利用产品数量、关税等传统贸易壁垒限制我国产品进入已难以实现，因而开始设立一些非关税壁垒。

2006年，我国矿产和化工产品遭遇对外贸易壁垒高达67起，致使我国化工产品出口遭受巨大损失。近两年，国际石油价格飞涨，石油价格最高达140多美元，我国又是石油进口大国，所以，我国石油化工企业面临巨大的成本压力，同时，国内商品油市场也不断波动，影响了社会的稳定。

第二，产业集中度低。煤炭企业集中度提高，是世界煤炭工业的发展趋势。世界先进产煤国家矿井产量均在 200 万吨左右。美国前 4 家煤炭企业集中度为 46.7%，澳大利亚前 5 家集中度为 71.5%，南非前 4 家集中度为 62.3%。我国目前全国矿井年产量为 3 万吨，前 5 家煤炭企业市场集中度约为 15%。我国煤炭产业集中度低，无序竞争严重，煤炭企业相对规模、实力与世界大公司相比，有相当大的差距。煤炭产能集中化，是竞争力增强的重要表现。

第三，电产品结构不合理。从发电量结构上来看，我国火电发电量占绝对优势。比如，2007 年，火电发电量占总发电量的比重为 84%；水电发电量占总发电量的比重为 14.13%；核电发电量占总发电量的比重为 1.9%；风能等其他能源发电量占总发电量的比重为 0.34%。

二 WTO 条件下我国能源石化产业安全基本判断

在 WTO 条件下，我国能源石化产业发展态势良好。能源供应持续增长，为经济社会发展提供了重要支撑；能源消费快速增长，为能源市场创造了广阔的发展空间。石油化工行业运行平稳，煤炭行业产销旺盛，电力行业供需持续增强，市场监管进一步完善。我国能源石化产业呈安全状态。

（一）WTO 条件下我国石油化工行业安全基本判断

在 WTO 条件下，我国石油化工行业快速发展，呈现出良好的发展态势。国有企业在石油化工行业具有绝对的控制力。国有企业资产规模占全行业的 61.6%；利润占 75.4%。国有企业原油产量、天然气产量和原油加工量分别占全国总量的 93% 以上。在精炼石油产品制造行业的前百家企业中，产品产量集中度较高。2005—2007 年，排名前 40 的企业总产量占行业总产量都在 90% 以上，行业产品集中度较高。我国石油化工行业利润继续保持增长，对 GDP 的贡献不断增加。因此，在 WTO 条件下，中国石油化工行业稳定发展，处于安全态势中。

（二）WTO 条件下我国煤炭行业安全基本判断

在 WTO 条件下，我国煤炭产业快速发展，煤炭生产、运输和销售继续增长，呈现出良好的发展态势。小煤矿安全整治已见成效，组建了一批超千万吨的煤炭集团，保证了原煤供应不断增长。煤炭产业政策的出台，也有利于提升我国煤炭行业在 WTO 条件下的竞争力。我国煤炭企业的不足是市场集中度较低，全国31家千万吨以上的煤炭企业市场占有率仅为43%。虽然我国煤炭企业还存在一定的问题，但是，无论是从生产角度来看、从销售角度来看，还是从运输角度来看，都是安全的。

（三）WTO条件下我国电力行业安全基本判断

在WTO条件下，我国电力行业稳步发展，已成为世界电力大国，满足了国民经济的发展需要，发展态势良好。发电量持续增长，2001年到2007年，发电量增长了2.23倍。供需基本平衡，缺电状况明显改善。我国电力行业的最大特色是国家资本垄断经营。虽然电力生产企业利润增速低于电力供应企业，但是，电力生产业的利润仍在以两位数增长，显示出强劲的发展势头。从长远发展来看，我国电力行业的不足是火电比重过大，水电和核电比重过小。但是，这并不影响我国电力行业安全。

三 WTO条件下我国能源石化产业安全的维护

在WTO条件下，维护我国能源石化产业安全有多种措施。这里仅从法经济学角度探讨几种主要的措施。

（一）完善政策法规，支持企业到国外投资建厂

要改善我国石化企业的生产经营环境，即规避出口贸易壁垒和规避石油价格上涨，应采取的对策之一就是走出去，到国外建立生产企业和采油企业。同时，还应加快进入石油储藏量较大的国家建立采油企业。目前我国已经开始这样做了，但步子还应大一些、快一些。

2006年，中信集团与加拿大Nations Energy公司就收购哈萨克斯坦的油田达成最终收购协议。中信集团出资19.1亿美元，获得哈萨克斯坦公司JSC Karazhanbasmunai 94.6%的权益，该公司拥有位于哈萨克斯坦Mangistau Oblast的Karazhanbas油气田的100%开采权，期限至2020年，该油气田石油探明储量逾3.4亿桶，目前日产量超过5万桶。2007年，中国化工集团公司收购了澳大利亚最大的乙烯生产企业——凯诺斯（Qenos）控股有限公司的100%股权。

（二）制定产业政策，组建大型企业集团

在WTO条件下，依据《反垄断法》，我国煤炭行业应在提高进入壁垒的同时，降低退出壁垒，建立跨区域大型煤炭企业集团。在经济全

球化和资源市场化的进程中,国外煤炭企业已经通过兼并、联合重组等方式,组建了大型煤炭集团,具有了显著的竞争优势。

为了适应WTO条件下的挑战和维护我国煤炭行业安全,我国应依据WTO规则、《反垄断法》和产业政策,组建一批跨行业、跨地区、跨国家的煤电、煤化工、煤冶金、煤建材等大型煤炭企业集团。在各省,以国有重点煤矿为核心,联合地方国有煤矿和乡镇煤矿,组建企业集团,将物资供应、基建施工、煤炭销售、煤炭运输等有机结合起来,增加企业的综合盈利能力。同时,推进煤炭市场建设,为煤炭生产和销售提供交易平台;发展煤炭期货市场,确定价格,确定供求关系。

(三) 制定电力发展政策,发展水电和核电

我国电力生产结构中,火电产量比重过大,水电和核电比重过小。因此,未来一段时间,我国应制定水电和核电快速发展法规,并依此法规,大力发展水电和核电生产,优化电力生产结构。我国水资源丰富,还有很多水资源没有得到充分利用,所以,水电发展的空间较大。首先应提高已利用的水力资源发电的效率,其次是尽快利用尚未利用的水力资源发展水电,比如,应加快利用西藏地区水利资源发展水电。西藏地区水力资源蕴藏量占全国的29%,技术可开发量占全国的20.3%,仅次于四川省。所以,未来我国水力发电的主战场应逐渐向金沙江、澜沧江和怒江上游转移。我国已具有核电生产技术能力,所以,完全可以利用已经掌握的技术和生产优势,大力发展核电。同时,也可以同法国等核电发达国家合作,共同发展我国核电事业。

第二节　WTO条件下我国冶金产业安全研究

在WTO条件下,我国冶金产业安全研究,主要是从我国冶金产业安全分析、我国冶金产业安全基本判断和我国冶金产业安全维护三个方面展开。

一　WTO条件下我国冶金产业安全分析

(一) WTO条件下我国冶金产业安全现状

冶金行业是我国重要的原材料工业部门,为国民经济各部门提供金

属材料，也是经济发展的物质基础。改革开放以来，特别是在 WTO 条件下，我国冶金产业发展迅速。随着产业结构调整政策的实施和国民经济增长速度的加快，冶金产业生产持续增长，行业经济效益不断提高。2007 年，冶金产业实现总产值 19694.7 亿元，比上年增加 5510.1 亿元，同比增长 38.85%；累计产品销售收入 18475.5 亿元，比上年增加 455.5 亿元，同比增长 49.18%。

我国冶金产业包括钢铁行业和有色金属行业。下面分别对这两个行业安全进行分析。

第一，钢铁行业安全分析。在 WTO 条件下，在出口的拉动下，我国钢铁行业生产持续增长。2003 年、2005 年和 2007 年，我国钢产量分别达到 2.22 亿吨、3.49 亿吨和 4.03 亿吨。目前，我国已成为世界上最大的钢铁生产国、钢铁消费国、钢铁净出口国和铁矿石进口国，成为世界最大的钢铁市场。我国已成为钢材净出口国。

随着我国经济的快速增长，消费结构升级引导投资结构、产业结构调整步伐加快，工业化和城市化进程带动了制造业和建筑业，尤其是房地产行业的快速发展，引致钢铁产品的需求持续增长。另外，世界经济持续稳定的增长，也拉动了钢铁出口增长。在 WTO 条件下，在国内外钢铁市场旺盛需求的拉动下，我国钢铁产业也快速发展。比如，2007年，全国粗钢产量为 40273.21 万吨，同比增长 17.6%；生铁产量为 34638.21 万吨，同比增长 15.7%；钢材产量为 41753.82 万吨，同比增长 24.0%。我国粗钢产量占世界总产量的 36.9%，是世界粗钢产量增长的主导因素。

2006 年，我国 1 家钢铁企业产量为 2000 万吨以上，是近年唯一进入世界钢铁企业前十名的企业；8 家钢铁企业产量为 1000 万吨以上，占全国钢产量的 30.46%；17 家钢铁企业产量为 500 万吨以上，占全国钢产量的 46.33%；44 家钢铁企业产量为 200 万吨以上，占全国钢产量的 71.95%。

2005 年，我国出台了《钢铁产业发展政策》。该政策指出，"通过钢铁产业组织结构调整，实施兼并、重组扩大具有比较优势的骨干企业集团规模，提高产业集中度"。在《钢铁产业发展政策》的指导下，我国钢铁产业内部进行了一定规模的并购、重组，产业集中度下滑的势头得到了遏制且有所提高。但是，与世界钢铁行业的兼并、重组相比，我国钢铁行业的兼并、重组进展太缓慢。

2007年，我国钢铁企业盈利水平继续提高。1—8月份，实现利润1245亿元，同比增长58.9%。但是，值得关注的是，钢铁企业环比效益（销售收入利润率）连续4个月走低，已明显低于2006年同期水平。其主要原因是铁矿石等原材料费用、海运费用大幅度上涨所致。

2007年前8个月，钢铁行业成本费用利润率为6.01%，同比增加0.87个百分点。其中，大型企业成本费用利润率为7.88%，高于钢铁行业平均水平1.87个百分点；中小型企业成本费用利润率分别为3.65%和2.8%。国有企业和股份制企业成本费用利润率分别为7.76%和8.99%，高于钢铁行业平均水平1.75和2.98个百分点；私营企业成本费用利润率为3.31%。

第二，有色金属行业安全分析。在WTO条件下，我国有色金属产业快速发展。2002年，我国10种常用有色金属产量超过1000万吨，成为世界第一大有色金属生产国。截至2006年年初，我国规模以上有色金属企业总资产已是2000年的2.23倍，产品销售收入是3.71倍，实现利税是5倍，实现利润是8.2倍。

2007年，我国有色金属企业总资产高达15154亿元。其中，大型企业总资产8205.89亿元，占全部总资产的54.15%；中型企业总资产4224.93亿元，占全部总资产的27.88%；小型企业总资产2723.17亿元，占全部总资产的17.97%。2007年，我国有色金属行业前10家企业实现销售收入和利润分别为2243.57亿元和205.48亿元，占行业的13.56%和20.64%。

近几年，我国有色金属行业发展呈现投资主体多元化、非国有经济增长较快的特点，特别是股份和三资企业快速发展。2007年，国有企业总资产为3485亿元，占全国总资产的23%；多种经济成分的非国有企业总资产为11669亿元，占全国总资产的77%。国有企业工业总产值2837亿元，占全国的16.1%；非国有企业工业总产值14784亿元，占全国的83.9%。国有企业实现销售收入2894亿元，占全部总销售收入的17.5%，实现利润257亿元，占全部总利润的25.8%；非国有企业实现销售收入13642亿元，占全部总销售收入的82.5%，实现利润

749亿元，占全部总利润的75.2%。非国有企业已经成为我国有色金属行业发展的重要力量。

2007年，我国有色金属产量持续增长，10种有色金属产量2377万吨，同比增长24%；实现工业总产值17844.7亿元，同比增长39.48%；完成销售收入16534.77亿元，同比增长30.31%。受宏观调控影响，有色金属行业利润增速放缓，全年共实现利润995.7亿元，同比增长35%（2006年同比增长59.85%），下降24.85个百分点。

（二）WTO条件下我国冶金产业安全的威胁

第一，产业集中度低。2007年，世界主要国家的钢铁集中度（CR4）为：巴西99.0%、韩国88.3%、日本73.2%、俄罗斯69.2%、印度67.7%、美国61.1%、中国19%。我国钢铁行业集中度低的原因，主要是企业内部积累和外部扩张较慢；市场进入壁垒较低，企业进入过度。集中度低带来的问题是产业结构与产业布局不合理、产品档次低和质量差、资源消耗高和环境污染，同时，在原材料采购和产品销售方面与上下游的谈判能力较弱。

第二，技术创新不足。"十五"期间，我国冶金产业通过深化改革、行业结构调整，实力显著增强，国际影响力不断提高，已成为世界钢铁和有色金属生产大国，钢铁和有色金属产量连续多年居世界第一位。但是，与发达国家相比，我国冶金产品质量和技术含量还存在较大的差距，还存在技术落后、自主创新能力薄弱等问题，这些问题已经严重制约我国冶金产业竞争力。所以，虽然我国已成为冶金产业大国，但还不是冶金产业强国。我国冶金产业需要通过科技进步和自主创新，实现产业经济增长方式的转变，实现产业全面升级。

第三，出口贸易环境较差。从2004年开始，国内钢铁产能快速释放，出口也开始快速增长，同时，进口开始减少。到2006年，我国已由钢材的净进口国变为净出口国，并成为世界最大的钢材出口国。2006年我国钢材出口量是2001年的9倍。巨大的出口量引起国际主要钢铁生产国的不满，钢材贸易摩擦不断出现。比如，2007年上半年，美国、加拿大、欧盟、日本、韩国、墨西哥相继对我国提出多项"反补贴"申诉。

第四，铁矿石价格飙升。自2000年开始，我国铁矿石进口量开始以 25% 以上的增速大幅增加，铁矿石进口量的大幅增长主要源于我国进口未烧结铁矿石的大幅增长。我国铁矿石进口量从"十五"初期的 9239 万吨增加至 2007 年的 3.84 亿吨，增长 3.16 倍，7 年翻了两番，铁矿石进口量的大幅增长见证了我国钢铁行业的快速发展。日本原为世界第一大钢铁生产国，当我国成为第一大钢铁生产国后，日本开始大幅度推动铁矿石价格上涨，以打击我国钢铁业的发展。

比如，2003 年日本钢铁企业率先与铁矿石生产商达成涨价 8.9% 的协议，使当年铁矿石价格上涨了 8.9%；2005 年日本钢铁企业率先与铁矿石生产商达成涨价 71.5% 的协议，使当年铁矿石价格上涨了 71.5%；2008 年日本钢铁企业又率先与铁矿石生产商达成涨价 65% 的协议，使铁矿石价格上涨了 65%。2001 年至 2008 年，国际铁矿石基准价格涨幅分别为：4.30%、-2.40%、8.90%、18.62%、71.50%、19%、9.50% 和 65%。进口铁矿石价格上涨已将我国钢铁业逼入绝境。

二　WTO 条件下我国冶金产业安全基本判断

在 WTO 条件下，我国冶金产业发展态势良好。市场供应持续增长，为国民经济各部门提供了重要的原材料。冶金产业运行平稳、产销旺盛、供需基本平衡，产业政策完善。因此，我国冶金产业呈安全状态。

（一）WTO 条件下我国钢铁行业安全基本判断

在 WTO 条件下，我国钢铁行业快速发展，呈现出良好的发展态势。到 2007 年年底，我国钢产量已超过 4 亿吨，连续多年位居世界第一。我国粗钢产量占世界总产量的比重已超过 30%，成为世界粗钢产量增长的核心因素，目前已成为世界最大的钢铁市场。近几年，我国钢材出口数量成倍增长，实现了跨越式发展，现在已成为钢材的净出口国。为改善贸易环境，2007 年上半年我国四次出台抑制钢铁出口政策。国家发改委要求企业"以销定产"，加强产、供、销衔接，淘汰落后产能；同时提高市场准入门槛，严格控制新开工项目。这些措施维护了我国钢铁产业安全。为了提高钢铁产业的集中度，我国出台了《钢铁产业发展政策》，推进和支持钢铁行业兼并、联合、重组，组建大企业集团，提高产业集中度，使产业集中度下滑得到遏制且有所提高。因此，在 WTO 条件下，我国钢铁行业是安全的。

（二）WTO 条件下我国有色金属行业安全基本判断

在 WTO 条件下，我国有色金属行业快速发展。到 2002 年，我国已成为世界第一大有色金属生产国。近 6 年，我国规模以上有色金属企业总资产、销售收入、利税和利润均成倍增长。2007 年，我国大型有色金属企业总资产占全部总资产的比重超过 50%。我国有色金属行业发展已呈现投资主体多元化，非国有经济已经成为我国有色金属行业发展的主导力量。比如，2007 年，非国有企业总资产、总产值、销售收入和利润，占全部总资产、总产值、总销售收入和总利润均超过 70%。在 WTO 条件下，我国有色金属行业是安全的。

三 WTO 条件下我国冶金产业安全的维护

在 WTO 条件下，维护我国冶金产业安全有多种措施。这里仅从法经济学角度探讨几种主要的措施。

（一）完善政策法规，提高产业集中度

在 WTO 条件下，我国必须完善政策法规，并依据政策法规组建大型冶金企业集团，提高产业集中度。从世界范围来看，主要发达国家和地区的钢铁企业为了优化产业结构和产业布局，提高产品档次和质量，降低资源消耗和环境污染；实现规模经济、降低原材料采购和产品销售成本、提高产品竞争力，已经通过兼并、重组等方式，组建了国内大型企业集团，最大限度地提高产业集中度，并且正在向跨国并购迈进。

相比之下，我国近几年虽然也推进企业规模经济，推进企业兼并、重组，但是我国冶金企业仍然规模较小，产业集中度较低。因此，我国冶金产业内部必须加大兼并、重组的力度，组建大型企业集团，扩大企业规模，提高冶金产业集中度，进而优化冶金产业结构，提高产品档次和质量，减少资源消耗和环境污染，增强产品竞争力。如果我国冶金产业不加快自身整合速度，不快速提高产业集中度和生产专业化程度，就很可能成为跨国企业并购目标。

（二）建立促进企业技术创新法规，强化企业技术创新

在 WTO 条件下，我国冶金企业只有不断进行技术创新，企业才会有生命力，才会做大做强，才会有竞争力，才会立于不败之地。要使我

国冶金产品质量和技术含量赶上或超过发达国家，成为冶金产业大国和强国，我国冶金产业就必须通过技术创新，实现产业经济增长方式的转变，实现产业全面升级。

企业进行技术创新，首先，要树立技术创新思想和观念，这样才能有技术创新的动力和行动。其次，要确定技术创新模式。技术创新有若干模式，比如，率先技术创新模式、模仿技术创新模式，等等。只有选择的技术创新模式适应本企业的需要，技术创新才能成功。一般而言，中小型冶金企业适用模仿创新，大型冶金企业适用率先创新。最后，要建立企业技术创新服务体系。要制定企业技术创新服务体系的政策法规，依据政策法规按行政区域设置各级各类技术创新服务机构，技术创新服务机构依据政策法规为中小企业技术创新提供服务，帮助中小企业解决技术创新中存在的问题。

（三）调整和建立相关法规政策，改善出口贸易环境

加入WTO以后，我国冶金产品出口速度加快，引发了很多贸易摩擦。这里面既有我国冶金企业自身的原因，也是外国贸易保护主义所致。因此，我国应区分不同的情况，分别加以应对。对于由我国冶金企业自身原因所引致的贸易摩擦，我国应依据WTO规则，调整和完善相关政策法规，及时化解摩擦，树立良好的贸易形象；对于由外国贸易保护主义原因所引致的贸易摩擦，我国应依据WTO规则，建立对外贸易安全保障法律法规，为国内冶金出口企业应对国外反倾销、反补贴和保障措施等歧视性贸易提供法律依据，保障我国对外贸易稳定、畅通和安全。

对外贸易安全保障法规的核心内容是对涉及出口企业的有关事项做出具体规定，如对出口企业的生产环境、产品质量、技术标准、社会责任、案件应诉等做出具体明确的规定，消除或解决贸易摩擦，保障企业产品出口。

（四）制定政策法规，支持冶金企业收购国外铁矿石资源

我国钢铁企业过于分散，加大了谈判的整合难度，在许多时候，很难用一个声音说话，往往被对手采取各个击破的办法摆平。我国拥有铁矿石进口资质的企业太多。事实上，随着宏观调控的深入进行，我国对钢材的需求已经呈现出下降趋势，而国际铁矿石巨头则不断加大生产力

度。这一张一弛之间，显现出支撑铁矿石涨价的基础并不牢固。但就是在这种情况下，铁矿石价格依然上涨，凸显我国定价权的薄弱。要摆脱这种不利的局面，必须尽快采取措施。首要的就是走出去，到国外收购铁矿石资源。① 因此，我们必须强化收购铁矿石资源。

第三节 WTO条件下我国轻工纺织产业安全研究

在WTO条件下，我国轻工纺织产业安全研究，主要是从我国轻工纺织产业安全分析、我国轻工纺织产业安全基本判断和我国轻工纺织产业安全维护三个方面展开。

一 WTO条件下我国轻工纺织产业安全分析

（一）WTO条件下我国轻工纺织产业安全现状

轻工纺织产业是我国重要的传统支柱产业，也是我国国际竞争优势比较明显的重要产业之一。轻工纺织产业包括纺织业、纺织服装鞋帽制造和化学纤维制造业。在WTO条件下，我国轻工纺织产业进一步快速发展。目前我国的纱、布、呢绒、丝织品、化纤、服装的生产量均居世界首位；棉纺织、毛纺织、丝绸、化纤、服装的生产能力也居世界第一位。

第一，纺织行业安全分析。纺织行业主要包括棉化纤纺织及印染精加工行业、毛纺织及染整精加工行业、麻纺织行业、丝绢纺织及精加工行业、纺织制成品制造行业、针织品及编织品制造行业。纺织行业安全分析就是对这些行业安全进行分析。

在WTO条件下，我国纺织行业快速发展。近年来，我国纺织行业均保持在10%以上的增长率。2007年，我国纺织行业实现工业总产值18774.91亿元，同比增长21.57%；销售收入17884.83亿元，同比增长21.22%；实现利润680.67亿元；上缴税金490.58亿元，同比增长20.4%。全行业总资产为13515.19亿元，同比增长16.39%，行业从业

---

① 姜仪云：《铁矿石谈判 日企出损招 源于资源控制权》，《上海证券报》2008年2月20日。

人数 631.54 万人，同比增长 3.14%。2007 年前 3 个季度，国有及国有控股纺织企业工业总产值占全行业工业总产值的比例为 3%；三资企业占 33%；民营企业占 64%。民营企业占纺织行业的比重进一步增加，相比 2006 年增加了 9 个百分点。

2007 年，棉化纤纺织及印染精加工行业集中度（CR4）为 5.00；毛纺织及染整精加工行业集中度为 22.51%；麻纺织行业集中度为 15.91%；丝绢纺织及精加工行业集中度为 9.9%；纺织制成品制造行业集中度为 7.6%。我国纺织行业进入和退出壁垒较低，行业中存在大量中小企业，所以行业集中度较低，属于高度竞争型市场结构。

第二，纺织服装、鞋帽制造行业安全分析。纺织服装、鞋帽制造行业包括纺织服装制造行业、纺织面料鞋制造行业和制帽行业。在 WTO 条件下，我国纺织服装、鞋帽制造行业快速发展。2007 年，全年全行业实现工业总产值 7417.78 亿元，同比增长 22.42%；产品销售收入 7057.35 亿元，同比增长 23.65%；实现利润 295.02 亿元；上缴税金 195.72 亿元，同比增长 23.15%。纺织服装制造行业是纺织业的主要行业。由于农村市场需求不断增加和出口不断增加，推动纺织面料和鞋帽制造业不断发展。

2007 年，我国纺织服装、鞋帽制造行业总资产为 4318.68 亿元，同比增长 17.67%；行业从业人数 396.82 万人，同比增长 5.22%。其中，纺织服装制造行业资产 4143.48 亿元，同比增长 17.88%，行业从业人数 372.93 万人，同比增长 5.41%；纺织面料鞋制造行业资产 107.55 亿元，同比增长 12.98%，行业从业人数 15.31 万人，同比减少 0.93%；制帽行业资产 67.66 亿元，同比增长 12.97%，行业从业人数 8.58 万人，同比增长 4.63%。

2007 年，服装制造行业集中度为 7.31%；纺织面料鞋制造行业集中度为 15.92%；制帽行业集中度为 16.86%。全行业国有及国有控股纺织企业工业总产值占全行业工业总产值的比例为 1%；三资企业占 56%；民营企业占 43%。民营企业所占比重进一步上升，相比 2006 年增加了 4 个百分点。

第三，化学纤维制造行业安全分析。我国化学纤维制造行业包括纤维素纤维原料及纤维制造行业、合成纤维制造行业。化学纤维制造行业是纺织服装业的上游产业,是轻工纺织行业的重要组成部分。化学纤维制造行业安全分析就是对这两个行业安全进行分析。

在 WTO 条件下,我国化学纤维制造行业稳步发展。2007 年,我国化学纤维制造行业总体运行良好,处于调整后的稳定上升阶段。全年全行业实现工业总产值 4120.36 亿元,同比增长 27.05%;产品销售收入 3973.26 亿元,同比增长 26.30%;实现利润 152.70 亿元,增幅在 100% 以上;上缴税金 81.03 亿元,同比增长 39.43%。化纤行业利润的增长主要受益于粘胶纤维的价格、销售量和毛利润的持续上涨。涤纶行业发展平稳,锦纶行业略有回升,但腈纶行业还处于亏损状态。2007 年,化纤产量为 2360 万吨。行业总体产销平稳,产销率保持在 98% 以上,继续呈现出产销两旺的局面。随着行业结构调整和产业升级的进一步推进,产品竞争力显著提高,化纤进口持续下降。

2007 年,我国化学纤维制造行业总资产为 3197.09 亿元,同比增长 17.58%;行业从业人数 44.58 万人,同比增长 4.98%。其中,纤维素纤维原料及纤维制造行业资产 523.50 亿元,同比增长 27.79%,行业从业人数 9.41 万人,同比增长 8.25%;合成纤维制造行业资产 2673.60 亿元,同比增长 15.77%,行业从业人数 35.16 万人,同比增长 4.07%。

2007 年,纤维素纤维原料及纤维制造行业集中度为 30.87%,相对于服装行业来说,行业集中度较高;合成纤维制造行业集中度为 16.65%,行业集中度较低。在化学纤维制造行业中,国有及国有控股企业工业总产值占全行业工业总产值的比例为 11%;三资企业占 42%;民营企业占 47%。民营企业所占比重进一步上升。

(二) WTO 条件下我国轻工纺织产业安全的威胁

在 WTO 条件下,我国轻工纺织行业快速发展。与此同时,也面临着资源、环境约束和日趋激烈的国际市场竞争等严峻挑战,产业安全受到一定威胁。其主要威胁为:一是自主创新能力不足。二是结构性矛盾依然存在。三是资源利用率偏低,污染问题比较严重,其中既有企业自身的原因,也有政府的原因,尤其是地方政府非理性的原因。资源、环境约束对纺织业发展形成较大制约。我国棉花进口依存度极高。四是市场竞争不规范。

二 WTO条件下我国轻工纺织产业安全基本判断

在WTO条件下，从总体上来看，我国轻工纺织产业发展态势良好。不仅促进了就业，增加了居民收入，积累了资金，创造了外汇；而且还带动了相关产业和区域经济的发展。我国凭借其极具竞争力的劳动力成本优势，为世界的消费者提供了大量价格实惠的轻工纺织产品。我国服装纺织品的出口量为世界第一位；纤维加工量占世界比重的37%，国内纤维消费量占世界比重的20%，成为世界纤维消费量最大的国家。

2007年，我国轻工纺织产业效益进一步提升，生产、销售、出口和效益等方面进一步增长。全年全行业规模以上企业完成工业总产值30494.49亿元，同比增长21.91%；实现利润总额1128.39亿元，同比增长32.02%；出口1772.27亿美元，同比增长20.12%；进口189.19亿美元，同比增长4.41%。全年化纤产量2390万吨，同比增长15.3%；纱产量2000万吨，同比增长14.7%；布产量660亿米，同比增长10.3%。

我国轻工纺织产业通过引进先进技术、先进装备，改进生产工艺等，提高了劳动生产率和行业竞争力。2007年1—8月，规模以上全行业劳动生产率为7.27万元/人，比上年同期提高了22%；全行业的工业经济效益综合指数为1.32，比上年同期提高了0.10。轻工纺织产业产品内销比重进一步上升，国内市场需求旺盛，纺织品服装内需继续高于全社会需求和纺织品服装出口的增长速度，内销产值已占销售产值的75%左右，国内市场逐渐成为行业发展的重要支撑。

在WTO条件下，我国纺织行业持续发展，呈现出良好的发展态势。2007年，我国纺织行业资产总值和实现利润持续增长，同比分别增长16.39%和37.15%。其中，棉化纤纺织及印染精加工行业资产和利润同比分别增长17.39%和45.53%；毛纺织及染整精加工行业资产和利润同比分别增长11.69%和34.07%；麻纺织行业资产和利润同比分别增长24.55%和4.56%；丝绢纺织及精加工行业资产和利润同比分别增长10.2%和7.58%；纺织制成品制造行业资产和利润同比分别增长18.11%和26.99%；针织品及编织品制造行业资产和利润同比分别增长 10.88% 和 34.86%。我国纺织行业运行健康，处于安全态势。

在 WTO 条件下，我国纺织服装、鞋帽制造行业持续发展，呈现出良好的发展态势。2007 年，我国纺织服装、鞋帽制造行业资产总值和实现利润持续增长，同比分别增长 17.67% 和 35.10%。其中，纺织服装制造行业资产和利润同比分别增长 17.88% 和 29.88%；纺织面料鞋制造行业资产和利润同比分别增长 12.98% 和 68.93%；制帽行业资产和利润同比分别增长 12.97% 和 15.57%。我国纺织服装、鞋帽制造行业运行健康，所以，我国纺织服装、鞋帽制造行业是安全的。

在 WTO 条件下，我国化学纤维制造行业持续发展，呈现出良好的发展态势。2007 年，我国化学纤维制造行业资产总值和实现利润持续增长，同比分别增长 17.58% 和 130.07%。其中，纤维素纤维原料及纤维制造行业资产和利润同比分别增长 27.79% 和 124.09%；合成纤维制造行业资产和利润同比分别增长 15.77% 和 133.05%。我国化学纤维制造行业运行健康，行业是安全的。

三　WTO 条件下我国轻工纺织产业安全的维护

在 WTO 条件下，维护我国轻工纺织产业安全有多种措施。这里仅从法经济学视角探讨几种主要的措施。

第一，完善创新法规，增强企业自主创新能力。创新是企业发展的动力，没有创新就没有发展，不创新就等于退步。因此，必须完善创新政策法规，增强企业自主创新能力。结合轻工纺织产业的现状，以产品创新为灵魂，狠抓纤维原料、复合、整理加工技术的开发及应用，支持企业承担科研项目，进行技术、产品和设备开发。通过企业自主创新，运用 WTO 规则，解决贸易摩擦问题。

第二，建立行业技术标准，提高产业运行质量；制定培育政策，培育优势纺织企业；制定支持政策，加快经济增长方式转变；制定服务政策，促进产业集群区公共服务平台建设；制定品牌政策，推进纺织行业自主品牌建设。企业必须制订自主品牌建设计划，培育自主品牌、宣传自主品牌、推广自主品牌；制定强制政策，加强企业社会责任体系建设。

第四节　WTO条件下我国汽车产业安全研究

在WTO条件下，我国汽车产业安全研究，主要是从我国汽车产业安全分析、我国汽车产业安全基本判断和我国汽车产业安全维护三个方面展开。

一　WTO条件下我国汽车产业安全分析

（一）WTO条件下我国汽车产业安全现状

在WTO条件下，我国汽车产业进入持续快速发展时期，每年约以70万辆的速度递增。由于我国经济继续保持良好的发展势头，居民收入水平大幅度增加，使汽车消费能力不断提高，汽车已成为住房以外的主要消费品。

汽车产品包括乘用车、商用车和摩托车。其中，乘用车包括基本型乘用车（轿车）、多功能乘用车（MPV）、运动型乘用车（SUV）和交叉型乘用车；商用车主要包括货车、客车和半挂牵引车。本报告仅研究乘用车和商用车。

在WTO条件下，我国汽车整车出口迅速增长，2003年整车出口量为12.51万辆，2004年整车出口量为13.6万辆，2005年整车出口量为17.3万辆。2005年整车进口量为16.19万辆，出口量首次超过进口量1.1万辆，实现了历史性转折；2006年我国汽车进口显著增长，进口汽车（含底盘）22.94万辆，同比增长40.7%，进口总额为75.18亿美元，同比增长47.0%。2006年我国汽车出口达34万辆，较2005年翻了一番；其中，轿车出口超过9万辆，约是2005年的3倍。2007年我国汽车（整车）出口612437辆，出口金额73.1亿美元，比上年同期增长133.27%；我国汽车（整车）进口314125辆，增长37.96%，进口金额110.04亿美元，比上年同期增长45.53%。

2007年，我国汽车产量为888.24万辆，比2006年净增加160.27万辆，同比增长22.02%；汽车销售量为879.15万辆，同比增长21.84%。汽车产销量均创历史新高。其中乘用车增幅明显高于商用车，这表明，我国汽车市场的总体需求结构发生了根本性改变，汽车的商用性在弱化，乘用性在增强，这也是国际汽车发展的规律。我国汽车市场正与国际市场趋同。

2008年1—4月，我国汽车产销量分别为350.09万辆和350.16万辆，同比分别增长16.32%和19.36%；其中，乘用车产销量分别为2453716辆和2456020辆，同比分别增长15.5%和17.84%；商用车产销量分别为1047172辆和1045548辆，同比分别增长18.3%和23.09%。

截至2007年11月，我国有汽车制造企业8832家，其中大型企业115家，销售收入占行业销售收入的51.32%；中型企业1093家，销售收入占比为27.97%；小型企业7624家，销售收入占比为20.71%。汽车产业规模经济的效应明显，所以，大型企业在成本技术上具有优势。

2007年，销量排名前4位的汽车生产企业共销售汽车498.5万辆，占汽车总销售量的56%；销量排名前8位的汽车生产企业共销售汽车687.39万辆，占汽车总销售量的78%；销量排名前10位的汽车生产企业共销售汽车733.65万辆，占汽车总销售量的83%。乘用车销量排名前10位的汽车生产企业共销售汽车364.51万辆，占乘用车总销售量的58%；商用车销量排名前10位的汽车生产企业共销售汽车167.69万辆，占商用车总销售量的67%。

在WTO条件下，我国对汽车产业管制进一步放松，汽车产业所有制结构也不断变化，目前有国有企业、集体企业、股份合作企业、股份制企业、民营企业、外商和港澳台企业及其他企业。不同所有制企业，销售收入也不同。截至2007年11月，外商和港澳台投资的企业的销售收入占整个汽车制造业的54.51%；其他企业的销售收入占整个汽车制造业的13.30%；国有企业的销售收入占整个汽车制造业的10.55%；股份制企业的销售收入占整个汽车制造业的9.99%；集体企业的销售收入占整个汽车制造业的0.92%；股份合作企业的销售收入占整个汽车制造业的0.75%。

在WTO条件下，即从2002年开始，我国汽车制造业成本费用利润率不断上升，到2003年达到最高，为10.23%。从2004年开始下降，到2005年最低，为4.5%左右。这与我国汽车业激烈的竞争有直接的关系。从2006年开始回升，到2007年达到6.7%。

毛利率是衡量汽车企业竞争力的一个重要指标，它决定着企业能否

第一篇　WTO条件与经济安全

随着产量的增长而大幅度降低生产成本。毛利率高，则竞争力强；毛利率低，则竞争力弱。2007年，外商和港澳台投资企业的毛利率最高，在7.8%左右；位列第二和第三的分别是股份制企业和民营企业，分别约为5.4%和5.19%；而国有企业、集体企业、股份合作企业的毛利率在4%左右。总体上看，2007年我国汽车制造企业的毛利率较2006年有一定的提升，平均升幅为1.2个百分点左右，特别是国有企业升幅近3个百分点。这表明我国汽车制造企业，尤其是国有汽车制造企业的效率正在不断提高。

（二）WTO条件下我国汽车产业安全的威胁

第一，外资汽车企业大举进入我国。在WTO条件下，我国汽车产业快速发展，汽车零部件行业也随之快速发展，国外汽车零部件企业及产品开始大量涌进我国。目前，我国本土汽车零部件企业已经超过5000家。但是，由于这些汽车零部件企业规模小，集中度低，无序竞争严重，所以行业整体效益很低。跨国企业在我国的投资有两种策略：一是建立独资企业，然后利用技术优势垄断国内汽车市场；二是采取"斩首"并购模式。

第二，我国汽车企业技术创新能力较弱。随着我国汽车产业的持续稳步发展，市场更趋成熟和稳定，跨国公司开始转变战略，注重和强化在我国建立研发机构，以追求垄断和竞争优势。跨国汽车公司在我国进行汽车研发，固然能为我国汽车产业带来技术溢出效应、人才流动效应和技术示范效应，但其消极影响也不容忽视。

第三，我国汽车出口企业无序竞争。在我国汽车产业快速发展，汽车出口数量快速增加的同时，汽车出口企业数量也在激增。比如，2005年，国内汽车产品出口经营单位达到1.1万余家，有1025家涉及整车出口业务，出口不到10辆汽车的企业高达600多家，仅出口1辆汽车的企业竟有160家。

二　WTO条件下我国汽车产业安全基本判断

在WTO条件下，我国汽车产业发展态势良好，产销旺盛、供需基本平衡。因此，我国汽车产业呈安全状态。我国汽车产量快速增长，2001年为234.2万辆，2002年为328.7万辆，2003年为444.4万辆，

2004年为507.05万辆,2005年为571.26万辆,2006年为727.97万辆,2007年为888.24万辆,比2006年净增加160.27万辆,同比增长22.02%。2008年1—4月,我国汽车产量为350.09万辆,同比增长16.32%;我国汽车整车出口也迅速增长,2003年出口12.51万辆,2004年出口13.6万辆,2005年出口17.3万辆,2006年出口34万辆,2007年出口61.24万辆。

在WTO条件下,在中低端商用车市场上,国内商用车企业具有较强的优势。这主要是因为在激烈的国内市场竞争中,大多数国内商用车企业已经拥有了一定的自主研发能力和低成本优势。我国有些自主品牌的商用车在技术性能上与国外企业相差不大,但价格上则拥有较大的优势,性价比要远高于国外企业,这在中型载货车、大中型客车、轻型卡车等领域优势非常明显。

这种价格优势不仅阻挡了进口车对我国市场的占领,而且在我国汽车进军国际市场中也显示了极强的竞争力。载货车和客车出口量占我国汽车出口量的60%以上,专用车和其他类的车型也占到20%左右。宇通客车、金龙汽车、中国重汽等公司的汽车出口量已占到公司产销量的10%以上。客车方面,宇通和金龙基本上形成了双寡头局面;半挂牵引车方面,一汽、重汽、陕汽、东风和福田约占销售总量的90%;货车方面,一汽解放和东风商用车长期占据我国重型卡车市场的大半壁江山。在各生产企业中,主导企业市场占有率继续提高,其中销量排名前5位的企业依次为一汽、重汽、陕汽、东风和福田,约占半挂牵引车销售总量的90%。因此,在WTO条件下,我国汽车产业是安全的。

三 WTO条件下我国汽车产业安全的维护

第一,完善汽车产业政策,提高汽车产业集中度。国外汽车企业规模大,集中度高,效益好,竞争力强。而我国汽车企业数量大,产量低,规模效应差,所以,必须完善汽车产业政策,提高汽车产业集中度。通过强强联合或兼并重组扩大企业规模和提高产业集中度,提高经济效益和劳动生产率,增强规模效应和整体竞争力。同时,运用WTO规则和反垄断法,约束外资汽车企业对我国汽车产业的投资,使其既可以促进我国汽车产业的发展,又可以防止其利用兼并、收购等手段威胁我国汽车产业安全。

第二，制定扶持政策，提高汽车企业自主创新能力。要维护我国汽车产业安全，必须提高我国汽车企业自主创新能力。一是尽快出台完善的鼓励汽车企业自主创新的政策法规。目前我国汽车企业自主创新能力较薄弱，需要国家政策法规的大力支持。在不违反WTO规则的前提下，尽快制定完善的鼓励汽车企业自主创新的政策法规，激发汽车企业自主创新的主动性和积极性。二是促进汽车企业增加技术创新投入。国家应采取有效的激励政策，创新技术开发体制，促进汽车企业增加技术创新投入，形成生产和研发的良性循环机制。三是扶持自主品牌建设。国家应制定扶持自主品牌建设措施，并通过政府采购形式加以推动。

第三，制定汽车出口政策，规范汽车产品出口秩序，转变外贸增长方式。

第五节　WTO条件下我国家电产业安全研究

在WTO条件下，我国家电产业安全研究，主要是从我国家电产业安全分析、我国家电产业安全基本判断和我国家电产业安全维护三个方面展开。

一　WTO条件下我国家电产业安全分析

（一）WTO条件下我国家电产业安全现状

在WTO条件下，我国家电产业继续蓬勃发展，产业规模不断扩张，生产能力不断提升。目前，我国家电产业已经是超过3000亿元市场规模的成熟产业。彩电产能超过9000万台，空调器、空调压缩机生产规模超过6000万台，微波炉、电冰箱/柜、冰箱压缩机生产规模超过4000万台，洗衣机、电饭锅生产规模超过2000万台，电风扇以及众多小家电生产规模已接近或超过1亿台，产量均居世界首位。我国已经成为名副其实的全球家电制造中心。

改革开放之初，我国家电品牌拥有率比较分散，集中度也不高，各种大宗耐用家电产品几乎没有达到20%的市场占有率。但是，到2007年，全国80多种主要消费品中，家电类产品的集中度最高，CR10

为 77.64%。行业领先品牌不断扩张，挤压了区域性小品牌的生存空间。品牌家电企业实施多元化的经营策略及竞争导致的利润下降和大资本的进入，使家电市场品牌集中度越来越高，特别是在大家电领域，寡头垄断已初现端倪。①

（1）大家电领域已呈垄断竞争态势。2007 年，电冰箱市场上，销量前 15 位的品牌市场占有率已经接近 100%；2007 年洗衣机的市场集中度又有所提高。近三年来，销量前 10 位的电冰箱品牌排位基本没有大的变化。海尔以 30% 的市场份额排名第一，小天鹅、荣事达、松下、西门子等排在其后。十大电冰箱品牌的市场集中度接近 90%。

而在空调行业，每年都有边缘品牌消失。2005 年冷冻年度，市场品牌为 69 个，到 2006 年冷冻年度，市场品牌减少到 52 个。在 2007 年冷冻年度，这个趋势进一步加剧。这一年，处于市场后 19 位的空调品牌市场占有率低于 0.01%，实际上已经被市场淘汰。目前只剩 33 个空调品牌还有市场竞争能力。在彩电行业，传统的电视销售疲软，平板电视特别是液晶电视则呈现出参与品牌多、市场占有率相对分散的初级竞争态势。各品牌市场占有率差距较小，2007 年液晶电视排名前 20 位的品牌中，前后两个品牌的占有率之差仅在 0.5% 左右。

（2）小家电品牌集中度提高。在烟灶行业，不断有品牌被淘汰。2005 年，吸油烟机市场品牌为 392 个，到 2006 年就减少到 315 个；燃气灶市场品牌为 353 个，到 2006 年减少到 302 个。但是，总体而言，这些行业集中度仍然较低。2007 年，燃气灶行业的 CR4 为 37.39%，CR10 为 62.69%，而吸油烟机行业的 CR4 为 39.1%，CR10 为 63.66%。

近几年，电熨斗市场品牌集中度经历了下降又反弹的过程。从 2001 年到 2004 年，品牌集中度持续下降；到 2005 年开始反弹，2006 年、2007 年继续上升。品牌集中度下降，反映了市场进入者增多以及国产品牌竞争力逐渐增强，占据越来越多的市场份额；而品牌集中度上升，则是市场主导品牌占有率上升的结果。②

---

① 袁洋波：《"贴牌"经营：陷阱还是馅饼？——中国家电业的例证》，品牌网（http://www.globrand.com/2006/47096.shtml）。
② 《品牌集中促竞争升级》，《中国消费者报》2007 年 3 月 9 日。

(3) 国产家电品牌竞争力上升。近些年来,国产家电品牌在认知度、美誉度上都有了相当程度的提高。在"2006年中国家电20个最具竞争力超级品牌"中,10个国产品牌的家电市场占有率比2005年提升了14个百分点。相对于国产品牌的发展,洋品牌的发展势头有所减弱。2007年,一些日系品牌在国内市场影响力日趋减弱,市场份额逐渐减少;韩系品牌市场份额也有所下降,由2006年的23.45%下降到2007年的22.10%。①

我国把传统家电分为三类,即黑色家电、白色家电和小家电。黑色家电是指电视机、录像机、音响等;白色家电是指空调、电冰箱、洗衣机等;小家电是指微波炉、电磁炉、电风扇等。本报告在三个种类中分别选取彩电、电冰箱和微波炉3个子行业进行安全状况分析。

第一,彩电行业安全分析。经过20多年的发展,特别是在WTO条件下,我国已经成为世界上最大的彩电生产和销售国,彩电产量占世界产量的50%以上。彩电在我国电子产品体系中占据举足轻重的地位,彩电工业在电子工业经济总量中的比重已经达到14%。

2007年,我国生产彩电8375.4万台,同比增长1.1%。近3年来,彩电产量增长幅度一直在下降。这一方面是原材料价格上涨、库存较大和厂家放缓生产速度所致;另一方面也表明我国彩电业已经相当成熟。随着彩电行业的发展,产品结构也发生了变化。传统的CRT彩电所占市场份额已由2004年的93.2%,下降到2007年的60%左右。平板电视,特别是液晶电视则快速发展。这一方面是平板电视价格下降幅度较大,另一方面是技术发展及产品更新换代所致。在2006年的彩电市场上,国产品牌彩电所占市场份额为63%,国外品牌彩电所占市场份额为37%;2007年,国产品牌所占市场份额有所提高,上升到73%;国外品牌所占市场份额有所下降,为27%。

第二,电冰箱行业安全分析。加入WTO后,我国电冰箱行业在生产规模和产品质量上都有了飞速的发展。2006年,我国电冰箱产能已经超过世界电冰箱产能的40%。目前我国电冰箱已经成功地出口到193

---

① 《2006年中国家电品牌竞争力分析报告》,中国广告人网(http://www.chinaadren.com/html/news/2007-1-4/200714212244.html)。

个国家和地区,其中,日本、美国、英国为主要出口国,出口金额均超过1亿美元。2005年,我国生产电冰箱3000万台;2006年生产4140万台,2007年生产4397.13万台,同比增长22.24%。目前,我国电冰箱市场的主导品牌主要是国产品牌,但是,外资品牌也具有一定的竞争力。

近几年,我国电冰箱市场的品牌集中度变化不大,前5位、前10位品牌市场占有率分别在60%、85%左右。销量前6名的品牌较一致,主要有海尔、西门子、新飞、海信、美菱和容声,其中海尔的市场份额最大,超过20%;西门子名列第二。前10名的品牌中,国产品牌居多。2007年我国电冰箱市场品牌市场集中度为:海尔24.56%、西门子11.75%、美菱9.07%、新飞8.72%、荣声7.51%、海信5.69%、美的4.65%、小天鹅3.60%、荣事达3.22%、松下3.18%、其他18.07%。

第三,微波炉行业安全分析。与其他家电一样,微波炉也是随着我国经济的发展而在全国得以普及的。随着微波炉的普及,微波炉市场的运行也逐渐成熟,价格趋于平稳,产量和销量也都稳步增长。微波炉市场的竞争已经由最初的价格战,逐步转变为细分市场逐一渗透。各品牌微波炉都在尽可能地使产品从简单烹饪功能,扩展到更多元功能组合。以复合性功能为特征的微波炉正在成为发展主流。我国微波炉行业正在发生革命性的变化。

2007年较往年相比,微波炉消费在价格、功能、外观设计等方面出现了明显新趋势。随着技术升级,微波炉逐渐由厨房配角升格为厨房主角,功能和定位的提升,推动了产品价格相应上涨。微波炉市场的竞争,主要体现在设计、技术、功能和服务上。

我国微波炉产量早已位居世界第一位。2006年,我国生产微波炉5450万台,比上一年增长10.5%;2007年,我国生产微波炉6000万台,比上一年增长13%。增速与2004年的17.5%和2005年的14.5%相比有所下降。

微波炉市场集中度与其他家电相比较高,2007年前6名品牌销量高达99.77%,前10名品牌销量为99.99%。格兰仕的市场份额最高为48.25%、美的次之为32.59%、海尔第三位8.21%、LG第四4.84%、上海松下第五4.20%、三洋第六1.68%、东菱第七0.08%、惠而浦第八0.07%、三星第九0.06%、西门子第十0.01%。格兰仕是我国微波炉市场上独一无二的霸主。

但是,近几年,美的在巩固其第二的位子之后,加强了对格兰仕的追赶,从2004年以来,其市场份额不断提高;而LG的市场份额却不断减小。在2005年年末,LG还位居第三,但到了2006年年末,海尔就跃居第三,LG退到了第四位,而到了2007年年末,海尔的市场份额已超过LG近一半。

加入WTO后,为了保证家电行业健康发展,保护消费者合法权益,国家有关部门加强了对家电行业的管理,尤其是近两年,力度更大。2006年9月,国家发改委、国家质检总局和国家认监委联合发布了《电动洗衣机能源效率标识实施规则》,规定凡在我国生产、销售、进口的洗衣机都必须加贴能效标识。这项规则不仅可以推进洗衣机能效标准的实施,减少其能耗,节约能源,而且还可以淘汰高耗能的洗衣机,规范洗衣机市场。

2006年10月,中国标准化协会发布了全球首个成套家电标准——《成套家电通用要求》,作为行业标准。标准对成套家电进行了定义,还对成套家电的颜色、外观造型、功能性、售后服务、安装等各方面提出了要求。2007年8月,商务部发布了《家电专业店经营规范》;十届全国人大常委会通过了《反垄断法》,虽然这个法案并不是针对家电行业,但是,由于家电行业已经是目前集中度最高的行业之一,所以,今后行业内的并购、扩张等行为,都必将受到该法的约束。2007年10月,国家环保总局出台了《电子废物污染环境防治管理办法》;另外,《废旧电器电子产品回收处理管理条例》也即将出台。这两项管理办法要求家电企业在环境保护等方面承担社会责任。自然,家电企业也要增加不少成本。

(二)WTO条件下我国家电产业安全的威胁

第一,国产家电在高端产品市场上份额过低。国际知名家电品牌的品牌溢价能力一般为50%—80%,而我国家电品牌的溢价能力却只有10%—20%。在大部分家电市场,特别是技术发展较快的行业,基本上是国外品牌占据高端市场。在吸尘器行业,飞利浦、伊莱克斯、三洋、

LG等国外品牌占领着高端市场,海尔、龙的、美的等国产品牌在中低端市场展开竞争;在彩电行业,国产品牌的量占有率都低于其额占有率,这表明国产品牌占领传统电视市场和高端电视市场中的低档市场,国外品牌的量占有率都高于其额占有率,这表明国外品牌占领高端电视市场的中高档市场。

比如,三星的量占有率还不到5%,但其额占有率却超过了10%;外国品牌的品牌价格指数(即品牌零售额份额与零售量份额之比)大都在100分以上,而国产品牌的品牌价格指数只有海尔维持在100分左右,其他份额市场较高的国产品牌大多在80分左右徘徊。这表明,外国品牌在高端产品市场上占有优势;国产品牌在中低端产品市场上占有优势。外国品牌占据电冰箱的高端市场,国产品牌占据电冰箱中低端市场。

第二,国产家电价格优势逐步减小。加入WTO后,我国产品在外贸中可以享受低关税,而且,制造成本低廉和产业链完善,所以很多外国品牌看到了这个发展机会,纷纷将生产基地迁往我国。因此,我国国产家电品牌最大的竞争优势——价格优势正在逐渐消失,核心技术和营销渠道及品牌形象越来越重要。另外,家电零售商的连锁经营和兼并整合加快了规模不断扩张,使家电零售商在产品供应链中的谈判能力越来越强,进而进一步压缩了家电厂商的利润空间。

第三,面临环保壁垒。近几年,我国家电出口频遭环保技术壁垒。继欧盟实施电气电子设备环保双指令后,又于2007年8月设置了《生态设计指令》。欧盟实施的三个指令,对电气电子从产品设计、原材料采购、生产经营,一直到回收利用整个产品生命周期都提出了严格的环保要求。电子垃圾回收将使我国家电出口企业增加10%左右的成本。[①]

二 WTO条件下我国家电产业安全基本判断

在WTO条件下,我国家电产业快速发展,不仅较好地满足了国内市场的需求,而且还出口到世界很多国家和地区。在国内市场,由于具有价格低的优势,而且技术也较先进,所以具有较强的市场竞争力和市场信誉,深受国内消费者的喜爱,国产家电在国内市场上的份额逐年持

---

① 刘卫民:《中国家电市场形势分析与2007趋势预测》,《财经界》2007年第4期。

续增加。国产家电品牌已成为我国家电市场的主导品牌。这一点,我们考察一下近两年的国产品牌彩电、电冰箱和微波炉的市场份额就可以得到证实:

2006年,在国内彩电市场上,国产品牌彩电所占市场份额为63%,外资品牌彩电所占市场份额为37%;到2007年,国产品牌所占市场份额进一步提高,为73%,外资品牌所占市场份额进一步降低,为27%。

2006年,在国内电冰箱市场上,国产品牌电冰箱所占市场份额为61%,外资品牌电冰箱所占市场份额为39%;到2007年,国产品牌电冰箱所占市场份额进一步提高,为73.37%,外资品牌电冰箱所占市场份额进一步降低,为26.63%。

多年来,我国微波炉市场一直是国产品牌占主导地位。2006年,以格兰仕为领导的国产品牌微波炉占有82%的市场份额,国外品牌占有18%的市场份额;到2007年,国产品牌微波炉市场份额进一步上升,为89%,国外品牌微波炉市场份额进一步下降,为11%。同大多数家电一样,外资品牌的特点是价位比较高,设计和功能上比较独特,有竞争力。

由于我国家电产品在国内市场具有价格低、技术比较先进、市场信誉高等优势,所以具有较强的市场竞争力,深受国内的消费者的喜爱,而且,在国内市场上的份额还逐年持续增加。因此,在WTO条件下,我国家电产业是安全的。

三 WTO条件下我国家电产业安全的维护

(一)制定扶持政策,促进我国高端核心家电技术开发

目前,我国家电产品在高端家电市场上份额较低,甚至空白,这将威胁到我国家电产业的安全。因此,我国应制定扶持政策,促进我国高端核心家电技术开发。

第一,扶持政策应能够促进企业重视高端家电核心技术的开发。企业只有重视高端家电核心技术的开发,才能把高端家电核心技术开发列入议事日程,启动开发工作,并在具体的开发中把握方向,坚定信心。

第二,扶持政策应充分调动科技人员的创造性。经过20多年的建设和发展,我国家电产业已经拥有了一支研究和设计能力很强的科技力

量，具有了较强的家电产品和配套产品自主研发设计创新能力。扶持政策只要充分调动他们的积极性和发挥他们的聪明才智，就可以获得开发成功。

第三，扶持政策应有利于资源投入。在高端核心家电技术开发上，要敢于投入资源，要舍得投入资源，更要科学投入资源。资源投入既要保证核心技术开发需要，又应科学预算，杜绝浪费，提高资源利用效率。

(二) 制定产业政策，提高国产家电在高端产品市场上的份额

要提高国产家电在高端产品市场上的份额，除了要重视高端核心家电技术开发之外，更重要的是制定产业政策，做好开发出的高端产品的市场营销工作。开发出来的高端产品，如果没有与之相匹配的营销策略，就难以占有较大的市场份额。因此，产品销售管理部门应依据产业政策，考察产品的各种特征属性，制定出针对性的营销策略。

第一，高端产品的商标必须在消费者心目中占有位置。商标与人们的消费生活、消费心理有着密切的联系。商标的设计应从消费者的心理需要出发，做到简单醒目。

第二，高端产品推向市场时必须加强广告宣传，使其深入人心。广告不仅是将某种商品通告大众，诱导其购买，同时还可以创造出消费需求。广告设计应遵循消费者心理活动的特点和规律，增强表现力、吸引力和诱导力。最后，高端产品的价格必须合理。产品价格的高低直接关系着买卖双方的切身利益，也直接影响消费者是否愿意购买。在制定价格时还必须考虑消费者的心理价格。

第三，高端产品还必须重视包装。消费者选购商品时，看见的是商品的包装，而不是商品本身。商品包装如何，会直接影响消费者购买决策。

(三) 加强制度建设，打破国产家电出口的环保壁垒

环保壁垒是国产家电产品进入国际市场的巨大障碍，所以，我国应加强制度建设，打破环保壁垒。一是建立环保壁垒的预警机制；二是加快环保立法，严格环保执法，并将环保纳入外贸发展战略；三是加强与环境有关的绿色认证工作。

第一篇　WTO 条件与经济安全

参考文献

1. 朱及天、朱云鹃、洪天求：《国际铁矿产品供求关系中的买方行为分析》，《中国矿业》2007 年第 3 期。

2. 谢向前、张先平：《基于产业新政的钢铁企业核心竞争力研究》，《武汉冶金管理干部学院学报》2005 年第 4 期。

3. 国家发展和改革委员会：《2006 年中国纺织经济运行》，《纺织导报》2007 年第 3 期。

4. 张莉：《纺织行业结构调整力度将继续加大》，《经济日报》2007 年 2 月 10 日。

5. 方烨、高露：《国家发展改革委：纺织行业面临严峻考验》，《经济参考报》2007 年 1 月 30 日。

6. 宋时飞：《纺织行业：由大变强绕不过自主创新》，《中国经济导报》2007 年 2 月 1 日。

7. 国家发展改革委员会经济运行局：《中国纺织行业运行态势及 2007 走势预测》，《财经界》2007 年第 5 期。

8. 闵丽男：《十部委合力推动纺织产业升级》，《中国税务报》2006 年 5 月 19 日。

9. 姜仪云：《铁矿石谈判　日企出损招　源于资源控制权》，《上海证券报》2008 年 2 月 20 日。

10. 宋庆：《宁波申洲针织有限公司绩效考核制度研究》，硕士学位论文，上海交通大学，2008 年。

11. 张家洲：《化纤：进入两年调整后的上升期》，《江苏纺织》2008 年第 1 期。

12. 熊钧：《政策性资金进入棉纺织行业的风险及定位分析》，《农业发展与金融》2006 年第 10 期。

13. 刘欣、赵明霞、李靖：《2007 年前三季度纺织行业经济形势分析及展望》，《中国纺织》2007 年第 11 期。

14. 国家发展改革委员会经济运行局：《大力推进纺织结构调整　促进纺织行业持续健康发展》，《中国经贸导刊》2007 年第 3 期。

15. 汪莹：《我国汽车出口市场研究》，《汽车工业研究》2007 年第 1 期。

16. 董筱宇：《纺织行业结构调整确定重点》，《中国工业报》2007 年 2 月 1 日。

17. 杨勇岩：《我国汽车产业存在的问题及发展对策》，《市场论坛》2006 年第 1 期。

18. 郝杰：《深化结构调整促进纺织业健康发展——访国家发展改革委经济运行局巡视员张莉》，《纺织服装周刊》2007 年第 6 期。

19. 陆健：《科学发展　不断创新　争创名牌　朱民儒谈 2008 年产业用纺织品行业发展思路》，《纺织服装周刊》2008 年第 11 期。

20. 崔广平、陈敏：《论环境贸易壁垒和中国的应对策略》，《经济师》2003 年第 9 期。

21. 闵海燕：《绿色贸易壁垒对我国外贸的影响及对策》，《农业经济》2002 年第 4 期。

22. 刘志红：《中小企业发展与绿色贸易壁垒》，《延边党校学报》2007 年第 2 期。

23. 王家庭：《"绿色壁垒"的兴起及我国外贸的对策》，《宁夏党校学报》2001 年第 2 期。

24. 孟丽：《突破绿色贸易壁垒对策探析》，《世界标准信息》2006 年第 9 期。

25. 林汉川、田东山：《国际绿色贸易壁垒及其对策探析》，《中国软科学》2002 年第 3 期。

26. 谷祖莎：《我国对外贸易发展的环境壁垒瓶颈制约及对策》，《经济问题探索》2004 年第 2 期。

27. 杨蕾：《"成套家电"不能成为"空壳"概念》，《中国质量报》2006 年 10 月 26 日。

28. 王家庭：《绿色壁垒对我国外贸的影响及对策》，《国际贸易问题》2001 年第 4 期。

29. 王朋：《洗衣机能效标准内容、实施现状及发展》，《日用电器》2007 年第 8 期。

30. 林杰：《微波炉产业迎来平台时代》，《中华工商时报》2008 年 4 月 9 日。

31. 杨雯：《资本结构影响产品市场竞争问题研究》，博士学位论文，山东大学，2009 年。

32. 国劭：《面临货源变化的青岛港散货码头应对策略分析》，硕士学位论文，北京交通大学，2009 年。

33. 《2008—2010 年中国铁矿石行业研究及发展预测分析报告》，道客巴巴（http://www.doc88.com/p-6854719246347.html）。

34. 陈海生、周树远：《商务部汽车"准出"政策大起底》，《中国经营报》2006 年 7 月 10 日。

35. 袁洋波：《"贴牌"经营：陷阱还是馅饼？——中国家电业的例证》，品牌网（http：//www.globrand.com/2006/47096.shtml）。

36. 《品牌集中促竞争升级》，《中国消费者报》2007年3月9日。

37. 《2006年中国家电品牌竞争力分析报告》，中国广告人网（http：//www.chinaadren.com/html/news/2007-1-4/200714212244.html）。

38. 刘卫民：《中国家电市场形势分析与2007趋势预测》，《财经界》2007年第4期。

39. 李振、刘炯天、魏德洲、朱建凤、刘莉君、丁起鹏：《铁矿分选技术进展》，《金属矿山》2008年第5期。

40. 郭建伟：《促进纺织行业可持续发展的探讨》，《节能环保和谐发展——2007中国科协年会论文集（一）》，2007年9月1日。

41. 《国家发改委专家：铁矿石涨价对CPI影响有限》，《现代物流报》2008年3月4日。

42. 《解读国家发改委新闻发布会：20个数字看2007年走势》，《理论与当代》2007年第2期。

43. 《中国家电产业遭遇困境 竞争加剧品牌成长风险》，《中国信息报》2008年1月30日。

44. 康长青、王狀：《金融危机下中国汽车出口现状及应对措施》，《中国新技术新产品》2010年第1期。

45. 徐公仁：《小家电企业分销渠道研究》，硕士学位论文，天津大学，2008年。

46. 陈海生、周树远：《应对车企海外价格战 商务部提高"准出"门槛》，《中国高新技术产业导报》2006年7月17日。

第三章 WTO条件下我国金融安全研究

金融安全可以分为微观金融安全、中观金融安全和宏观金融安全。在WTO条件下，最重要的是微观金融安全。因此，本章仅研究微观金融安全（以下简称金融安全），即从金融业个体出发，金融机构和金融市场的运行安全。

第一节 WTO条件下我国金融安全分析

一般而言，微观金融安全主要包括金融机构安全和金融市场安全两个方面，下面分别进行分析。

一 WTO条件下我国金融机构安全分析

在WTO条件下，我国金融机构安全主要是银行金融机构安全和非银行金融机构安全，所以，我国金融机构安全分析主要是银行金融机构安全分析和非银行金融机构安全分析。

（一）WTO条件下我国银行金融机构安全分析

我国银行业已经完全履行加入WTO议定书确定的承诺，也全部遵守了WTO规则。截至2006年9月末，已有41个国家和地区的183家外国银行在中国25个城市设立242家代表处；有22个国家和地区的73家外资银行在中国的25个城市设立了191家分行和14家外资法人机构；外资银行本外币资产规模为1050.96亿美元，负债规模为962.05亿美元，占全国银行业金融机构资产总额的比重为

1.9%左右,① 较2003年提高了0.5个百分点;全部外资银行实现税前利润5.5亿美元,较上年增长91.08%。

我们也应注意到,外资银行的大举进入,导致我国银行业大量优秀人才跳槽,使我国银行业发展受到很大影响。跳槽的主要原因,是追求高收入。因此,我国银行业必须大幅度提高优秀人才的收入,既应提高其工资收入,也应增加其人力资本产权收入,也就是承认他们企业所有权分享主体的地位。这样才能预防他们跳槽,留住优秀人才。

我国银行金融机构主要包括:国有商业银行、股份制商业银行、城市商业银行(城市信用社)、农村信用社、邮政储蓄银行、外资银行和政策性银行。其中,国有商业银行由于起步早、网点多,在市场中占有绝对的优势。在WTO条件下,我国银行金融机构安全分析,可以通过其运行安全分析和监管安全分析展开。

1. WTO条件下我国银行金融机构运行安全分析

(1)资产负债合理。我国银行类金融机构的资产负债规模继续保持了较快的增长速度。截至2006年12月末,金融机构境内本外币资产总额为43.95万亿元,比上年同期增长17.3%;在负债方面,金融机构境内本外币负债总额为41.71万亿元,比上年同期增长16.6%。其中,国有商业银行负债总额为21.27万亿元,增长13.3%;股份制商业银行负债总额为6.87万亿元,增长22.5%;城市商业银行负债总额为2.47万亿元,增长26.5%;其他金融机构负债总额为11.1万亿元,增长17.2%。在资产负债规模急剧扩大的同时,各类银行的资产质量不断改善。截至2006年年末,我国商业银行不良贷款余额为12549.2亿元,占全部贷款的比率为7.09%,比上年下降1.52个百分点。②

(2)存贷款增长速度均衡。全部金融机构(含外资金融机构,下同)本外币各项存款余额34.8万亿元,同比增长15.95%;存款结构上,企业和居民更倾向于活期存款。在贷款方面,全部金融机构本外币贷款余额23.8万亿元,同比增长14.6%。

---

① 《全球22国家和地区的银行在中国设立了分行和支行》,中国网(http://www.china.com.cn/finance/txt/2006-11/16/content_ 7365992.htm)。

② 《金融部门:银行业》,中国网(http://www.china.com.cn/aboutchina/data/jrfz/txt/2007-01/15/content_ 7656155.htm)。

(3) 资本金充足率明显改善。2006年,我国主要商业银行采取多种措施,补充资本金。中国银行、工商银行和招商银行通过公开上市补充了资本金;浦发银行通过增发新股,补充了资本金;兴业银行和民生银行通过发行混合资本债券补充了资本金;杭州市商业银行和长沙市商业银行通过发行次级债,补充了资本金;等等。

(4) 经营安全状况。主要分析上市国有商业银行安全状况、股份制商业银行安全状况和城市商业银行安全状况。

第一,四大国有商业银行安全状况。2006年年末,四大国有商业银行已有3家公开上市。工商银行全年实现营业利润1030亿元,比上年增长12.4%;税后利润为493亿元,比上年增长33%,经营绩效较上年大幅度提高;资本充足率为14.05%,核心资本充足率为12.23%;不良贷款余额为1377亿元,不良贷款率为3.79%。建设银行全年实现税前利润657.17亿元,增速为18.7%;资本充足率为12.11%,核心资本充足率为9.92%;不良贷款余额为943.99亿元,不良贷款率为3.29%。中国银行全年实现税后利润471.52亿元,比上年增长44.65%;实现净利润418.92亿元,比上年增长52.38%;资本充足率为13.49%,核心资本充足率为11.44%;不良贷款率为4.04%。农业银行全年实现营运净收入1208.38亿元,比上年增加155.9亿元。

第二,股份制商业银行安全状况。指全国性股份制商业银行。截至2006年年末,全国共有13家股份制商业银行。其中已有7家公开上市。交通银行实现净利润122.74亿元,净利润增长率为32.71%;招商银行实现净利润51.76亿元;浦发银行实现净利润33.53亿元,净利润增长率为31.08%;华夏银行实现净利润14.57亿元,净利润增长率为13.87%;民生银行实现净利润38.32亿元,净利润增长率为43%;兴业银行实现净利润37.98亿元,净利润增长率为54.09%;深发展实现净利润46.98亿元,净利润增长率为300%。

第三,城市商业银行安全状况。截至2006年年末,全国共有城市商业银行113家,总资产为25937.9亿元,较上年增长27.4%,资产占全部银行机构总额的5.4%;总负债为24722.6亿元,较上年增长26.5%,占全部银行机构的比重为5.9%。不良贷款余额为807.3亿元,比上年减少34.4亿元,不良率为6.07%,比上年下降1.66个百分点。

2. WTO 条件下我国银行金融机构监管安全分析

强化监管,是维护银行金融机构安全的重要措施。加入 WTO 以后,我国依据 WTO 规则和维护金融安全的实际需要,制定发布了一系列法律法规。已通过《中华人民共和国企业破产法》。该法律既可以保护金融机构利益,维护金融机构安全;又可以迫使金融机构重整,或者破产清算,或者被接管、托管等。并修改通过了《关于修改银行业监督管理法的决定》。

另外,还通过了其他一系列维护金融机构的相关法律法规。比如,通过了《中华人民共和国反洗钱法》《商业银行小企业授信工作尽职指引(试行)》《商业银行金融创新指引》《国有股份制商业银行公司治理及相关监管指引》和《银行业金融机构内部审计指引》等法规。

针对个人理财业务,发出《关于商业银行开展个人理财业务风险提示的通知》;针对外汇理财业务,中国人民银行协同银监会分别制定发布了《商业银行开办代客境外理财业务管理暂行办法》;针对近几年快速发展的银行代理保险业务中存在的手续费恶性竞争、手续费支付方式不规范、销售误导等行为,银监会和保监会于 2006 年联合发布了《关于规范银行代理保险业务的通知》。通知规范了保险业务运行,强化了对销售人员的资格管理,强调行业自律,确定了银监会和保监会联合监管模式等。

(二)WTO 条件下我国非银行金融机构安全分析

在 WTO 条件下,我国非银行金融机构安全主要是证券公司安全、保险公司安全、信托公司安全和基金公司安全,所以,非银行金融机构安全分析主要是证券公司安全分析、保险公司安全分析、信托公司安全分析和基金公司安全分析。

(1) WTO 条件下证券公司安全分析。在 WTO 条件下,我国证券公司安全分析,可以通过其运行安全分析和监管安全分析展开。

第一,WTO 条件下证券公司运行安全分析。截至 2006 年年末,我国有证券公司 104 家,基金管理有限公司 58 家,外资参股证券公司 7 家;到 2007 年 1 月末,有证券投资咨询机构 105 家,取得外资股业务资格的境外证券经营机构 68 家。

2006年，我国证券行业实现营业收入约600亿元，净利润255亿元，其中19家创新类证券公司营业收入378亿元，净利润161亿元，证券公司扭转了连续四年的亏损局面。而在2005年，全行业亏损数十亿元。从利润构成看，经纪业务所占比重较大，贡献率约为60%；其他业务贡献相对较小。证券公司取得业绩的原因，是国家解决了历史遗留问题，化解了行业风险，提足了减值准备。在104家证券公司中，有100家已经全部清理完客户交易结算资金缺口、违规理财、账外经营、国债回购等遗留问题。50家证券公司风险事项涉及违规金额217亿元，通过整改已经全部化解。且在整改过程中，没有动用一分钱国家资产，极大地降低了国家处置证券公司风险的成本。

为了扩大规模和快速发展，有一些证券公司开始寻求上市的途径。对此，中国证监会明确表示，支持合规的证券公司通过"借壳"上市融资。截至2006年年底，已经有8家证券公司明确了"借壳"上市。

第二，WTO条件下证券公司监管安全分析。2001—2005年，我国股票市场持续走"熊"。受此影响，证券公司（或券商）损失巨大，违规行为也增多。为了解决这些问题，促进证券公司健康发展，中国证监会开始对券商进行综合治理。2004年7月，中国证监会发布《证券公司风险控制指标管理办法》。2004年8月，中国证监会召开了"证券公司规范发展座谈会"，并提出"三大铁律"，即严禁挪用客户交易结算资金，严禁挪用客户委托管理的资产，严禁挪用客户托管的债券。

为了进一步有效控制证券公司风险，扶优限劣，2004年8月，中国证监会对证券公司实行分类监管。根据不同证券公司风险承受程度和控制能力，实施不同的监管方法，给予不同的发展空间。中国证监会把当时130多家证券公司，划分为A、B、C、D类。A类为创新证券公司，有资格从事各类创新活动；B类为规范类证券公司，有资格参与股票发行询价，开展资产管理，通过银行间市场融资等；C类为存在高度风险的证券公司；D类为进行风险处置类证券公司。C类和D类是证监会综合治理的重点对象。截至2006年10月30日，所有问题券商（即高度风险类和处置类券商）的清理重整方案都已经基本确定。2006年11月1日，《证券公司风险控制指标管理办法》开始实施。券商的净资本不同，管理处置方式也不同。具体处置方式为：暂停、限制业务，或取消业务资格；进行重组；清算关闭。据统计，自2004年起至2006年12月29日，30家证券公司被风险处置。

以《证券公司风险控制指标管理办法》和《关于发布证券公司净资本计算标准的通知》为标志，我国对券商的以净资本为核心的风险监控和预警制度已经建立。这是对券商监管机制的重大变革。券商的业务种类、业务规模将与其净资本挂钩，从而有效地约束券商行为，促使其防范风险、控制风险和规范经营。2005年年初，证监会和央行牵头，会同其他几大有关部委，联合成立了"证券公司综合治理专题小组"。

在"分类处置，扶优限劣"的监管思路下，一方面对存在严重生存问题的证券公司实行关停并转；另一方面对较优证券公司注资输血，鼓励优质券商通过收购、托管等方式做大做强。实践表明，通过托管、并购、上市、合资等形式，一批劣质证券公司被淘汰出局，一批优质证券公司获得了长足发展。综合治理取得了预期的成效，为中国证券市场的良性健康发展打下了坚实的基础。经过综合治理，证券公司历史遗留问题得到解决，风险得到充分释放，资质和经营状况得到了根本改善，营利能力大幅度增强。

随着股权分置改革的基本完成和证券公司综合治理的完成，证券市场进入了一个全新的时代。市场持续向好，证券交易活跃，经纪业务外部环境显著改善。但是，我国证券公司的业务品种较为单一，大都集中在经纪和承销等传统业务上，致使一级市场和二级市场竞争过度。而收购兼并、财务顾问、风险投资、投资咨询等业务，又开展较少，竞争不足。

另外，要推出融资融券、股指期货、利率期货、外汇期货、国债期货、备兑权证等衍生金融产品，也会极大地提高券商经纪业务的市场深度和广度，也对经纪业务提出了全新的专业服务要求。因此，证券公司在经纪业务方面要加速转型、创新，走专业化的道路，为客户提高增值服务，还应努力推进前后台分离、客户交易结算资金第三方独立存管，实施集中交易、集中清算、集中风险控制、规范业务流程等新的业务管理体制和风险控制体制。

经过几年的制度创新，制约我国券商发展的瓶颈——融资融券问题正在逐步得到解决。新《证券法》中，规定"证券公司为客户买卖证券提供融资服务，应当按照国务院的规定并经国务院证券监督管理机构批准"。《证券公司风险控制指标管理办法》中规定，合格券商可向客户提供融资融券服务。《证券公司融资融券业务试点管理办法》对证券公司的融资融券做了更详细的规定。上海证券交易所和深圳证券交易所发布的《上海证券交易所融资融券交易试点实施细则》和《深圳证券交易所融资融券交易试点实施细则》，规定了融资融券的细则。

（2）WTO条件下保险公司安全分析。截至2004年12月11日，中国保险业已经全面履行加入WTO承诺，实现对外开放。在WTO条件下，我国保险公司安全分析，可以通过其运行安全分析和监管安全分析展开。

第一，WTO条件下保险公司运行安全分析。截至2006年年末，我国保险公司为98家；保险资产管理公司为9家；保险中介机构为2110家；全国共有保险兼业代理机构141278家，同比增长17.10%。

截至2007年年底，全国共有保险机构110家。全国保险公司共有省级（一级）分公司940家，中支及中支以下营业性机构57191家。全国共有专业保险中介机构2331家，其中，保险代理公司1755家，保险经纪公司322家，保险公估公司254家；共有兼业保险代理机构14.31万家。2007年，保险从业人员257.43万人，其中营销员201.49万人。

截至2006年10月，我国保险业的资产总量为1.8万亿元，仅占我国金融资产的4%，而在海外成熟的金融市场，这一比例通常在20%左右；目前，世界上主要跨国保险金融集团和发达国家的保险公司都已经进入中国；超过600亿元人民币的境外资金，通过设立外资保险机构和参股中资保险公司流入境内；外资公司保费收入从2001年年底的33.29亿元人民币，增长到2005年年底的341.2亿元人民币，与加入WTO前相比增长了约9倍。

在WTO条件下，保费收入名义增长速度仍持续高于实际GDP增长速度。2001年，保费收入名义增长速度为32.2%，GDP实际增长速度为9%；2002年，保费收入名义增长速度为44.7%，GDP实际增长速度为9.1%；2003年，保费收入名义增长速度为27.1%，GDP实际增长速度为10%；2004年，保费收入名义增长速度为11.3%，GDP实际增长速度为10.1%；2005年，保费收入名义增长速度为14.1%，GDP

实际增长速度为10.4%;2006年,保费收入名义增长速度为14.4%,GDP实际增长速度为10.7%。保费收入名义增长速度呈现出良性增长态势。

银行保险保费收入占总保费收入的比重总体稳步上升。2001年,银行保险保费收入占总保费收入的比重为2.1%,2002年为15.33%,2003年为19.71%,2004年为18.39%,2005年为18.74%,2006年为20.84%。银行保险业务发展是我国保险市场发展的核心内容,也是我国保险市场安全的重要保证。保费收入持续稳定增长,非寿险公司增长速度高于寿险公司增长速度。

第二,WTO条件下保险公司监管安全分析。在WTO条件下,保险监管机构不断强化监管。2006年,保监会发布了《关于规范保险公司治理结构的指导意见(试行)》《保险公司董事和高级管理人员任职资格管理规定》《关于(保险公司董事和高级管理人员任职资格管理规定)具体适用问题的通知》和《寿险公司内部控制评价办法(试行)》等政策法规,监管体制机制进一步完善。中国再保险(集团)公司获得中央汇金投资有限责任公司注资40亿美元,治理机制逐步深化。

根据保险市场发展需要,保监会先后发布了《关于进一步加强机动车辆保险监管有关问题的通知》《关于对进一步加强机动车辆保险监管有关问题的补充通知》《关于加强财产保险共保业务管理的通知》和《健康保险管理办法》等政策法规,推动保险市场发展。

(3) WTO条件下信托公司安全分析。在WTO条件下,我国信托公司安全分析,可以通过其运行安全分析和监管安全分析展开。

第一,WTO条件下信托公司运行安全分析。截至2008年4月30日,公开披露2007年年报的50家信托公司,各项财务指标及经营业绩均呈现出爆发式增长。主业回归转型初见成效。50家公布2007年年报的信托公司管理的信托资产规模为9357.93亿元,平均为187.16亿元,总额较上一年增长了5847.91亿元,增幅为166.82%;信托收入总额达到828.96亿元,平均为16.58亿元,较上一年总额增长了604.45亿元,增幅高达269.23%;信托利润总额达到745.26亿元,较上一年增长了547.49亿元,增幅达276.83%。在信托资产规模和信托收入规模整体大幅上涨的同时,仍有包括甘肃信托、吉林信托等10家信托公司的信托规模出现不同程度的下滑和萎缩，部分信托公司的收入主要是依靠自有资金投资于证券市场，而不是其主业信托业务或代客理财收入。

第二，WTO条件下信托公司监管安全分析。加入WTO以后，监管部门一直在强化信托业监管。其中最重要的是，2004年4月中国银监会提出对信托公司实行评级分类管理的监管体制。在这种监管体制下，全面构建和有效推进行业自律管理，具有重要的意义。我国信托业发展的经验教训，除制度设计不合理等因素外，还有行业自律体系缺失。所以，要完善自律机制，使个体自律到行业自律。强化信托机构的个体自律机制，建立全新的信托行业自律管理组织，重塑信托业自律管理模式。

为了规范信托业的发展，有关部门先后出台了一系列政策法规，强化信托业的监管。先后出台了《信托法》《信托投资公司管理办法》和《信托投资公司资金信托业务管理暂行办法》。特别是2004年以来，监管部门加快了有关政策法规的建设速度，出台了《信托投资公司集合资金信托业务信息披露暂行规定》《关于进一步加强信托投资公司监管的通知》《信托投资公司信息披露管理暂行办法》《关于信托投资公司开设信托专用证券账户和信托专用资金账户有关问题的通知》等比较完善的监管政策。这表明，我国信托业监管已基本法制化和规范化。

信托公司治理结构不完善，是信托公司经常发生问题的另一个原因。公司治理结构并不存在单一的模式。完善信托公司治理结构应主要是调整股权结构，健全制衡机制；完善董事会结构和职能，强化科学决策；强化独立董事和监事制度，健全信息披露制度。

信托业作为金融体系中的重要内容，发挥作用需要依托完善有效的市场体系。所以，监管部门采取了一系列措施，加快市场体系建设。一是强化监管体系。监管部门强化了以政府监管、行业自律与市场约束三位一体的监管体系，实现了市场风险识别和风险承担责任的合理分散和匹配，促进了信托市场的健康发展。二是强化法规体系。监管部门以《信托法》为市场基本法，完善了其他层次的配套法规体系，维护参与主体的权利和义务，保证信托业务的有序开展。三是强化服务体系。主要是强化信息服务、法律服务以及会计服务等支撑系统。四是强化运行体系。遵循市场基本规律，发挥信托公司主体作用，促进竞争，实现信托功能。

(4) WTO条件下基金公司安全分析。在WTO条件下,我国基金公司安全分析,可以通过其运行安全分析和监管安全分析展开。

第一,WTO条件下基金公司运行安全分析。我国证券投资基金起步于1997年。尽管发展历史不长,但却取得了较快的发展。截至2007年12月,我国基金管理公司为59家,管理资产超过3万亿元人民币。基金产品种类既有股票型、债券型、混合型、货币市场型,还有指数型、短债型、保本型、伞型、风险量化管理型、行业型、绝对收益型、ETF及LOF等品种。

截至2007年年底,我国基金市场已经发行的证券投资基金达367只,发行在外基金份额达20550.27亿份,净资产规模为31069.12亿元。基金份额规模和资产规模都出现了爆发式的增长。

截至2007年11月30日,封闭式基金35只,资产规模为2296.21亿元;开放式基金总共有332只,基金份额共计19784.52亿份,资产规模为28772.91亿元,占全部基金总资产的92.61%。其中,股票型开放式基金143只,份额规模11909.53亿份,资产规模918.68亿元;混合型开放式基金103只,份额规模6707.55亿份,资产规模9668.61亿元;债券型基金31只,份额规模464.11亿份,资产规模535.59亿元;货币型基金和保本基金数量分别为51只和4只。[1]

基金业各类型产品占比,股票方向基金比重过高。根据中国银河证券基金研究中心的统计,截至2007年12月31日,股票投资方向基金的资产净值总计为2.94万亿元,占全部基金资产净值的89.90%;货币市场基金规模为1110.37亿元,市场占比为3.65%,各类债券型基金占比不过3%。从安全角度来说,货币市场基金、债券型基金应是投资组合的重要组成部分。基金公司应该优化产品结构,改变目前股票类基金比重过高、低风险产品不足的状况。[2]

第二,WTO条件下基金公司监管安全分析。我国基金的主要监管部门是中国证监会、人民银行、证交所和同业协会等。在WTO条件

---

[1] 尹中立:《我国证券投资基金的发展历程回顾》,《银行家》2008年第10期。
[2] 余喆:《基金业发展空间拓宽》,《中国证券报》2008年1月18日。

下，基金监管体系的建立与完善一直在推进之中。监管层要求基金加大净值公布频率、每季公布投资组合、统一中报年报披露格式与内容、统一公开披露各项指标计算方法；在年报中披露所有股票明细及其变动情况，提高投资人与社会舆论对基金的监督能力。2002年，基金监管部门利用全球广为流行的管理技术——风险控制自我评估方法，制定了风险控制自我评估项目表，开展基金公司自查。从2004年开始，基金监管部门还要求基金公司专门聘请独立的会计师事务所对其内部控制进行专项评价。引入外部监督机构，不仅降低了行政监督成本，还使评价公正公平，同时也提高了基金公司的公信力。

2004年实施的《证券投资基金法》及其后来出台的6大配套法规，构建起基金业基础法律体系。此后，基金监管部门又陆续出台了一系列法律法规。比如，《证券投资基金销售管理办法》《证券投资基金信息披露管理办法》《证券投资基金管理公司管理办法》《证券投资基金运作管理办法》《证券投资基金行业高级管理人员任职管理办法》和《证券投资基金托管资格管理办法》，等等。

此外，在基金公司固有资金投资、风险保证金提取、基金投资人员管理等方面，也加强了法律法规建设。

二 WTO条件下我国金融市场安全分析

在WTO条件下，我国金融市场安全主要是股票市场安全、债券市场安全、保险市场安全、期货市场安全和基金市场安全，所以，我国金融市场安全分析主要是债券市场安全分析、保险市场安全分析、期货市场安全分析和基金市场安全分析。

（一）WTO条件下我国股票市场安全分析

在WTO条件下，我国股票市场安全分析，可以通过其运行安全分析和监管安全分析展开。

第一，WTO条件下我国股票市场运行安全分析。由于股权分置等原因，2001年至2005年上半年，我国股票市场一直处于熊市。2005年4月，我国股权分置改革试点启动。受此利好影响，股票市场开始恢复性上涨，并走出了红火的行情。

截至2006年年末，我国深圳和上海两个证券交易所共有上市公司

1434 家，总市值为 89403.9 亿元，流通市值为 25003.64 亿元。总市值比 2005 年增长了 90.61%。上市公司全年分红约 850 亿元，投资回报能力增强。投资者开户总数为 7854 万户；有 70 家企业发行 A 股，募集资金 1572.25 亿元；有 51 家公司增发或配股，筹集资金 851.42 亿元；9 家公司发行可转债，募集资金 40 亿元；23 家公司新发行 H 股，募集资金 375.96 亿美元；11 家公司通过 H 股进行再融资，筹集资金 18.93 亿美元。2006 年股市总融资额为 5594.3 亿元，同比增加 3711.68 亿元，增幅达 197%。经历了长达 5 年之久的萎缩，2006 年我国股票市场的融资功能得以全面恢复，融资额接近 2002—2005 年 4 年的总和。股市融资功能的恢复使国内融资结构呈现出良性。[①]

受宏观经济持续增长、股权分置改革基本完成、人民币升值流动性过剩和机构投资者发展等影响，2006 年我国股市大幅度上涨，上证综指和深证综指分别从年初的 1180 点和 283 点，上涨到年末的 2675.47 点和 550.59 点，较 2005 年年末上涨 130% 和 97.5%。两市全年交易额为 90468.91 亿元，是 2005 年全年交易额的 2.86 倍。

2005 年 4 月末，我国股权分置改革试点启动，9 月初，股改全面展开，至 2006 年年末，沪深两市已完成股改或已进入股改程序的上市公司达到 1301 家，占应股改公司的 97.02%，股权分置改革基本完成。[②] 法律法规逐步完善，产品创新和制度创新不断增强。在股权分置改革和上市公司盈利能力提高的推动下，股票市场得到了快速发展，股市回归到安全领域。2005 年年底，我国股票市场的平均市盈率为 16.36 倍；到 2006 年年底，我国股票市场平均市盈率为 32.72 倍。尽管如此，股票市场仍存在很多的问题，其核心问题是上市公司的信息披露问题、庄家的操纵股票问题，等等。

2006 年，沪综指的收盘点位为 2675.47 点，2007 年的收盘点位为 5261.56 点。2008 年 6 月 30 日，上证综指收在 2736.10 点。上证综指和深证成指跌幅分别为 48% 和 47.06%；沪深 300 指数跌幅为 47.70%；

---

① 《金融市场：股票市场》，中国网（http://www.china.com.cn/economic/zhuanti/jr-fzbg/2007-12/10/content_9366261.htm）。
② 《股改行情的前因后果——中国股市历史钩沉之三十七》，新浪网（http://blog.sina.com.cn/s/blog_7f4cc62e01013hvc.html）。

上证50、上证180、深综指跌幅分别为48.53%、47.89%和45.19%；中小板指数和中小板综指跌幅分别为41.16%和41.88%；沪深B股指数跌幅略小，分别为42.78%和33.01%。[①]

2008年上半年，A股指数几乎呈现单边下跌的态势。以上证综指为例，年初曾有一波短暂的上涨行情，指数最高见5522.77点。之后，受美国次贷危机、国内雪灾以及部分上市公司拟大规模再融资的影响，指数单边急挫至4200点附近。后在新基金发行开闸的刺激下，出现单日暴涨，但并没有起到逆转作用。受大小非大量解禁的冲击，指数重陷单边下跌，一直到沪综指击穿3000点大关后，管理层出台了降低印花税的重大利好，股指再现单日暴涨行情。利好的功效没能维持几天，股指也再度击穿3000点，并出现了创纪录的十连阴走势。A股的寻底过程仍在艰难继续。[②]

随着股市的持续下跌，A股的估值水平大幅下降。2007年年底，沪市A股平均市盈率接近60倍，深市A股接近70倍，即便上证50的平均市盈率也高达52倍。2008年6月30日，沪市A股的平均市盈率为20.64倍，深市A股为24倍，上证50和上证180的平均市盈率都低于20倍。[③]

第二，WTO条件下我国股票市场监管安全分析。在WTO条件下，我国股票市场监管成绩显著。过去，受体制、机制和环境等多种因素的影响，相当一批上市公司在法人治理结构、规范运作等方面存在严重问题，特别是控股股东或实际控制人侵占上市公司资金问题尤为严重。证监会针对这一问题，强化了监管。截至2006年年底，沪深两市共合计清欠资金335.68亿元，占所需清欠资金总额的70%。

2006年1月1日，修改后的《证券法》正式实施。中国证监会结合新《证券法》及各种相关法律法规，也发布了《上市公司收购管理办法》等一系列规范性文件规范上市公司行为，保护投资者利益，加强证券公司监管，防范证券市场风险。

---

① 许少业：《跌幅逾40% A股上半年基本抹掉去年涨幅》，《上海证券报》2008年7月1日。
② 同上。
③ 同上。

加入 WTO 后，我国股票市场并没有受到什么影响，仍然受制于基本面，特别是受制于政策和企业经营状况。在 WTO 条件下，虽然我国股票市场还存在一定的问题，但是，我国股票市场是安全的，是呈良性、健康发展的。

（二）WTO 条件下我国债券市场安全分析

在 WTO 条件下，我国债券市场安全分析，可以通过其运行安全分析和监管安全分析展开。

第一，WTO 条件下我国债券市场运行安全分析。2001 年以后，伴随着我国经济的快速发展，我国债券市场作为重要的融资场所，也得到了快速发展。发行数量不断增加，发行债券种类不断增加。截至 2006 年年底，中国债券市场的各类债券共 794 只，其中国债 82 只，央行票据 100 只，金融债券 186 只，企业债券 154 只，短期融资债券 223 只，资产支持证券 13 只；债券市场存量余额为 92452.1 亿元。其中，1 年期以下的短期债券为 36799.89 亿元，占比 39.85%；1—5 年期的债券 30228.23 亿元，占比 32.7%；10 年期以上的债券 11595.49 亿元，占比 12.5%。

为了促进企业债券市场发展，实现企业债券向信用产品回归，经主管部门批准，2006 年 5 月 11 日中国长江三峡工程开发总公司发行了无担保 06 三峡债券。企业债券发行进入无担保人时代。但是，同时也出现一个问题，即无担保企业债券真的出现了兑付危机怎么办？

第二，WTO 条件下我国债券市场监管安全分析。在 WTO 条件下，有关部门相继发布和完善了一系列政策法规，规范和促进债券市场健康发展。先后发布了《中央国库现金管理暂行办法》《关于将次级定期债务计入附属资本的通知》《商业银行次级债券发行管理办法》《商业银行资本充足率管理办法》《商业银行混合资本债券公告》《企业债券进入银行间债券市场交易流通的有关事项公告》和《上市公司证券发行管理办法》，等等。随着债券市场制度的不断完善，债券市场监管也逐步规范化和科学化，债券市场的安全性也大大增强。

（三）WTO 条件下我国保险市场安全分析

在 WTO 条件下，我国保险市场安全分析，可以通过其运行安全分析和监管安全分析展开。

第一,WTO条件下我国保险市场运行安全分析。加入WTO后,保险公司不断强化经营管理,业绩稳步提高,保费收入不断增加。2001年,保费收入2109.4亿元,其中,非寿险保费收入685.4亿元,寿险保费收入1424.0亿元;2002年,保费收入3053.1亿元,其中,非寿险保费收入778.3亿元,寿险保费收入2274.8亿元;2003年,保费收入3880.4亿元,其中,非寿险保费收入893.5亿元,寿险保费收入2986.9亿元;2004年,保费收入4324.1亿元,其中,非寿险保费收入1123.5亿元,寿险保费收入3200.6亿元;2005年,保费收入4931.2亿元,其中,非寿险保费收入1282.7亿元,寿险保费收入3648.5亿元;2006年,保费收入5641.4亿元,其中,非寿险保费收入1580.3亿元,寿险保费收入4061.1亿元。

2007年保险业改革开放稳步推进。国有保险公司体制改革继续深化,保险业对外开放向纵深发展。目前,已经有10家外资产险公司成功完成了"分改子"。2007年10月31日,总部设在广州的保险中介集团——泛华保险服务集团在美国纳斯达克上市。

第二,WTO条件下我国保险市场监管安全分析。加入WTO后,我国各级政府非常重视保险市场监管,不断推出监管法规,强化保险市场监管,推动保险市场发展。2006年6月15日,《国务院关于保险业改革发展的若干意见》(国务院23号文件)正式发布。随后,各地政府及其有关部门共出台了117个保险法规,防范保险市场风险,推动保险市场发展。

中国保监会也一直坚持不懈地强化保险监管体系。经过几年的努力,我国已经建立起以偿付能力监管、公司治理结构监管和市场行为监管为支柱的现代保险监管制度体系。在偿付能力监管方面,近几年保监会陆续发布一系列资产、负债评估标准,偿付能力预警制度体系建设基本完成,可以做到早预警、早解决。

在市场行为监管方面,根据各时期的工作任务和目标,针对影响保险业发展的突出问题,整合全系统的监管力量,采取交叉检查、联合检查等方式,开展全国专项现场检查;查找违规违法问题,妥善处理保险人的投诉,维护保险市场稳定和被保险人的利益;调动保险人参与监管的积极性,强化社会监督,提高保险监管的透明度,提高监管效率。

2006年，保监会发布实施了《财产保险危险单位划分方法指引》，结束了长期以来我国对大型商业风险项目保险由条款指导、没有费率标准的局面。保监会除了对财产保险产品费率进行间接管理外，还对相关的财产保险产品的费率进行了规范。

目前，我国财产保险市场的产品总体表现为产品数量少，种类单一，各家公司之间的产品差异不大。大部分公司沿用了中国人保的产品，新开发的产品非常有限。从主险的情况分析，除中国人保外，大部分公司经营的产品为较为单一的机动车辆保险、企业财产保险、公众责任保险和雇主责任保险等20多个产品。据相关资料统计，英国保险市场上有8500个左右产品，其中常用的产品就有3400个。英国每年投放保险市场的新产品就达300多个。

2003年保监会下发了《关于印发人身保险新型产品精算规定的通知》，对分红、万能、投连等新型产品建立精算监管规则。2004年7月，出台了《人身保险产品审批和备案管理办法》及相关通知，建立了人身保险产品审批和备案管理制度。2005年11月，保监会相继发布了《中国人寿保险业经验生命表》和《人身保险单标准化工作指引（试行）》，规范人身险产品和人身保险单。2005年年底，新的生命表颁布使用后，中国保监会下发通知，允许保险公司自行决定产品定价采用的生命表。这标志着中国保监会对人身保险费率的监管由对定价的直接监管，转向制定准备金提取标准的间接监管。2006年6月，国务院下发《关于保险业改革发展的若干意见》。2006年9月，《健康保险管理条例》和《重大疾病保险的疾病定义》法规发布，统一和规范了25种疾病的定义，确定了行业标准。2006年10月，保监会相继发布：《关于促进人身保险产品创新工作的指导意见》，推动人身保险产品创新；《关于企业年金产品备案相关问题的通知》，支持保险企业开发企业年金市场；《关于促进农村人身保险健康规范发展的通知》，促进农村人身保险市场规范健康发展。

（四）WTO条件下我国期货市场安全分析

在WTO条件下，我国期货市场安全分析，可以通过其运行安全分析和监管安全分析展开。

第一，WTO条件下我国期货市场运行安全分析。WTO条件下，我国商品期货市场品种体系不断完善,基本形成了金属、能源、化工和农产品四大产品体系。截至2006年年底,已有14个期货品种,有大连商品交易所、上海期货交易所和郑州商品交易所三家商品期货交易所。

2006年,我国不仅商品期货交易活跃,新品种不断推出,而且成立了中国金融期货交易所,并积极进行股指期货上市准备。中国期货市场正处于健康快速发展过程中。2006年全国市场总成交量和总成交额均大幅度增长,累计成交量为44947.41万手,比2005年增长39%;累计成交金额为21万亿元,比2005年增长56%,总成交额创下了自1993年市场创立以来的历史最高。

2006年,我国三家商品交易所的成交量和成交额均同步增加。大连商品交易所的期货合约成交量位于三家期货交易所之首,累计成交24070万手,同比增加21%,成交量占全国份额的53%;累计成交额52153亿元,同比增加10%,成交额占全国份额的25%。上海期货交易所的期货合约成交量的增长速度和成交额的增长速度位于三家期货交易所之首,累计成交期货合约11621万手,同比增加72%;累计成交额126101亿元,同比增加93%。成交量占全国份额的26%,成交额占全国份额的60%。郑州商品交易所推出新品种的数量位于三家期货交易所之首,共有白糖和PTA两个新品种上市。累计成交期货合约9256万手,同比增加63%,成交量占全国份额的21%;累计成交额31793亿元,同比增加47%,成交额占全国份额的15%。

自2005年以来,共有33种权证发行并上市交易。其中,在深圳证交所上市和交易的权证有11种,在上海证券交易所上市和交易的权证有22种。在33种权证中,认购权证16种,认沽权证17种;股本权证6种,备兑权证27种;美式权证1种,欧式和百慕大式权证32种。截至2006年年底,7种权证到期并退市,26种权证仍在交易。2006年,全年交易额为19900亿元人民币,比2005年的2189亿元人民币增长了8倍。权证市场交易活跃的原因是T+0交易制度、股市红火和权证具有以小博大的功能。为了抑制权证市场的过度投机,管理层推出了权证创设制度,允许券商在不增加正股发行的前提下,依靠市场的存量正股来创设权证。创设权证的推出,增加了权证的供应量,对供求平衡产生一定的作用,但是,由于创设的额度受到限制,还不能完全满足市场需求,市场投机仍然过大。创设权证制度只在上海证券交易所实施。

中国权证市场已经取得了很大的成绩,但也存在一定问题。一是定价机制不完善。部分权证的价格走势与其正股的走势关系不大,有时甚至出现相反的走势,不符合权证的定价规律。截至2006年年底,正在上市交易的权证有26只,其中认购权证13只,认沽权证13只。认购权证的溢价率为11.98%,认沽权证的溢价率为51.17%,平均溢价率为31.58%。权证市场价格总体定位偏高,尤其是认沽权证更高。二是投资者风险意识不强。据中投证券估计,在2006年到期的权证中对二级市场投资者而言,仅有鞍钢JTC1和武钢JTB1两支价内权证的差价收益为正,在计算了佣金损失之后,仅有鞍钢JTC1的收益为正。在2006年到期的7只权证上,二级市场的投资者共损失资金31.7亿元,其中差价损失约为17.1亿元,佣金损失约为14.6亿元。三是发行制度问题。要达到供求平衡,就应在供给上保持高度灵活,实行持续发行制度。否则,就会由于供给不足而被操纵或过度投机。四是市场监管问题。权证是高风险产品,所以监管部门必须制定完善的法律法规,并不断强化监管,防范恶意炒作,防止操纵市场,保护中小投资者的利益。但目前我国权证市场明显被操纵,比如,宝钢权证从挂牌之日起,就被操纵。后经上海证券交易所和深圳证券交易所干预,才控制住恶炒。

第二,WTO条件下我国期货市场监管安全分析。1999年,我国颁布了《期货交易管理暂行条例》。2002年,为了满足我国期货市场的发展需要,中国证监会开始着手修订《期货交易管理暂行条例》。2006年,中国证监会将《期货交易管理暂行条例(修订草案)》上报国务院。2007年1月7日,国务院审议并原则通过了该条例。该条例扩大了期货公司的业务范围,强化了风险控制和监督管理,扫清了金融衍生品发展的法律障碍。

股指期货是投资者进行套期保值的不可或缺的金融工具,它的推出将改变我国股票市场仅能单边做多的格局,从而有助于完善证券市场结构。股指期货可以丰富资产配置和提高配置效率,也会使风险管理的方法更为有效。但同时,风险也极大。股指期货有助于增加投资者和扩大市场规模,也有助于设立对冲基金,推动证券市场的发展。

为了规范权证市场发展,应引入做市商制度;广泛开展投资者教育,提高投资者的风险防范意识;改进权证发行制度,维持供求平衡,维持权证合理的价值区间;提高监管能力,强化监管,防范操纵行为,进一步加强权证创设和注销的监管,严惩操纵市场的违规者。

(五) WTO 条件下基金市场安全分析

在 WTO 条件下,我国基金市场安全分析,可以通过其运行安全分析和监管安全分析展开。

第一,WTO 条件下我国基金市场运行安全分析。2007 年共有 61 只新基金发行,其中包括 19 只封转开基金和 8 只创新型基金。2007 年也是基金业重大创新的一年,主要是发行创新型封闭式基金和 QDII 基金。封闭式基金在 2007 年业绩不俗,整体净值增长 122.25%。开放式基金净值迅猛增长。完整运作的 237 只股票基金中,有 189 只基金净值涨幅超过 100%,其中华夏大盘精选 2007 年度净值涨幅高达 226.14%,夺得股票方向基金净值增长年度冠军。涉股型基金中股票投资比例越高的基金,净值增长越多。①

2007 年基金业延续了 2006 年的辉煌:截至 2007 年 11 月 30 日,偏股型基金净值增长 103.62%;保本型基金收益率为 49.47%;债券型基金净值增长 22.58%;货币市场基金简单年化收益率为 3.1671%。2007 年三季度末:基金总资产规模达到 3.05 万亿元,增长幅度超过 250%。持股市值占 A 股市场流通市值比例也由 20% 进一步提升至 28%;偏股型基金资产规模占基金资产总规模的比例达 95.88%。

2008 年上半年,受通货膨胀、美国次贷危机、自然灾害、新劳动法下的企业困境、人民币升值导致的出口放缓以及国内宏观调控等影响,A 股市场遭遇了巨幅调整。基金业也受到较大程度的影响。2008 年上半年股票型开放式基金净值平均下跌 37.34%,混合型开放式基金净值平均下跌 34.4%,二类基金加权平均下跌 36.3%;② 封闭式基金整体净值加权平均下跌 34.22%。

第二,WTO 条件下我国基金市场监管安全分析。从基金市场建立

---

① 胡芳:《2007 年基金乘上飞车 给基民又带来了多少收益呢?》,网易财经 (http://money.163.com/08/0109/11/41OUJ1JP00251LGA.html)。

② 张琦、张剑辉:《2008 年上半年基金业绩盘点》,网易财经 (http://money.163.com/08/0702/14/4FRQIPFL00251LD3.html)。

之日起，监管部门就不断完善基金市场监管。加入WTO后，随着基金发行数量的不断增加，监管部门进一步加强了基金市场的监管。尤其是从2007年开始，基金监管部门加快出台了一系列有关风险控制的法律法规。2007年3月初，中国证监会发布《关于完善证券投资基金交易席位制度有关问题的通知》，对基金租用券商席位制度进行调整和完善。2007年3月15日，中国证监会又发出《关于2006年度证券投资基金和基金管理公司年度报告编制及审计工作有关事项的通知》和《证券投资基金销售业务信息管理平台管理规定》，进一步规范基金和基金公司年报编制，加强会计师事务所的审计监督功能；规范基金销售业务的信息管理。

2007年4月至6月，中国证监会发布《关于证券投资基金投资股指期货有关问题的通知》《关于证券投资基金执行〈企业会计准则〉估值业务及份额净值计价有关事项的通知》《合格境内机构投资者境外证券投资管理试行办法》和《关于实施〈合格境内机构投资者境外证券投资管理试行办法〉有关问题的通知》。

2007年10月8日，证监会基金监督部下发《关于基金管理公司提高风险准备金有关问题的通知》，将风险准备金的提取比例从5%提高到10%。2007年10月18日，中国证监会颁布了《证券投资基金销售适用性指导意见》和《证券投资基金销售机构内部控制指导意见》。

2007年11月4日，证监会基金监管部下发了《关于进一步做好基金行业风险管理有关工作问题的通知》。这是证监会在此前有关通知的基础上提出更为明确的监管要求，以切实保护投资人权益。2007年11月30日，证监会颁布《基金管理公司特定客户资产管理业务试点办法》和《关于实施〈基金管理公司特定客户资产管理业务试点办法〉有关问题的通知》。

经过证监会持续的努力，我国基金市场监管法律法规体系基本构建完善。

三 WTO条件下我国金融安全的威胁

在WTO条件下，我国金融机构还存在一些问题，安全受到一定的威胁。主要有：银行金融机构贷款风险问题，个人理财风险问题；证券公司经营风险问题，违规经营问题；保险公司治理结构问题，投资风险问题；信托公司主业回归问题，信托资金投向问题；等等。这些问题直接影响了金融机构的安全，必须及时妥善加以解决。如果解决不及时、不妥当，就有可能成为威胁我国金融机构安全的因素。

在WTO条件下，我国金融市场也存在一些问题。我国金融市场发展时间较短，又处于特殊的、快速发展的时期，所以，无论是股票市场、债券市场，还是保险市场、期货市场、基金市场，都存在一定的问题，威胁到我国金融市场的安全。主要有：股票市场中的上市公司信息披露问题，庄家操纵股票问题，市场过度投机问题，等等；债券市场中的多头管理问题，无担保企业债券的赔偿问题，长短期债券结构问题，等等；保险市场中的产品种类单一和无特色问题，退保率高的问题，新产品开发缓慢问题，等等；期货市场中的中小投资者保护问题，抑制市场过度投机问题，完善定价机制问题，等等；基金市场中的股票方向基金比重过高问题，基金投资组合中股票比重过高问题，等等。这些问题对我国金融市场安全构成了威胁，必须及时妥善加以解决。

第二节 WTO条件下我国金融安全基本判断

在WTO条件下，受多种因素的影响和制约，虽然我国金融机构和金融市场还存在一定的问题，但是，这些问题是金融机构和金融市场发展中必然要出现的问题，是在发展中可以逐步解决的问题，不会影响金融机构和金融市场的正常发展，所以，我国金融机构和金融市场是安全的。

一 WTO条件下我国金融机构安全基本判断

（一）WTO条件下我国银行金融机构安全基本判断

第一，WTO条件下我国银行金融机构运行安全基本判断。我国银行金融机构起步早、网点多，在市场中占有绝对的优势。在WTO条件下，我国银行类金融机构的资产负债规模继续保持了较快的增长速度。我国银行金融机构资产负债合理，处于安全状态。在资产负债规模急剧扩大的同时，资产质量不断改善。各银行金融机构通过各种渠道补充资本金，资本金充足率明显改善。由于银行金融机构资产负债合理、存贷款增长速度均衡、资本金充足率明显改善和经营状况良好，所以，我国银行金融机构运行是安全的。

第二，WTO条件下我国银行金融机构监管安全基本判断。加入WTO以后，我国依据WTO规则和维护金融安全的实际需要，制定发布了一系列法律法规。与此同时，监管部门依据这些法律法规，对银行金融机构进行了严格的监管，使我国银行金融机构步入了良性健康运行轨道。在银行金融机构商业运营中，监管部门根据风险状况，经常发布通知和管理办法等，提醒和规范银行金融机构的行为，防范风险形成，改善了银行金融机构的经营状况，提高了安全性。监管部门制定的健全的监管法律法规，和对银行金融机构的严格监管，维护了我国银行金融机构的安全。因此，我国银行金融机构监管是安全的。

（二）WTO条件下我国非银行金融机构安全基本判断

第一，WTO条件下我国非银行金融机构运行安全基本判断。在WTO条件下，经过监管部门严格的整改，重新登记的证券公司已经解决了存在的问题，走上了健康发展的轨道。资产经营状况呈现出良好的安全态势。2006年，证券公司扭转了连续四年亏损的局面，全行业实现营业收入600亿元，净利润255亿元；保险公司经营状态良好，保费收入名义增长速度呈现出良性增长态势。2001年至2007年，保费收入名义增长速度分别为32.2%、44.7%、27.1%、11.3%、14.1%、14.4%和25%；银行保险业务稳步发展，已成为中国保险业的支柱，成为中国保险机构安全的保障；信托公司资产经营健康稳定，安全状况良好。公开披露2007年年报的50家信托公司，各项财务指标及经营业绩均有较大增长。主业回归转型初见成效，信托资产较2006年增长166.82%，信托收入较2006年增长269.23%，信托利润较2006年增长276.83%，全行业平均不良资产率由2006年的6.14%降低为2007年的4.29%。在业务扩张的同时，风险控制能力有很大提升；基金业快速发展。截至2007年12月，我国基金管理公司数量为59家，管理资产超过3万亿元人民币。发行基金368只，发行基金份额20550.27亿份，净资产规模达31069.12亿元。基金产品种类日渐丰富，已形成颇具特色的产品线。基金份额规模和资产规模都实现了增长。基金公司资产经营安全状况良好。因此,我国非银行金融机构运行是安全的。

第二,WTO条件下我国非银行金融机构监管安全基本判断。在WTO条件下,证监会对券商进行了综合治理和分类监管。对存在严重生存问题的证券公司实行了关停并转,对较优证券公司实行了注资输血,支持其做大做强。同时,完善了监管法律法规,强化了监管执法。对证券公司监管处于有效状态;保监会颁布了一系列保险监管法律法规,强化对保险公司的监管。颁布了《关于规范保险公司治理结构的指导意见(试行)》,推动保险公司建立科学决策和控制机制;颁布了《保险公司董事和高级管理人员任职资格管理规定》,对保险公司高级管理人员任职资格进行监管,等等。不断完善的监管法律法规,维护了保险公司的安全。

银监会不断强化信托业监管,监管法律法规陆续出台。其中最重要的是对信托公司实行评级分类管理的监管体制。监管部门还重点完善了信托公司治理结构:调整股权结构,健全制衡机制;完善董事会结构和职能,强化科学决策;强化独立董事和监事制度,健全信息披露制度。我国信托业监管已基本法制化和规范化;证监会不断强化基金监管法规建设,强化信息披露制度建设。引入风险控制评估方法,提高基金公司风险自控能力。聘请独立的会计师事务所评价基金经营管理业绩,降低监督成本,提高基金公司的公信力。颁布了《基金管理公司投资管理人员管理指导意见》,加强对投资管理人员的管理,防止基金经理过于频繁的流动,保障基金份额持有人的合法权益,等等。我国金融机构监管机构健全,监管法律法规完善,监管渠道畅通,监管执法严格,监管层次清晰,监管目标明确。因此,我国非金融机构监管是安全的。

二 WTO条件下我国金融市场安全基本判断

(一) WTO条件下我国金融市场运行安全基本判断

我国金融市场交易活跃,交易规范有序,成交量和成交额均同步增加;投资者多元化,投资者结构比较合理;产品不断创新,产品设计逐步科学合理,产品基本可以满足需要;市场功能进一步发挥,市场规模进一步扩大,对国民经济发展的作用进一步增强;股权分置改革基本完成,上市公司清欠工作取得重要进展;综合治理取得预期效果,公司质量和经营水平均有所提高,等等。因此,我国金融市场运行是安全的。

(二) WTO条件下我国金融市场监管安全基本判断

我国金融市场监管机构完善,监管人员素质提高;监管体系健全完备,监管渠道畅通,监管信息比较对称;监管法律法规逐步完善,执法力度不断加大;法制教育不断强化,事前监管比重逐步加大。因此,我国金融市场监管是安全的。

第三节　WTO条件下我国金融安全维护

在WTO条件下,我国金融安全维护,主要应通过完善金融风险监管法律法规、完善金融对外开放法律法规、完善金融创新法律法规和建立国际金融合作监管法律法规实现。

一　完善金融风险监管法律法规

不断完善监管法规,强化金融风险管理,是金融监管部门的经常性工作。在WTO条件下,金融风险具有很大的感染性,一些国家和地区发生金融危机会通过汇率、贸易和资本等多种渠道影响我国。因此,当国际上特别是经济交往关系密切的国家或地区出现金融危机时,我国就应加强金融风险的防范,避免受其溢出效应之害。在本国经济发展滞缓或下滑时,货币政策应适当放松;在经济快速增长时期,金融风险也会随之增大,进而,金融风险的管理力度也应适当加强。

在WTO条件下,金融机构竞争激烈,风险随时增大。所以,应通过不断完善监管法规,强化金融风险管理,强化金融体系的健全和安全,同时,也应给金融机构较大的经营活动空间,使其灵活经营,妥善处理不良资产,保证盈利水平。另外,金融机构还应建立激励约束机制,两者应基本对称。如果激励大于约束,约束不起作用,金融风险就会增大,金融秩序就会不稳定;反之,约束大于激励则不能有效地控制风险,激励失效,发展就缺乏动力。金融风险管理是要控制金融损失的可能性,但是,如果控制过度,比如,经营范围限制在十分狭窄的空间,不适应经济发展需要,就有可能走向反面,导致低效率,失去发展机会,降低发展速度。

二 完善金融对外开放法律法规

在 WTO 条件下，金融开放应遵循我国有关法律法规和 WTO 规则，循序渐进。因此，我国应制定完善的金融开放政策，循序渐进推进金融对外开放。根据国内金融业发展的现状，选择适当的开放时机和开放程度，逐步推进；要根据 WTO 规则要求，加快国内金融机构竞争力培养，提高国内金融机构的竞争力；在金融开放中，还应制定有效的措施，防止国际游资可能带来的冲击；金融开放政策，尤其是在资本项目开放等问题上，应审慎。

根据金融开放政策，继续深化金融改革，建立适应我国国情的金融开放格局，适应 WTO 规则的要求，保证金融安全。在 WTO 条件下，我国具有了参与全球化进程的机会，这有利于我国参与建立国际金融体制和世界经济新秩序，促进自身的发展。但是，我国也面临着挑战，即也会给我国金融业带来风险。所以，我国必须增强防范和抵御金融风险的能力。我们应加大金融体制改革力度，建立适应社会主义市场经济体制需要的新型开放金融体制。

三 建立金融创新支持法律法规

在 WTO 条件下，金融业竞争日趋激烈，所以，应制定支持政策，强化金融机构金融创新，提高竞争能力。一方面，我国金融业面临着国外金融机构金融产品创新的竞争；另一方面，金融服务需求也逐步多样化。在这种背景下，我国金融机构既要提高金融服务水平和效率，又要通过管理创新、服务创新和产品创新应对竞争，把握竞争的主动权。

金融创新也需要政策支持。一是支持金融风险预警系统创新；二是支持金融机构退出机制创新；三是支持体制创新，切实保证金融机构的独立运作；四是支持金融监管手段和方式创新。

四 建立国际金融合作监管法律法规

金融安全问题具有全球性，一国金融安全常常会对其他国家产生传递效应。因此，应建立合作制度，加强国际金融监管合作。加强金融监管的国际合作，是我国加入 WTO 后金融监管的必然选择。只有进行密切的国际金融监管合作,才能有效地防范和化解金融风险。西方发达国家经常联手干预金融市场的举措,就是国际金融监管合作的例证。金融监管国际合作的内容、方式十分丰富,既可以是国与国之间的双边或多边合作,也可以是建立或通过国际金融组织进行监管;既可以是金融信息的互通有无和共享,又可以是国际金融监管体系建设,还可以是各国金融监管当局合理分工与合作。

参考文献

1. 《金融法治环境分析》,中国网(http://www.china.com.cn/economic/zhuanti/jrfzbg/2007-12/10/content_9366548.htm)。

2. 《股改行情的前因后果——中国股市历史钩沉之三十七》,新浪网(http://blog.sina.com.cn/s/blog_7f4cc62e01013hvc.html)。

3. 《金融部门:银行业》,中国网(http://www.china.com.cn/aboutchina/data/jrfz/txt/2007-01/15/content_7656155.htm)。

4. 《金融市场:保险市场》,中国网(http://www.china.com.cn/economic/zhuanti/jrfzbg/2007-12/10/content_9366320.htm)。

5. 《金融市场:股票市场》,中国网(http://www.china.com.cn/economic/zhuanti/jrfzbg/2007-12/10/content_9366261.htm)。

6. 《金融市场:债券市场》,中国网(http://www.china.com.cn/economic/zhuanti/jrfzbg/2007-12/10/content_9366296.htm)。

7. 《融市场:期货市场》,中国网(http://www.china.com.cn/economic/zhuanti/jrfzbg/2007-12/10/content_9366345.htm)。

8. 《入世五周年:保险汽车银行电信四大行业谈感受》,新华网(http://news.xinhuanet.com/fortune/2006-12/11/content_5467555.htm)。

9. 《2007年中国债券市场年度分析报告》,人民网(http://paper.people.com.cn/xxdk/html/2008-03/01/content_48467149.htm)。

10. 《2007年中国银行行业研究报告》,中商情报网(http://www.askci.com/reports/2007-07/2007717144715.html)。

11. 何四炎:《中国保险市场发展报告(2008)》,新浪网(http://blog.sina.com.cn/s/blog_4b0e08df01008w67.html)。

12. 孙建新:《证券市场对我国经济增长的作用及其实证研究》,硕士学位论文,湖南大学,2008年。

13. 顾功耘、胡改蓉:《2006年中国证券市场法制研究报告》,《公司法律评论》2007 年第 0 期。

14. 中经网数据有限公司：《中国银行业最新发展报告（2007 年 3 季度）》，《财经界》2008 年第 1 期。

15. 张云：《中国银行业跨国经营研究》，硕士学位论文，武汉理工大学，2008 年。

16. 王旋子：《外资银行参股中资银行的选择模式》，《特区经济》2007 年第 11 期。

17. 吴智：《基于资本充足性监管的证券公司监管效率分析》，《理论界》2007 年第 3 期。

18. 吕志铭：《保险公司与证券公司、金融公司合作的前景》，《经济论坛》2007 年第 24 期。

19. 刘肃毅：《中国证券投资者权益保护基金引入影响与绩效机理》，《经济社会体制比较》2007 年第 3 期。

20. 周程：《新的"两法"有哪些突破》，《国际融资》2006 年第 2 期。

21. 李蓉：《券商的严冬——2003 年上半年券商经营情况分析》，《银行家》2003 年第 10 期。

22. 黄运成、曹里加、李杨：《我国证券公司治理缺陷的根源及其出路》，《金融法苑》2005 年第 2 期。

23. 金夏：《证券市场融资融券交易的法律制度研究》，《职业圈》2007 年第 23 期。

24. 邢成：《2008 中国信托业：周期波动因素分析》，《上海证券报》2008 年 6 月 3 日。

25. 朱蓓：《后 WTO 时代中国银行业经营模式探究》，硕士学位论文，天津财经大学，2007 年。

26. 邓欢：《加入 WTO 后中国保险业的发展研究》，硕士学位论文，武汉理工大学，2007 年。

27. 张兰：《开放带来多元化趋势　保险业面临新课题》，《金融时报》2006 年 12 月 1 日。

28. 屈昊：《基于 MCMC 的非寿险精算可信性方法研究》，硕士学位论文，天津大学，2007 年。

29. 胡利民、张兰：《我国保险市场基本实现全面对外开放》，《金融时报》2006 年 12 月 1 日。

30. 左晓蕾、唐曜华、海容、秦利：《五年金融蝉变　今起与狼共舞》，《证券时报》2006 年 12 月 11 日。

第一篇　WTO条件与经济安全

31. 三石：《法规建设 八年之路》，《证券时报》2006年11月13日。
32. 韦东：《入世五年保险业硕果累累》，《解放日报》2006年12月6日。
33. 赵春梅、杨文明、朱航、罗旭霞、张硕辉、高丽平：《中国保险公估行业研究报告》，《保险研究》2008年第7期。
34. 卓信括：《中国保险中介市场存在的问题及解决对策》，硕士学位论文，西南财经大学，2007年。
35. 向文葵：《我国开放式基金的资产配置问题研究》，硕士学位论文，湘潭大学，2008年。
36. 陈庆修：《中国入世5周年备忘》，《中国报道》2007年第1期。
37. 孙飞、孙立：《对加快我国信托公司治理制度创新的思考》，《金融管理与研究》（杭州金融研修学院学报）2005年第12期。
38. 李元香：《我国信托监管的现状与重构》，《湖南财经高等专科学校学报》2005年第3期。
39. 王建：《当前保险中介市场发展情况》，《中国保险报》2007年5月11日。
40. 刘亮：《公司债：债市源头活水》，《资本市场》2007年第7期。
41. 于敦波：《我国证券投资基金熊市与牛市的投资风险研究》，硕士学位论文，中国海洋大学，2008年。
42. 吴定富：《以科学发展观为统领　深入贯彻落实国务院23号文件　全面提高保险业服务社会主义和谐社会的能力》，《保险研究》2007年第1期。
43. 尚晓阳：《第三批财险危险单位划分指引下月实施》，《中国证券报》2007年1月10日。
44. 潇豆：《中国债市欲"走牛"》，《走向世界》2007年第17期。
45. 冯跃：《"挑肥拣瘦"是种进步》，《中国保险报》2004年9月3日。
46. 季冬：《发挥保险的社会管理功能　为构建和谐社会服务》，《东南大学学报》（哲学社会科学版）2007年第S2期。
47. 本报记者：《保监会着力规范农村保险市场》，《亚太经济时报》2006年11月2日。
48. 《证券行业经济运行态势分析》，《财经界》2008年第4期。
49. 高国华：《债市规模大增　收益率曲线上移》，《金融时报》2008年1月30日。
50. 张汉青、徐岳、张莫：《我国"大债市"发展蓄势启动》，《经济参考报》2007年6月1日。
51. 贾壮：《公司债应放松过度行政管制》，《证券时报》2007年4月13日。
52. 赵昆：《我国资本市场开放过程中的金融安全问题》，《中央财经大学学报》2004年第6期。

53. 赵培全、丁加军、路宝英:《我国金融安全面临的挑战及对策探讨》,《理论学习》2006年第7期。

54. 俞文琰:《金融全球化与中国金融安全》,《国际技术经济研究》2003年第2期。

55. 张博、刘华:《股权分置下的中国基金业》,《银行家》2005年第7期。

56. 朱启贵:《新金融及其风险防范》,《合肥联合大学学报》2002年第1期。

57. 张铁军:《浅论我国金融安全问题》,《山西青年管理干部学院学报》2004年第3期。

58. 于遨洋:《经济全球化条件下中国经济发展的几点建议》,《理论界》2007年第1期。

59. 裴志杰:《现阶段我国金融风险防范与化解》,《经济视角》2003年第7期。

60. 《全球22国家和地区的银行在中国设立了分行和支行》,中国网（http://www.china.com.cn/finance/txt/2006-11/16/content_7365992.htm）。

61. 吴德铨:《"早熟"的中国基金业》,《中国信用卡》2008年第1期。

62. 尹中立:《我国证券投资基金的发展历程回顾》,《银行家》2008年第10期。

63. 余喆:《基金业发展空间拓宽》,《中国证券报》2008年1月18日。

64. 许少业:《跌幅逾40% A股上半年基本抹掉去年涨幅》,《上海证券报》2008年7月1日。

65. 胡芳:《2007年基金乘上飞车 给基民又带来了多少收益呢?》,网易财经（http://money.163.com/08/0109/11/41OUJ1JP00251LGA.html）。

66. 张琦、张剑辉:《2008年上半年基金业绩盘点》,网易财经（http://money.163.com/08/0702/14/4FRQIPFL00251LD3.html）。

67. 路晶:《金融全球化与我国的金融安全分析》,《首都经济贸易大学学报》2005年第4期。

68. 李霞:《中国保险业：融入国际》,《中国金融家》2007年第1期。

69. 唐金麟:《中国保险市场发展浅析》,《时代金融》2008年第12期。

70. 席月民:《我国应制定一部国有资产信托法》,《中国经贸导刊》2008年第20期。

71. 何萧锋:《中国"入世"五年保险监管制度建设回顾》,《中国法律》2007年第1期。

72. 董立杰:《我国开放式证券投资基金业绩的实证研究》,硕士学位论文,河北大学,2008年。

73. 鲍金英：《股票型开放式基金业绩与规模的关系研究》，硕士学位论文，中国海洋大学，2008年。

74. 张瑾：《华夏大盘精选 选时准确 风格灵活》，《中国证券报》2008年1月5日。

75. 曹邓：《对我国财产保险创新及创新路径若干问题的思考》，《价格月刊》2008年第11期。

76. 杨璟：《完善我国产品召回监管制度研究》，硕士学位论文，新疆财经大学，2011年。

77. 何岚：《我国权证创设制度特点与后果实证分析》，硕士学位论文，电子科技大学，2009年。

78. 刁盼盼：《河南省政策性小麦保险问题研究》，硕士学位论文，河南农业大学，2011年。

第四章　WTO条件下我国经济安全专论

WTO条件下我国经济安全专论，主要是从法经济学视角构建国家经济安全保障机制，研究国家经济安全预警指标体系，分析我国加入WTO后的"陷阱"。

第一节　国家经济安全保障机制研究

构建国家经济安全保障机制的法经济学分析，主要是分析构建国家经济安全保障机制的法经济学原则，构建国家经济安全保障机制的法经济学内容。

一　构建国家经济安全保障机制的法经济学原则

第一，法制原则。构建国家经济安全保障机制，需要依据国家经济安全保障法律。一个国家要面对和要解决的多是近期和远期的"主要矛盾"，而且国家经济安全保障问题又是一个潜在隐性的问题，所以，极易被"忽视"。在某一时期内，可能受某些因素的影响和作用，国家经济安全保障问题成为主要矛盾，受到决策层或国家相关部门的关注。但是，当情况发生变化或其他问题凸显出来成为"主要矛盾"以后，决策层或国家相关部门又会去抓"主要矛盾"，国家经济安全保障问题又会被"忽视"。

要保证国家经济安全问题不被"忽视"，始终被高度关注，必须制定国家经济安全保障法，用国家经济安全保障法保障国家经济安全。国家经济安全保障法不仅可以使国家经济安全时刻受到关注，而且还可以成为国家经济安全保障机制构建的法律依据。国家经济安全保障法中应当明确规定，国家应建立国家经济安全保障机构，依法制定国家经济安全保障战略和规划，依法对国家经济安全进行监测与预警，依法提出供决策层或国家相关部门决策的国家经济安全保障应对策略，等等。国家经济安全保障法的强制性、严肃性和规范性作用，可以推动国家经济安全保障机制的构建和健康顺利运行，保障国家经济安全。

第二，效率原则。构建国家经济安全保障机制，还应考虑国家经济安全保障机制的高效率。依据国家经济安全保障法只能够保证国家经济安全保障机制的建立和运行，难以解决国家经济安全保障机制高效率运行问题。所以，在构建国家经济安全保障机制时，还必须遵循效率原则。

首先，应实现国家经济安全保障法的效率。国家经济安全保障法律是单方面强制性契约，它之所以能够问世，原因之一是为了保障国家经济安全；原因之二是为了降低交易费用，提高国家经济安全保障法的效率。因此，构建国家经济安全保障机制应实现国家经济安全保障法的效率。

其次，是构建高效率的国家经济安全保障机制。高效率的国家经济安全保障机制应表现在两个方面，一方面表现在机构设置上，另一方面表现在机制运行上。在机构设置上，横向部门按职能设置，宜粗不宜细，缩小管理幅度（指一级管理组织所管辖的管理部门的数目），职能不能交叉；纵向部门层次也要尽量简化，便于上下沟通，降低信息的失真失落率（管理层次每多出一级，信息失真失落率增加一倍），提高信息效率。能设一级不设两级，如若不能简化，那就尽量分权，上级管理部门应当给予下级管理部门充分的自主权。

最后，机构设置要系统、规范和科学。健全决策、执行、信息、监督等机构。各机构之间应相互协调和配合，不能各自为政。不仅上级机构与下级机构要相互协调和配合，而且同级机构之间也要互相协调和配合；在机制运行上，要依据相关法律，建立健全机制内部各项管理制度，用制度保证机制高效率运行。运用管理制度，对机制运行中各项活动、各个环节进行规范和控制。把管理的一系列技术方法、协调手段、行为方式、步骤和程序制度化。做到用制度管权、用制度管事、用制度管人，保证目标的实现。

二 构建国家经济安全保障机制的法经济学内容

第一，制定国家经济安全保障法律。入世以后，我国加快了各经济领域安全保障的立法进程。到目前为止，各经济领域安全保障的主要法律法规已经基本完备。但是，这些法律只能保障不同领域的经济安全，不能全面保障国家经济安全。因此，应制定国家经济安全保障法律法规。制定国家经济安全直接保障法律，应依据现有的国内法律，也要符合 WTO 规则。

首先，制定对外贸易安全保障法律法规。对外贸易安全保障法应为国内出口企业应对国外反倾销、反补贴和保障措施等歧视性贸易提供法律依据，保障我国对外贸易安全。对外贸易安全保障法的核心内容是对涉及出口企业的有关事项做出具体规定，如对出口企业的生产环境、产品质量、技术标准、社会责任、案件应诉等做出具体明确的规定，消除或解决贸易摩擦，保障企业产品出口。

其次，制定金融安全保障法律法规。金融安全保障法应从金融安全角度，规范金融机构和监管部门的行为，强化银监会、证监会和保监会的监管工作，建立综合协调监管体系，保障我国金融安全。

再次，制定产业安全法律法规。通过产业安全法，建立开放式幼稚产业保护体系，保障幼稚产业安全。即在开放的条件下，在 WTO 规则允许的范围内，边引入竞争边合理保护。主要策略是，创造竞争环境，控制开放程度，弱化政府保护，强化行业协会保护；建立相机式成熟产业保护体系，保障成熟产业安全，即利用反倾销条例、反补贴条例和保障措施条例等救济措施保障成熟产业安全。

最后是制定经济安全应急性法律法规。

第二，依法建立国家经济安全保障机构。目前我国经济安全监管由多个部门分工负责，主要有国家安全部、国家发展和改革委员会、国家统计局、财政部、人民银行等。由于职责分散，监管部门较多，所以对国家经济安全保障评价能力、反应能力及应对能力较弱，难以高效维护国家经济安全。因此，应该建立一个专司国家经济安全的监管机构。

国家经济安全监管机构的主要任务是，制定国家经济安全战略规划，制定国家经济安全指标体系；组织实施涉及国家经济安全威胁的调查研究；协调国家各相关机构国家经济安全监管工作，协调中央和地方的经济安全关系；拟定国家经济安全监测预警事项，审查和确认监测指标；建立国家经济安全信息网络；提出反威胁应急方案，启动反威胁应急措施；提出国家经济安全预警报告；建议启动维护国家经济安全的应急程序。

国家经济安全监管机构应设置分支机构，实行垂直领导。国家经济安全监管分支机构的主要任务是：对本地区经济安全实施监测，并随时预警；启动维护本地区经济安全的应急措施；定期提出国家经济安全监测报告，并在凸显威胁或发生突发事件时提出应急预案；完成国家经济安全监管机构交办的其他工作。

第三，依法对国家经济安全监测与预警。国家经济安全监测，是指国家经济安全保障机构按照一定标准，运用既定的指标体系，对当前国家经济安全状况及未来国家经济安全发展趋势做出尽可能准确翔实的分析和报告，并提出相应可供选择的建议。在此基础上，国家经济安全保障主体根据监测提供的结论性意见进行筛选决策。因此，国家经济安全保障监测是决策的必要前提。

国家经济安全监测的主要内容是：观测、计量、分析国家经济安全指标的运行轨迹和状态，即应用各种分析手段和方法，研究实际经济市场状态的稳定性及其变化趋势，力求及时、提前在总体上把握国家经济安全的实际情况，为保障国家经济安全提供有力的依据；及时监测和评估国家经济安全保障机制运行过程及效果，督促政府各部门、各地区在制度和法律规定允许下，严格全面地履行其保障职能并相互配合，充分执行各项国家经济安全保障政策和措施，同时，分析和测定国家经济安全保障政策和措施的实施效果，评估国家经济安全保障总体状况；监测和分析国家经济安全环境（国内环境和国际环境）的变化及其对国家经济安全和国家经济安全保障的影响，并据此制定应对对策，预防或化解威胁。

对国家经济安全进行监测，要准确掌握国家经济安全发展的动向和态势（定性分析），还要准确掌握国家经济安全发展的具体现象的数量（定量分析）。因此，定性分析和定量分析相结合是国家经济安全预测的充分必要条件。定量分析应以定性分析为前提。进行国家经济安全预测的基本程序是，确定监测的目的和目标，分析和确定对其产生影响的主要因素；进行信息收集和加工整理，建立相关数学模型分析；进行定性分析，并结合数学模型分析结果，分析和判断国家经济安全的态势和趋势。

对国家经济安全监测的目的，是根据监测结果，提出国家经济安全态势和趋势报告。必要时，进行国家经济安全预警，以提醒国家经济安全保障主体警觉并尽快采取预防或挽救措施，保障国家经济安全。预警依赖于监测，监测离不开指标，所以，监测指标选择必须能够满足预警需要。监测指标既要能反映国家经济安全的特征，又要考虑可测性、可行性和科学性。一般来说，不同经济安全态势之间性质上的差异通常表现为指标体系数量上的差异。

从定性分析角度看，这些差异主要表现为：从单一指标来看，它在不同经济安全态势下的取值和走势应是不同的；从整个指标体系来看，其综合数量特征在不同经济安全态势上的取值和走势应是不同的；从不同指标间数量关系特征和变动趋势上看，它们在不同经济安全态势上也应是不同的。

总之，正是这些差异的存在及其演变的一定规律性，为预警系统形成的可能性提供了客观基础。但是，应该强调的是，在具体观察或测试指标时，可能会存在各种误差。误差既可能来源于客观外界原因，又可能来源于主观人为原因。因此，需要修正或剔除指标中存在的误差。对修正后的指标进行技术处理，即可预报获得的国家经济安全态势信号（安全、比较安全或不安全）和发展趋势。

第四，依法进行国家经济安全保障决策。国家经济安全保障决策是关于未来国家经济安全如何保障所做的选择和决定。首先，决策要具有预见性。由于决策是在行动之前对国家经济安全应当如何保障所做的事先安排和决定，所以，决策必须具有预见性，这样才可能保障国家经济安全。其次，决策要具有科学性。实施国家经济安全保障不能盲目进行，要按正确的措施去做。正确的措施来源于科学决策。只有决策科学，国家经济安全才有可能得到保障。最后，决策要具有针对性。国家经济安全保障措施要针对国家经济现状，所以决策不能主观臆断，要在掌握大量经济信息、资料的基础上，经过综合分析、系统论证、深入思考和科学判断的基础上进行。要保证国家经济安全保障决策具有预见性、科学性和针对性，就需要不断完善决策。

首先，坚持决策研究与决策行动相结合。决策研究是指专家或专业人员对提供决策的各种备选方案和论证资料的研究；决策行动是指领导者或领导群体在决策研究基础上的选择和决定行为。决策研究与决策行动相结合，既可以发挥专家或专业人员的智力和专业优势，使决策周密、科学；又可以发挥领导者纵观全局、开拓创新优势，使决策全面、符合实际。

其次，合理划分决策权限。要合理划分决策权限，建立合理分工、上下结合、相互协调、职责分明的决策体系，调动各方面的积极性。国家经济安全保障战略、方针及目标等，应由国家经济安全保障主体决策；国家经济安全保障机制实施过程中的决策，应由国家经济安全保障机构决策。

再次，建立健全决策责任制和审批制度。为保证决策的正确性，必须遵循经济权力、经济责任和经济利益相结合的原则，建立严格的国家经济安全保障决策责任制。各司其职，各负其责。决策失误者，追究经济责任、行政责任乃至法律责任。在健全决策责任制的同时，健全审批制度。任何重大决策都要经过严格的审批程序，防止少数人任意决策。

最后，建立科学的决策程序。决策程序是对决策过程所做的制度规定和组织安排，也就是决策过程的制度化。科学决策程序包括的主要步骤是：确定目标，拟定可能的方案，方案评估、优选，决策实施及监督。

第二节　国家经济安全预警指标体系研究

国家经济安全预警指标体系研究，主要是研究国家经济安全预警指标的选择原则和国家经济安全预警指标的体系。

一　问题提出

制定国家经济安全预警指标体系，应具有一定的客观依据。日本国家经济安全政策,是日本国家经济安全"潜在的预警指标体系",它对我国国家经济安全预警指标体系研究具有一定的启示意义;对于我国学者对国家经济安全预警指标体系的研究,也具有一定的参考价值。

日本国家经济安全,是通过国家经济安全政策保障的,所以,日本国家经济安全政策即是日本国家经济安全"潜在的预警指标体系"。概括起来,日本国家经济安全政策主要内容为:①战略储备制度。如储备黄金、外汇、粮食、铀、某些稀有金属和化工原料等制度。②"自立政策",即减少重要产品进口依赖度,维护国家经济安全的政策。③预防性政策,即采取预防性的外交和经济手段,维护国家经济安全的政策。日本通过对其海上生命线邻近地区国家提供经济援助、技术合作,加强双边关系,保障海上运输安全。④相机政策。日本政府要求通产省能够迅速、准确掌握可能出现的危机动向以及对国家经济安全的影响,以使政府能够及时采取相应的对策。⑤运用国际条约及法律。日本通过参加各种国际经济组织、签订各种经济条约,降低国际经济活动的风险;以各种立法、行政规定等形式,应对外部经济不安全因素。如制定相应法律,限制所谓"竞争性进口",保护本国工业。⑥保证经济稳定增长和经济秩序的政策。⑦增强企业竞争力的政策。日本根据不同时期对经济发展的不同需求,对重点发展的产业给予政策上的支持。⑧支持重要产业发展的政策。⑨增强"软国力"的政策,即将科技和教育作为经济发展和经济安全的关键因素的政策。

日本国家经济安全政策对我国国家经济安全预警指标体系研究的主要启示:一是指标应包括国内外两方面影响国家经济安全的因素,即指标要完备。二是指标应突出影响国家经济安全的重要内容,即指标应是影响国家经济安全的主要内容。三是指标应能够准确测量或能够统计测量,即指标应具有一定的可测性。四是指标之间应互相独立,避免相互重叠,充分发挥各个指标的作用。

根据我国的经济社会实际情况,我国学者对国家经济安全预警指标体系展开了深入研究。可谓仁者见仁,智者见智。例如,顾海兵等人认为,国家经济安全监测指标应分为经济安全常规监测指标和经济安全突发监测指标两部分。经济安全常规监测指标应由安全条件指标和安全能力指标构成,其中安全条件指标主要衡量我国国家经济安全所面临的经济风险,安全能力指标则主要考虑我国经济系统应对危机的能力;经济安全突发监测指标主要包括战争指标、政治指标、社会指标和环境指标;叶晓辉等人认为,国家经济安全指标应由经济潜力和资源拥有指标、金融财政稳定性及系统性指标、生态环境与可持续发展指标、公众经济安全指标、危机控制指标和经济法制指标构成。理论上的"百家争鸣",导致了国家经济安全预警指标体系构建上的混乱。造成这种现象的主要原因,是研究者没有把国家经济安全预警指标的选择原则研究与国家经济安全预警指标体系的构建研究紧密地联系起来。构建国家经济安全预警指标体系,不能主观臆断,而应依据选择原则进行。所以,应先研究国家经济安全预警指标体系的选择原则,然后再依据选择原则研究国家经济安全预警指标体系的构建。这样,国家经济安全预警指标才能客观准确,才能满足国家经济安全预警的需要。

二 国家经济安全预警指标的选择原则

所谓原则,是一定工作或活动规律和目的的反映或体现,它本身应该具有简明性、概括性和指导性。因此,国家经济安全预警指标的选择原则应该有利于提高国家经济安全预警效率、有利于节约国家经济安全预警成本、能够满足国家经济安全预警需要,对国家经济安全预警工作起指导和规范作用。概括起来,国家经济安全预警指标应主要具有以下几个选择原则。

第一,完备性原则。国家经济安全预警是一个多层次、多内容、多影响因素的复杂系统,需要国内外各重要方面的预警指标反映,如果缺少某一个重要方面的预警指标,就很难准确地反映国家经济安全的实际状况。因此,预警指标必须具有完备性。预警指标的完备性主要体现在两个方面:一是整体指标的完备性,整体指标的完备性是指一级预警指标的完备性,即构成国家经济安全预警指标的结构要素是完备的,不缺少任何一个重要方面的预警指标。比如,在一级预警指标中如果缺少财金安全指标,则预警指标就是不完备的。二是具体指标的完备性。具体指标的完备性是指二级预警指标和三级预警指标是完备的。三级预警指标是二级预警指标的分解,只有保证三级预警指标的完备性,才能保证二级预警指标的完备性;二级预警指标是一级预警指标的分解,只有保证二级预警指标的完备性，才能保证一级预警指标的完备性。

第二，主要性原则。为了保证国家经济安全预警的准确性，国家经济安全预警指标应具有完备性。但是，在强调预警指标完备性的同时，也必须强调避免预警指标的烦琐。如果预警指标过多，不仅会耗费大量的人力、物力和财力，延长预警周期，难以及时预警；而且还会降低预警效率，降低预警的可行性，难以达到预警的目的。因此，应该忽略那些次要的预警指标，选择那些能够突出反映国家经济安全本质的关键性预警指标。主要性原则不仅应贯穿于各级预警指标的选择中，还应体现在预警指标结构优化中。应尽可能用最少量的预警指标，实现最大限度的预警需要。在国家经济安全预警指标选择的实践中，需要多少级预警指标，每一级预警指标又具体需要多少项预警指标，应通过具体试验确定。

第三，可测性原则。进行国家经济安全预警，应该计算出准确的量化数据，否则，就难以对国家经济安全进行准确预警。所以，国家经济安全预警指标应具有可测性。可测性包括两个方面的含义：一是预警指标直接可以测得准确数据。比如，基尼系数、资本充足率和外债偿债率，等等。二是预警指标本身虽然不能直接测得数据，但可以通过可靠的统计方法来获得。比如，居民消费价格指数，等等。在具体测算时，还应科学使用统计学方法，比如，居民消费价格指数，不能简单地以去掉最高分和最低分来计算平均值；还有，小数点之后应保留多少位为宜等也应通过测算决定，等等。另外，在考虑预警指标的可测性时，不能忽视其可靠性。

第四，独立性原则。独立性原则是指每个预警指标都是独立的，其内涵明晰、不相互重叠或不互为因果。只有每个预警指标都是独立的，国家经济安全预警指标体系才是精炼的、合理的和有效的，每个预警指标才能够发挥出应有的重要作用。根据预警指标的独立性原则要求，在一级预警指标确定以后，应对其进行分解，形成二级预警指标，赋予其确定内涵；在此基础上，再对二级预警指标进行分解，形成三级预警指标，赋予其确定内涵。通过对预警指标的逐级内涵分解，并进行横向间比较分析和规范研究，剔除相通、相叠、相近、相似、含义不清、互为因果的预警指标，使每个预警指标在横向上和纵向上，都具有独立性。

在分析、比较、规范确定预警指标的独立性时,还必须考虑到预警指标的完备性、主要性和可测性,使四者有机结合起来。

三 国家经济安全预警的指标体系

对国家经济安全预警,首先是选择反映国家经济安全状况的预警指标,并把这些预警指标组成一个有机体系;其次是运用适当的方法,把预警指标转化为国家经济安全预警指数;再次是把获得的国家经济安全预警指数与国家经济安全级别进行对比,确定国家经济安全等级;最后是采取针对性的对策,维护国家经济安全。选择反映国家经济安全状况的预警指标的主要依据,一是认清各类经济安全问题的发生机理,从理论上弄清是哪些因素对经济安全产生影响或作用,影响或作用的程度如何,以及这些因素可以用哪些预警指标来反映;二是借鉴前人的研究成果;三是考虑数据的可得性。有一些预警指标符合理论需要,但是如果没有现实的数据支持,就只能用相近的预警指标来代替。

根据国家经济安全预警指标的选择原则,可以把国家经济安全预警指标确定为:财金安全预警指标、社会安全预警指标、外经安全预警指标、资源安全预警指标和产业安全预警指标等。

第一,财金安全预警指标。财金安全预警指标包括财政和金融两个方面的内容。财金安全预警指标主要通过债务风险、货币流通量、金融机构风险、经济泡沫风险和外汇储备风险等指标反映。债务风险预警指标由内债风险和外债风险等指标反映,内债风险由债务负担率、债务依存度、国债偿还率、居民应债能力等指标反映;外债风险由外债结构(短长期比例)、外债依存度、外债偿债率、外债负债率、外债债务率、国际外债与外债总额的比率、当年还本付息额与国际储备的比率等指标反映;货币流通量预警指标由货币供应量M1增长率、居民消费价格指数和企业生产价格指数等指标反映;金融机构风险预警指标由资本充足率和不良贷款率等指标反映;经济泡沫预警指标由房地产价格指数和股票价格指数等指标反映;外汇储备风险预警指标由外汇可供进口的月数、经常项目逆差与GDP的比率、外汇储备增长率与GDP增长率的比率等指标反映。

第二,社会安全预警指标。社会安全预警指标主要通过收入分配风险、失业风险、社会保障风险、经济增长风险和生态环境风险等指标反映。收入分配风险预警指标由基尼系数、城镇居民人均可支配收入和农村居民人均纯收入比值等指标反映；失业风险预警指标由失业率反映；社会保障风险预警指标由社会保险覆盖率反映；经济增长风险预警指标由居民消费价格指数增长率反映；生态环境风险预警指标由年平均人口自然增长率、百元GDP能耗、大气质量等级、废水排放达标率、森林覆盖率和草地沙化退化率等指标反映。

第三，外经安全预警指标。外经安全预警指标主要通过外贸依存度、外贸集中度、贸易摩擦、外资依赖度和外资风险等指标反映。外贸依存度预警指标由出口依存度和进口依存度等指标反映；外贸集中度预警指标由出口集中度和进口集中度等指标反映；贸易摩擦预警指标由我国遭受反倾销立案数占全球反倾销立案总数的比重、我国反倾销立案数占全球反倾销立案总数的比重、我国遭受反补贴立案数占全球反补贴立案总数的比重、我国反补贴立案数占全球反补贴立案总数的比重、我国遭受保障措施调查立案数占全球保障措施调查立案总数的比重、我国保障措施调查立案数占全球保障措施调查立案总数的比重、我国遭受技术贸易壁垒立案数占全球遭受技术贸易壁垒立案总数的比重等指标反映；外资集中度预警指标由直接投资资金来源前4位国家所提供的外资占外商直接投资总额的比重反映；外资风险预警指标由实际利用外资额与全社会投资的比值、实际利用外资额占进口总额的比值和外资银行在华资产占我国银行业金融总资产的比重等指标反映。

第四，资源安全预警指标。资源安全预警指标主要通过粮食安全、石油安全、水安全和生产资料安全等指标反映。粮食安全预警指标由粮食进口依存度、粮食增长率、人均粮食占有量等指标反映；石油安全预警指标由石油进口依存度和国际石油价格指数等指标反映；水安全预警指标由缺水率——（全国总需水量–全国总供水量）/全国总水量反映；生产资料预警指标由生产资料对外依存度反映。

第五，产业安全预警指标。产业安全预警指标主要通过外资企业市场占有率、产业对外依存度和外资对我国技术的控制等指标反映。外资企业市场占有率预警指标由外资企业市场占有率、外资重点企业市场占有率和外资高新技术企业市场占有率等指标反映；产业对外依存度预警指标由我国出口贸易对三资企业的依存度和年利用外商直接投资占GDP的比重等指标反映；外资对我国技术的控制预警指标由国外发明专利占我国发明专利授权量的比重反映。由于发明专利是技术含量最高的专利，所以也反映了我国在高端技术上的创新能力。比重越高，表明我国技术创新对国外依赖程度越大，创新能力越差。

第三节　我国加入 WTO 后的"陷阱"研究

加入 WTO 前，很多人认为，加入 WTO 后我国同 WTO 成员方的贸易壁垒将会消除。但是，加入 WTO 后，我国却还是不断地遭受 WTO 成员方的各种贸易壁垒。所不同的，是加入 WTO 前所遭受的是显性贸易壁垒（如关税、进出口配额、许可证、自动出口限额、外汇管制和海关估价等），加入 WTO 后遭受的是隐性贸易壁垒（如反倾销、反补贴和保障措施等）。就是说，我国加入 WTO 后，仍然面临着一系列"陷阱"——贸易壁垒。

一　我国签订的 WTO 规则的特征

我国签订的 WTO 规则是法律契约，是依据世界贸易组织的宗旨、目标和基础，由世界贸易组织直接组织、提供谈判方案和场所，通过与成员国之间反复协商谈判所达成的，是经过我国与成员国批准和认同的法律文件，所以，面临的"陷阱"是合法的，是具有约束力的。WTO 规则中之所以设置"陷阱"，是因为个别成员国尤其是美国，认为我国不是市场经济国家，还需要一个时期来实现。对于这种含有隐性"陷阱"的契约我国为什么还要接受，是因为只有加入 WTO 成为 WTO 成员，我国对外贸易才能大发展。为此，只能付出一定成本，接受 WTO 成员方设置的隐性"陷阱"。我国签订的 WTO 规则具有如下特征：

第一，它是不断"追加"交易费用的契约。一般而言，法律契约的交易费用是固定的，因为当事人必须无条件执行法律条款，不允许讨价还价；但是，我国签订的 WTO 规则中有些条款的内容却是不确定的，还需要双方当事人相机谈判和磋商，而且，在一个长时期内，这种谈判和磋商要不断进行，所以，要不断"追加"交易费用。在我国签订的 WTO 规则中，我国与成员国之间的有些交易是不平等、不公平的，因为交易双方的地位不平等。我国企业是交易内容和交易结果的被动接受者，其他成员国则是交易内容和交易结果的主导者和决定者。WTO 规则中对我国设置的隐性"陷阱"，增加了我国与成员国双方的交易费用。

第二，它是强制性契约。由于 WTO 规则是以合法的形式签订的，是各成员国已经批准和认同的法律文件，所以，WTO 规则已成为国际法。WTO 规则作为国际法，自然对成员国具有较强的约束力和强制力，是强制性契约。强制性契约的强制性，不仅表现在强制其成员国遵守已经达成的协议，而且还强制其成员国之间必须通过交易来解决贸易摩擦。否则，世界贸易组织就将依据有关规则惩处违规的成员国，强制其支付违约成本，维护 WTO 规则的严肃性和权威性。同时，也警示其他成员国不要违约。正因为 WTO 规则具有强制性，所以其中对我国设置的隐性"陷阱"也就"不辱使命"地发挥作用了。

第三，它是歧视性契约。尽管我国早已确立了建立社会主义市场经济的目标，而且市场化改革已经取得了显著成效，并得到了世界各国的高度赞扬，但是，在我国签订的 WTO 规则中，仍不承认我国的市场经济地位，而将我国作为经济转型国家看待，并把"我国还没有完成市场建设的这段时间"设定为过渡期。在过渡期内，在某些方面使用特殊规则，允许其他成员国对我国出口的产品实施歧视性特殊保障措施。另外，WTO 规则还规定，在反倾销调查中，各成员国可以采取替代国的调查方法对有关我国的反倾销案件进行调查。这种方法最长要维持 15 年；还有，在对我国进行反补贴调查时，在确定"补贴金额"时，可以以受调查产业未实现市场经济条件为由而以"非市场经济"对待，选择其他可行的方法确定补贴金额。WTO 规则中这些规定，为我国产品出口设置了"陷阱"。在 WTO 成员方中，我国受 WTO 规则歧视。我国签订的 WTO 规则是歧视性契约。

二 WTO 规则中隐含的"陷阱"

2001 年 12 月 11 日，我国加入 WTO。我国加入 WTO 所签订的规则中隐含着一些歧视性条款，这些歧视性条款成为危害我国产品出口的

"陷阱"。

第一，隐含反倾销"陷阱"。《中国加入世界贸易组织议定书》中规定，在中国还没有被确认为市场经济地位之前，各成员国在进行反倾销案件调查中，可以采取替代国的价格来确定中国出口产品的正常价值。这种歧视性规定，为中国产品出口设置了反倾销"陷阱"。由于原告的目的是想证明我国倾销，进而寻求保护，所以它会选择一个经济发展水平、市场状况、生产成本、产品价格较高的替代国，人为地提高我国出口产品的倾销幅度。如欧盟将巴西作为替代国计算我国皮鞋的倾销幅度竟然高达400%。而且，给予我国企业"就申诉书中参照国的适当性提出自己的意见"的时间仅仅为10天，所以我国出口企业很难在规定的时间内用有力的证据否定原告所选择的替代国，只能被迫接受原告的建议，失去抗辩的机会。

加入 WTO 以来，我国遭到了越来越多的反倾销调查。反倾销已经成为我国出口贸易安全的主要威胁。2001年，我国遭受反倾销调查53起，占世界比重14.6%；最终被实施反倾销30起，占世界比重18.1%。2002年，我国遭受反倾销调查51起，占世界比重16.3%；最终被实施反倾销37起，占世界比重17.1%。2003年，我国遭受反倾销调查52起，占世界比重22.4%；最终被实施反倾销40起，占世界比重18.1%。2004年，我国遭受反倾销调查49起，占世界比重23.0%；最终被实施反倾销43起，占世界比重28.5%。2005年，我国遭受反倾销调查57起，占世界比重29.8%；最终被实施反倾销40起，占世界比重30.5%。2006年，我国遭受反倾销调查63起。

第二，隐含反补贴"陷阱"。《中国加入世界贸易组织议定书》中规定，WTO 成员方在对中国出口产品进行反补贴调查中确定补贴金额时，依据《补贴与反补贴协定》规定，如果按此确定有特殊困难，即考虑到在中国现有情况和条件下确定是不现实的，则 WTO 成员方可以采用其他可行的方法确定补贴金额，即以受调查产业未实现市场经济条件为由而以"非市场经济"对待，但成员国应向补贴与反补贴措施委员会通知具体的适用方法。另外，《中国加入世界贸易组织议定书》还规定，中国对"国有企业提供的补贴将被视为专向性补贴，特别是在国有企业是此类补贴的主要接受者或国有企业接受此类补贴的数量异常之大的情况下"。这种歧视性规定，为我国产品出口设置了反补贴"陷阱"。

与反倾销调查相比，目前我国遭受的反补贴调查相对少一些。原因是发达国家不承认中国是市场经济国家，国内原材料、劳动力和制成品的价格并非取决于市场因素，因而反补贴法不适用于中国；还有，反补贴的技术性要求较高，程序也相对复杂。同时，在调查过程中，还将涉及大量的政府间交涉和国家整体利益的平衡问题，实施难度较大。所以，加入WTO以后，特别是加入WTO前两年，发达国家主要运用反倾销壁垒限制我国产品进口，未使用反补贴壁垒。直到2004年，我国才开始遭遇反补贴调查。2004年到2007年2月，我国共遭受6起反补贴调查。其中加拿大4起，美国1起，日本1起。从现实来看，反补贴调查正在逐步增加，日益威胁到我国出口贸易安全。

第三，隐含保障措施"陷阱"。《中国加入世界贸易组织议定书》中规定，设置"过渡期内特殊产品的保障措施"。在过渡期内（纺织品服装产品的过渡期为7年，其他产品的过渡期为12年），如果中国的产品造成了进口国市场扰乱，则允许进口国根据自身的需要制定具体的国内相关法律或条款，对中国出口产品采取"过渡期内特殊产品的保障措施"。《中国加入世贸组织议定书》中还规定，如果中国纺织品造成进口国市场扰乱，允许进口国采取"特殊保障措施"（"过渡期内特殊产品的保障措施"和"特殊保障措施"以下简称特保措施）。目前，已有韩国、日本、加拿大、美国、澳大利亚、新西兰、印度、土耳其和欧盟等世贸组织成员相继制定了针对我国产品的"特别保障"立法，还有许多成员国正在制定此类法律法规。我国产品出口面临着保障措施和特保措施双重"陷阱"。

2001年，我国遭受保障措施调查12起；2002年，我国遭受保障措施调查15起，特保措施调查3起；2003年，我国遭受保障措施调查9起，特保措施调查4起；2004年，我国遭受保障措施调查9起，特保措施调查16起；2005年，我国遭受保障措施调查5起，特保措施调查16起；2006年，我国遭受保障措施调查16起，特保措施调查5起。不断增加的保障措施与特保措施调查表明，保障措施与特保措施已经严重威胁我国出口贸易安全。

第四，隐含技术贸易壁垒"陷阱"。《技术贸易壁垒协定》规定，一国或区域组织为了保护人类健康和安全、保护动植物的生命和健康、保护生态环境，或防止欺诈行为、保证产品质量等，可以采取强制或非强制的技术性措施，即可以采用技术贸易壁垒限制国外产品进口。《实施动植物卫生检疫措施协定》中也规定，各成员国为了保证食品安全和动植物健康，避免疫病传播对国内农业、生态和人民健康的危害，可以根据自身特点（工业化程度、科技水平、自然条件和消费习惯等）制定检验检疫标准。从表面上看，成员国都可以利用这些法律条款保护自身的利益，但实际上，这些法律条款只能保护发达国家的利益。发展中国家的"短处"是经济落后、技术水平低、生产方式落后，发达国家的"长处"是经济发达、技术先进、生产方式先进。

基于此，发达国家凭借所拥有的经济技术优势，以保护人类健康和安全、保护动植物的生命和健康、保护生态环境，或防止欺诈行为、保证产品质量等为借口，制定严厉的、苛刻的、名目繁多的技术法规、技术标准、合格评定程序、商品检验检疫制度和环境标志制度等，限制发展中国家的产品进口。而发展中国家由于存在"短处"，各种技术标准较低，所以生产的产品将难以满足他们的技术法规和标准等，即使能够满足，成本也会极高，也将难以进入他们的市场。《技术贸易壁垒协定》和《实施动植物卫生检疫措施协定》中的这些条款本质上是发达国家为发展中国家设置的"陷阱"。

我国是发展中国家，这些法律条款同样也为我国产品出口设置了"陷阱"，使我国出口企业遭受较大损失。出口产品主要受欧盟、美国、日本、韩国等国家和地区技术贸易壁垒的限制。2001年，我国出口产品遭遇技术贸易"陷阱"直接损失70多亿美元；2002年，我国约有39%的出口产品遭遇技术贸易"陷阱"，直接损失170亿美元；2005年，我国大约有25.1%的出口企业遭遇技术性贸易"陷阱"，直接损失288.1亿美元；2006年，我国出口产品遭遇技术贸易"陷阱"直接损失359.20亿美元。我国出口产品遭遇技术贸易"陷阱"的金额不断上升，已经威胁到我国出口贸易安全。

三 应对 WTO 规则中隐含"陷阱"的策略

（一）政府应对 WTO 隐含"陷阱"的策略

第一，争取获得市场经济地位。西方主要发达国家不承认中国是市场经济国家，对中国产品出口设置"陷阱"。所以，我国应大力宣传市场经济转轨的事实，加强与发达国家成员国谈判、磋商，争取获得市场经济地位，化解反倾销、反补贴和保障措施等方面的"陷阱"。

第二，与成员国建立沟通磋商机制。为了防范发达国家对我国出口产品设置的"陷阱"，我国应主动与各成员国建立定期会晤和磋商机制，通过多方位、多层次的沟通和交流，交换意见，协调矛盾，增进了解，达成共识。创造良好的对外贸易氛围和解决问题途径，避免贸易摩擦激化，促进两国贸易良性发展。通过沟通磋商，争取他们承认我国有关认证、检验检疫等机构，方便我国企业出口。

第三，调控出口产品及市场。规范产品出口秩序，转变外贸增长方式。由单纯追求扩大出口和顺差，转向统筹内需外需、追求效益，实现出口由数量增长向质量提高转变。因此，政府应对出口产品进行跟踪调查，建立产品数量、质量、价格和服务等信息库，定期向出口企业发布，供企业参考；颁布产品出口技术标准，设立产品出口门槛，规范产品出口秩序，控制产品出口数量和国家，防止产品过分向某一国家集中，防范落入"陷阱"。

第四，调整和完善相关政策。根据《补贴与反补贴协定》，对涉及专项性补贴及禁止性补贴的现行政策进行适当调整和完善。调整出口补贴和进口替代补贴政策；调整、取消目前众多的税收优惠政策，如外商投资政策、外资产业政策等；调整信贷资金政策和经济技术担保政策。另外，还应调控受补贴产品，限量出口。通过政策调整和完善，防范反补贴"陷阱"。

（二）企业应对 WTO 隐含"陷阱"的策略

第一，到国外投资建厂。政府应引导企业走国际化道路，使企业由出口贸易为主，转向贸易与投资并重，直接到国外投资建厂，绕过"陷阱"。特别是到与欧美有区域合作的发展中国家和地区投资建厂，如到加入北美自由贸易协定的墨西哥投资建厂，到与欧盟有关的地中海地区投资建厂,等等。到这些国家或地区投资建厂,既可以充分利用其资源及优惠政策,而且还可以利用发达国家给予这些国家和地区的优惠待遇及区域性或双边贸易协定,绕过"陷阱"。在国外投资建厂,可以增加当地就业,促进该国经济发展,同时也有利于改善我国同它们的关系。另外,到地中海、东欧或南美洲等国投资建厂,由于距离欧美市场较近,还可以缩短交货时间。

第二,提高产品质量。企业要树立以质量取胜的理念。进行技术改造、技术攻关,引进新技术、新工艺、新方法、新标准,进行清洁生产和绿色生产,加大科技创新力度,开发自己的核心技术,培育具有自主知识产权和自主品牌的产品,不断提高出口产品的质量、科技含量、附加值和竞争力,化解技术贸易壁垒"陷阱"。

第三,调整出口产品市场结构。出口企业应及时调整产品结构,实施产品多元化和出口市场多元化。在巩固传统核心市场的同时,还应扩大对东欧、中东、南美地区的出口,并开拓东亚和非洲市场,降低对传统核心市场的依赖程度,形成合理的市场结构,消除反倾销"陷阱"。

第四,建立互助应诉组织。出口产品被进口国立案调查,出口企业就应积极应诉。企业应诉要消耗大量人财物和时间,甚至影响正常生产经营,所以,为了减轻企业负担,提高案件的应诉率和成功率,各行业应按区域建立民间互助应诉组织,统一应诉。充分利用WTO争端解决机制维护企业自身的合法权益。民间互助应诉组织统一负责贸易摩擦案件的应诉,人员由行业内各企业抽调,费用由各企业按出口产品额分摊。

参考文献

1. 李秀香:《幼稚产业开放式保护问题研究》,中国财政经济出版社2004年版。

2. 吴炯:《高度重视国家经济安全保障立法》,《中国经济时报》2003年9月9日。

3. 宋长青:《必须强化国家经济安全监测预警体系》,《经济要参》2003年第2期。

4. 柳剑平:《经济全球化与我国经济安全战略的选择》,《光明日报》1998年8

月 16 日。

5. 周志忍：《行政效率研究的三个发展趋势》，《中国行政管理》2000 年第 1 期。

6. 顾海兵、唐帅、周智高：《日本的国家经济安全：经验与借鉴》，《山东社会科学》2007 年第 4 期。

7. 余根钱：《国家经济安全指标体系研究》，《中国统计》2004 年第 9 期。

8. 谢洪礼：《国民经济运行安全评价指标体系研究》，《统计研究》2000 年第 7 期。

9. 顾海兵、李宏梅、周智高：《我国国家经济安全监测评估系统的设计》，《湖北经济学院学报》2006 年第 5 期。

10. 薛敬孝：《WTO 框架下中国经济发展研究》，清华大学出版社 2007 年版。

11. 龚雯：《为中国鞋讨个公道》，《人民日报》2006 年 3 月 30 日。

12. 仲鸿生、战勇、毛筠：《世界贸易组织（WTO）规则》，东北财经大学出版社 2006 年版。

13. 徐复：《WTO 规则与中国贸易政策》，南开大学出版社 2005 年版。

14. 年志远：《构建国家经济安全保障机制的法经济学分析》，《社会科学战线》2008 年第 5 期。

15. 年志远、李丹：《国家经济安全预警指标体系的构建》，《东北亚论坛》2008 年第 6 期。

16. 周荣坤、陶坚、陈凤英：《外国保障国家经济安全的政策》，《太平洋学报》1998 年第 3 期。

17. 顾海兵、刘玮、周智高、刘陈杰：《中国经济安全预警的指标系统》，《国家行政学院学报》2007 年第 1 期。

18. 吴炯：《建立国家经济安全应急机制的必要性》，《法制日报》2003 年 9 月 11 日。

19. 王天骄：《经济全球化与国家经济安全战略浅析》，《经济师》2003 年第 3 期。

20. 年志远：《从法经济学视角看我国加入 WTO 后的"陷阱"》，《社会科学战线》2009 年第 2 期。

21. 徐琴：《多哈会谈中止对我国纺织品贸易的影响与对策》，《安徽广播电视大学学报》2007 年第 1 期。

22. 余敏友：《我国贸易摩擦的形势、原因和对策——以反倾销案件为中心》，《世界贸易组织动态与研究》2007 年第 1 期。

23. 李丽：《特保措施，中国纺织品贸易如何应对？》，《统计与决策》2006 年

第一篇　WTO条件与经济安全

第 10 期。

24. 夏菲：《反倾销制度中的中国非市场经济地位问题》，《商业时代》2007 年第 20 期。

25. 余莹：《WTO 反补贴规则下我国国企补贴的特殊法律问题》，《中南民族大学学报》（人文社会科学版）2007 年第 6 期。

26. 韩勇：《我国应对国外对华反补贴的策略研究》，硕士学位论文，贵州大学，2008 年。

27. 年志远：《WTO"陷阱"及我国因应策略——以法经济学为视角》，《理论前沿》2008 年第 22 期。

第二篇

金融市场与金融结构

第五章 金融市场创新影响金融结构变迁研究综述

金融市场创新影响金融结构变迁研究综述，主要是对国内外相关研究进行综述，在此基础上，对国内外研究状况进行评析。

第一节 国外研究综述

根据研究的需要，本节我们主要综述国外关于金融市场创新和金融结构变迁两个方面的研究内容。

一 关于金融市场创新研究

新技术的应用，特别是计算机、通信技术的发展及其在金融业的广泛采用，为金融市场创新提供了物质和技术上的保证，促进了金融市场创新。新技术促进金融市场创新的例子很多，例如，信息处理和通信技术的应用，大大减少了时空的限制，加快了资金的调拨速度，降低了成本，促使全球金融市场一体化，使24小时全球性金融交易成为现实；再如，自动提款机和终端机，极大地便利了顾客，拓展了金融业的服务空间和时间。

弗里德曼（Mitomn Friedman）认为，前所未有的国际货币体系的特征及其最初的影响，是促使金融市场创新不断出现并形成要求放松金融市场管理压力的主要原因。20世纪70年代的通货膨胀和汇率、利率反复无常的波动，是金融市场创新的重要原因。货币方面因素的变化促成了金融市场创新。例如，20世纪70年代出现的浮动利息票据、浮动利息债券、与物价指数挂钩的公债、外汇期货等对通货膨胀、利率和汇率具有高度敏感性的金融创新工具，就是为了抵制通货膨胀、利率和汇率波动冲击，使人们在不安定因素干扰的情况下，获得稳定收益。

格利（J. Gurey）和肖（E. Show）认为，当旧的融资技术不适应经济增长的需要时，它表现为短期金融资产的实际需求保持不变。因此，必须在相对自由的经济环境中，用新的融资技术对长期融资进行创新。事实上，经济增长本身又为长期融资创造了市场机会，而金融市场创新就是对这种机会做出的反应。在利润的驱使下，金融部门不断推出新的金融产品来满足消费者的需求，因此，金融中介部门是金融市场创新的主体，在金融市场创新过程中起着不可替代的作用。

西尔伯（W. L. Silber）认为，金融市场创新是微观金融组织为了寻求最大化利润，减轻外部对其产生的金融压制而采取的"自卫"行动，是"在努力消除或减轻施加给企业的约束，实现金融工具和金融交易创新"。金融工具是金融机构对强加于它的约束做出的反应，金融机构通过改变它所面对的机会来规避这些约束。金融机构之所以发明新的金融工具、交易方式和服务种类、管理方法，其目的在于规避其所面临的种种内部和外部压制。金融压制主要来自于两个方面：一是政府的外部金融压制，这种因外部条件的变化而导致的金融创新要付出很大的代价，不仅会降低金融机构的效率，还会增加其机会成本。二是内部强加的压制，如资产的流动性比率、期限管理、核心资产比率。追求利润最大化的金融机构面对内外压制，只有不断进行金融创新，采取"自卫"的行动，才能生存。

E. J. Silber 认为，金融市场创新主要是由于金融机构为了获取利润而规避政府的管制所引起的。政府对金融机构的管制和由此产生的规避行为，是以政府和微观金融主体之间的博弈方式进行的。许多形式的管制，会限制金融机构的获利机会，因而金融机构会通过金融创新绕开管制，但当这些金融创新危及金融稳定和货币政策目标实现时，金融当局会加强管制，这是一个动态的自由与管制的博弈。

希克斯（J. R. Hicks）和尼汉斯（J. Niehans）认为，金融市场创新的首要动机是降低交易成本，交易成本决定了金融业务和金融工具是否存在实际的价值；金融市场创新实质上反映了技术进步导致交易成本下降的事实。交易成本是决定货币需求的重要因素，不同的需求要求不同类型的金融工具，交易成本的高低使微观主体对需求的预期发生变化；交易成本降低的发展趋势使货币向更高级的形式演变，从而产生新的交易媒介、新的金融工具；不断降低交易成本会刺激金融市场创新，改善金融服务。金融市场创新的过程就是不断降低交易成本的过程。

德塞（Desai）、考（Kow）认为，金融创新是实现金融市场完善的手段，它不过是现有的金融产品不同特征的重新组合，只要有需求，这种不断的组合过程就为金融创新提供了无限的可能性。金融产品的主要特征是收益性和流动性，而金融创新就是由收益性和流动性所决定的特征需求所致。他们还认为，监管、通货膨胀、利率变化、技术进步、经济活动水平的变化以及金融学术研究的进展，都会改变现有的特征之间的边际替代率或发掘出新的特征，从而创造出对新组合的需求，促进金融创新。

Pesendorfer认为，推动金融市场创新有两个原因：风险分担、风险集中、套期保值、对当前不可得财富的跨期等机会的需求；降低交易成本的需求。为实现这两个目的，金融中介机构购入一种证券组合，再根据该组合的收益发行一种产品集。该观点从金融市场的不完全性入手，由追求利润的金融中介机构通过金融创新来捕获因市场不完全性而产生的营利机会，从而使不完全市场不断向完全市场收敛，而金融市场创新在市场逐渐趋向均衡的过程中发挥着重要作用。

二 关于金融结构变迁研究

关于金融结构变迁，国外学者做了大量的理论和实证研究，戈德史密斯和麦金农等人采用实证方法，证明了金融结构变迁与经济增长之间存在紧密联系。肖从分析金融中介与经济发展之间关系的角度得出了类似的结论，并在此基础上提出了"金融深化"的概念。King和Levin分析了80个国家1960—1989年的经济数据。他们发现在经济和金融之间存在高度相关性，同时证明金融发展水平是未来经济增长潜力的重要指示器。Levin从金融体系降低交易费用的角度，论证了金融发展对于经济增长的促进作用。

戈德史密斯是金融结构理论的创立者，他的著作《金融结构与金

第二篇 金融市场与金融结构

融发展》是金融结构理论的经典著作，为金融学开辟了一片新的研究领域。在这一著作中，戈德史密斯从比较金融学的角度，构建了一个宏大的理论体系，涉及金融的各个领域，并通过金融结构的跨国分析，区分了金融结构的类型。经过比较，分析了不同类型的金融结构对经济的不同促进作用。在金融理论发展史上，戈德史密斯第一个给出了金融结构的基本定义。他认为，一国现存的金融工具与金融机构之和构成该国的金融结构，这包括各种现存的金融工具与金融机构的相对规模、经营特征和经营方式，金融中介机构中各种分支机构的集中程度化等。他指出："对于经济分析来说，最重要的也许是金融工具的规模以及金融机构的资金与相应的经济变量（如国民财富、国民产值、资本形式和储蓄等等）之间的关系。"[①]

戈德史密斯分析了金融结构与发展的决定性因素，并对历史上存在过的金融结构进行了分类。第一类金融结构的特点是：金融相关比率比较低（约在1/5到1/2之间），债券凭证远远超过股权凭证而居于主要地位，在全部金融资产余额中金融机构所占的比例较低，商业银行在金融机构中占据了突出地位。这是金融发展初期阶段的特点。第二类金融结构在20世纪上半叶普遍存在于大多数非工业化国家内，在这种金融结构中，金融相关比率仍然较低，债券凭证仍然超过股权凭证，银行仍然在金融机构中居于主导地位。它与第一类金融结构的区别在于，大型股份公司已经大量存在；政府和政府金融机构发挥了更大的作用，体现出这些经济社会具有混合型特色。第三类金融结构主要出现在发达国家。它的特点是，金融相关比率较高，约为1，债券仍占金融资产总额的2/3以上，股权证券对债权证券的比率已有所上升，非银行金融机构在全部金融资产中的份额比较高，金融机构日趋多样化，从而银行体系地位下降，储蓄机构和私人及公共保险组织地位上升。

戈德史密斯通过对各国金融结构历史变迁的对比分析，认识到金融结构随时间而变化的方式在各国中不尽相同。这些差异反映在不同的金融工具及金融机构相继出现的次序、它们的相对增长速度、对不同经济

---

① 戈德史密斯：《金融结构与金融发展》，上海三联书店、上海人民出版社1994年版，第3页。

部门的渗透程度以及对一国经济结构变化的适应速度和特点等方面。他认为，金融结构的变化就表现为金融发展。虽然各国金融结构表现得多种多样，但是各国金融结构发展的基本轨迹是相同的，都要经过一个由债权占主导地位，即银行在金融机构中发挥重要作用向股权占主导地位——非银行金融机构，如保险、投资基金、证券公司等发挥决定性作用转变。当前，欧美的金融结构是比较完善的，但是仍然处于一个转化过程中，这个过程的主要特点就是金融衍生产品和衍生工具的产生以及飞速发展。

戈德史密斯的金融结构理论认为，各种金融工具和金融机构的形式、性质及相对规模共同构成一国金融结构的特征。他重点从以下几方面研究一国的金融机构，并从数量关系上加以描述：金融资产与实物资产在总量上的关系，金融资产负债总额在各种金融工具中的分布，以金融机构持有或发行的金融资产所占的比来表示的金融资产与负债总额在金融机构和非金融经济单位中的分布，以及金融资产与负债在各个经济部门的地位等。

金融结构的变迁就是金融发展，帕特里克（Patrick，1966）提出了需求尾随型（demand-following）和供给引导型（supply-leading）的金融发展路径。需求尾随型金融发展是指金融发展是实体经济发展的结果，经济的发展会提出分散风险和降低交易成本的需求，因此会形成对金融服务的新需求，这就会促进金融结构的变动从而造成金融发展。在需求尾随型金融发展的路径中，金融发展在经济增长进程中的作用是消极的，是对实体经济部门金融服务需求的被动反应。供给引导型金融发展是指金融发展先于实体经济部门对金融服务的需求，金融部门会主动地动员那些滞留在传统部门中的资源，将之转移到现代经济部门，从而优化资源配置。显然，在供给引导型金融发展路径中，金融发展对经济增长的作用是主动的、积极的。帕特里克还认为，金融发展的路径与经济发展阶段有关。对发展中国家来说，供给引导型金融发展或许会占据着主导地位，因为发展中国家急于通过金融结构的变化促进实体经济更快地发展，此时就可能会采取供给引导型金融发展路径，一旦经济发展进入相对成熟阶段，市场的作用就会取代政府的作用成为经济增长的动力，此时需求尾随型金融发展就会占据主导地位。

第二篇　金融市场与金融结构

　　随着经济发展，金融结构也在发生演变。中央银行资产、商业银行资产、非银行金融机构资产、公司信用、金融深化程度以及股票市场资本化之间的比例关系在不同收入水平的国家和不同的时间截面上有所不同，主要表现在高收入国家非银行金融机构的资产比例和股票市场资本化明显高于中低收入国家，中低收入国家中央银行资产比例则要高于高收入国家。对于金融结构的变化以及形成机制，近年来也逐渐成为理论界研究的一个重要方向，在金融结构的形成机制的理论中，金融结构法律决定论最具有说服力。法律决定论认为，世界各国分属不同的法律传统，不同法律传统的国家其解决借贷纠纷的效率和保护投资者的水平不同，因而具有不同的金融结构。一般而言，普通法传统国家因其法律能及时解决借贷纠纷而促进了金融市场的发展从而形成了市场主导型的金融结构；而民法传统国家在金融市场发展受阻的情况下，其银行因能提供独特服务而得到了较快发展，从而形成了银行主导型金融结构。不同的法律传统决定了不同的金融结构，但是各国不同金融结构对它们的经济增长并不具有重要意义。从理论分析来看，市场主导型和银行主导型金融结构各具优势，金融市场和金融中介以不同的方式发挥相同的功能；从实证分析来看，金融中介和金融市场呈互补关系，而不是替代关系。金融结构并不重要，重要的是通过法律改革来提高金融服务水平，促进经济的增长。

第二节　国内研究综述

　　同国外研究综述类似，国内研究综述也是根据研究的需要，主要综述国内关于金融市场创新和金融结构变迁两个方面的研究内容。

一　关于金融市场创新研究

　　许崇正对金融市场创新与经济增长进行了分析。他认为，① 金融市场创新，即是指在金融市场上，赤字和盈余经济单位以及金融中介机构"共同进行"金融工具交易。金融市场是金融体系的"发动机"，是利

---

① 许崇正：《论金融市场创新与经济增长》，《经济纵横》1996年第5期。

第五章 金融市场创新影响金融结构变迁研究综述

率和证券价格形成战场,交易的金融工具的价格决定于金融市场的供给和需求,金融市场的某些特征导致形成一种高度竞争的市场,在那里,大量的资金在市场代理人之间流动。中国的金融市场应该是一个以间接融资和直接融资相结合,以直接融资为主的市场,应该是证券为主,逐步证券化、国家化的市场,应该是银行和非银行金融机构之间踊跃并竞争发行长、短期金融债券的市场,应该是公开市场业务和共同投资基金成熟和发展的市场,以及应该是金融管制弱化(并逐步取消),利率完全市场化的金融市场。

他认为,金融市场创新是经济发展的不可缺少的动力之一。因为:第一,金融市场创新有助于提高国内私人储蓄对收入的比率,扩大投资,刺激经济增长,通过金融市场体制的创新,金融市场得以扩大和完善,各种投资机会在其中争夺储蓄流量也随之扩大和多样化。第二,由于金融市场体制的创新,资本的市场扩大了,从而利率这种资金的价格,就可能真正发挥出它的调节、平衡社会供求的功能。扩展的资本市场往往是新投资企业和技术创新投资项目出现的相应条件。第三,金融市场创新对经济发展的促进作用还表现在,金融市场创新将有利于就业和产出的稳定增长,从而有可能摆脱经济徘徊的局面。第四,金融市场体制创新对经济发展的作用还表现在金融结构与经济结构的关系上。金融结构与经济结构是一个相互影响、相互制约的关系。在不同的经济发展阶段和经济体制下,二者的关系又呈现出不同的特点。第五,金融市场创新将会加快非均质经济转换成为均质经济。第六,金融市场体制创新对经济体制改革有着重要促进作用。

权丽平和施元冲等对金融市场创新与民营经济发展进行了研究,[①]认为金融市场国有垄断的格局,阻碍了民营经济的发展,因此迫切需要金融市场创新。因此,应当国有、外资与民营银行共同发展,鼓励确有实力的民营资本通过收购等方式组建一批民营中小金融机构,尤其是在国有银行和农村信用社顾及不到的广大社区发展民营银行。金融民营化能够弱化民营企业融资难的瓶颈制约,进而为我国民营经济的发展创造

---

① 权丽平、施元冲、高用深:《民营经济和金融市场创新》,《南京经济学院学报》2003年第2期。

良好的市场环境，促进我国民营经济产业结构、规模、技术水平等向更高层次和更为合理的方向发展。借鉴资本市场体系较完善的国家的经验，并结合我国的国情，我国应建立多层次、多主体的资本市场体系。

冯恩新对资本市场创新进行了研究，[①] 认为资本市场创新：一是制度创新。从目前我国资本市场现状看，制度创新应以立法为先导，执法为重点，自律管理为基础，互相衔接配套，各有侧重，具体体现在，监管制度的创新、上市公司治理结构的创新、市场运行制度的创新。二是资本市场技术创新。随着信息技术、经济全球化、金融自由化的进一步发展，资本市场技术创新可能会使资本市场未来通过电子网络、金融网络、网上经纪商等结成联盟，发展成全球电子交易平台。并以此平台为证券市场的核心与全球各交易所连接，实现真正意义上的全球证券无区域和无时间限制的全方位、全天候交易市场。三是产品创新。我国资本市场已具备了品种创新的条件和需求。市场本身也要求改变目前单一的产品结构，满足投资者多层次、多元化的投资需求，满足投资者有效地通过对冲平衡风险和回避风险的需要。产品创新主要是债券产品创新、衍生产品创新和基金产品创新等。

李勤对中国金融市场创新问题进行了探讨，[②] 认为虽然改革开放30多年来我国金融市场取得了长足发展，在经济资源配置和宏观调控中均发挥了重要作用，但与此同时，金融市场发展仍存在一些问题，突出表现在市场结构不合理，各市场之间的发展严重失衡等。因此，金融市场必须进行创新。主要应建立以机构投资者为主导的企业债券市场、发展多层次股权市场、发挥银行在促进企业直接融资中的作用。

二 关于金融结构变迁研究

随着西方金融结构与金融发展理论的引入和传播，以及我国经济货币化程度和金融深化程度的不断深入，我国经济学界也开始研究金融与经济之间的关系，从不同角度论述金融结构和金融发展与经济增长的关系。主要以戈德史密斯的金融结构理论为研究依据。大体可以分为两大

[①] 冯恩新：《我国资本市场的创新路径》，《经济理论与经济管理》2002年第1期。
[②] 李勤：《中国金融市场创新探讨》，《沿海企业与科技》2006年第9期。

第五章 金融市场创新影响金融结构变迁研究综述

类：一类是定性化研究我国的金融机制与结构；另一类主要从金融资产的角度定量地研究和分析中国的金融结构特征。

谢平是较早对中国金融资产结构进行实证分析的国内学者。他通过对1978—1991年中国金融资产结构变动状况的分析，说明中国的金融深化进程和金融改革对中国经济产生的影响。他较全面地分析了金融资产总量、金融相关比率、政府资产负债结构、企业资产负债结构、个人金融资产结构和国家银行资产结构的变动情况。[①]

易纲对中国金融资产结构进行了实证分析。他在《中国金融资产结构分析及政策含义》一文中，通过对1978—1995年中国金融资产分析和国际比较发现：中国金融资产结构畸形引致诸多问题；中国的货币与国民生产总值之比迅速上升的原因是中国经济在改革转轨时期，由于体制变化产生超常货币需求，从而使货币流通速度减慢。[②]

王维安根据西方金融结构理论，[③] 分析了我国金融结构的三大变迁，即从内源融资主导型转为外源融资主导型，从间接融资垄断型转为间接融资主体型，以及从封闭型金融趋向开放型金融，并从金融相关率、金融资产结构分析、金融机构结构分布等指标考察了中国金融结构的发展状况，然后通过与国际比较，归纳出中国金融结构具有超额借款、超额贷款、间接融资占主导地位以及国家银行垄断金融四大特征。

王广谦提出金融结构是金融发展状况的具体体现，[④] 在一定程度上反映着金融与经济发展的层次和经济金融化的程度，金融结构分析是研究总量与组成总量的各个部分之间的数量比例关系，分析金融结构首先遇到的是以何种金融总量作为考察的基础以及如何选取观测值，分层次的结构的比率分析方法是考察金融资产结构的有效手段。

李建分析了我国金融结构优化问题，[⑤] 认为在金融发展中结构优化和总量增长具有同等重要性。改革以来，我国的金融发展在总量方面快

---

① 谢平：《中国金融资产结构分析》，《经济研究》1992年第11期。
② 易纲：《中国金融资产结构分析及政策含义》，《经济研究》1996年第12期。
③ 王维安：《金融结构：理论与实证》，《浙江大学学报》（人文社会科学版）2000年第1期。
④ 王广谦：《中国金融发展中的结构问题分析》，《金融研究》2002年第5期。
⑤ 李健：《优化我国金融结构的理论思考》，《中央财经大学学报》2003年第9期。

速增长,但在结构方面却存在着严重缺陷,近年来结构性矛盾日益明显,继续走粗放型的总量增长之路已弊端过大,需要转变思路,应以结构调整为重点推进中国金融的改革开放与发展。

杨琳将新古典经济增长理论的分析方法引入金融发展与经济增长关系的研究之中,对金融发展与实体经济增长的总量关系、我国金融结构转变与实体经济结构升级的关联机制,进行了理论探讨和实证研究,并对我国金融发展现状及其面临的挑战和存在问题进行了中肯的分析,提出了相应的金融发展战略政策建议。[①]

李木祥以国外金融发展与经济增长理论、国外金融结构的比较研究为铺垫,分析研究了我国金融结构变迁的路径和必然性,实证分析研究了我国金融结构与经济增长的关系和我国金融发展与经济增长的协整性问题,并提出重构与经济结构相适应的金融组织结构体系,以重点发展直接融资为突破口,来调整融资结构和顺应国际发展潮流,创新金融工具等我国金融结构改革和发展策略。[②]

李江分析了金融发展理论主要流派的理论基础和政策主张,探讨了金融发展与经济增长的关系和理论模型,对金融发展过程中影响经济绩效和金融发展的若干因素指标进行深入分析,并就我国金融发展现状提出了深化金融机构改革、开放金融市场、加强金融业监管等促进我国金融发展的战略选择。[③]

张丰强认为,[④] 金融结构不仅对于微观金融运作和宏观金融调控具有重大影响,而且还是金融业自身能否稳健发展并充分发挥积极作用的决定性因素,在经济和金融发展过程中,总量的增长和结构的协调具有同等重要性,金融结构的演进在一定程度上反映了金融与经济发展的层次和经济智能化的深度。张丰强根据甘肃省金融结构的现状,提出了优化甘肃金融结构的若干政策建议。

潘志行阐述了金融结构与金融效率的相互关系,运用定性与定量相结

---

① 杨琳:《金融发展与实体经济增长》,中国金融出版社2002年版。
② 李木祥、钟子明、冯宗茂:《中国金融结构与经济发展》,中国金融出版社2004年版。
③ 李江:《金融发展学》,科学出版社2005年版。
④ 张丰强:《中国金融结构优化与经济增长关系的实证研究》,硕士学位论文,兰州商学院,2008年。

合的方法分析了江西省金融结构与金融效率现状，认为江西金融机构结构越多样化，其配置效率就越高；垄断性国有商业银行是金融机构结构与江西金融配置效率负相关的重要影响因素之一，金融机构多样化既能提高金融效率，也能影响金融效率。因此，应加快金融机构结构多样化。

刘莉亚和王行研究了河北省金融市场发展问题，认为河北省金融发展中，存在的突出问题是信贷结构不合理、金融市场体系不健全、直接融资落后等。为了提高金融与经济发展的协调性，需要加快河北省金融市场的发展。促进河北省金融市场发展，应充分发挥金融机构信贷投放的主渠道作用，并合理引导和发展民间金融，发挥其对正规金融的补充作用，鼓励民间金融进入正规金融机构；培育资本市场，开辟直接融资新途径；建立多层次的资本市场，促进企业债券市场发展，实现货币市场和资本市场的有效沟通；加快保险市场发展，深化国有保险公司改革，拓宽保险业务，优化保险业融资结构，发展保险中介市场，强化保险产品开发。[①]

张敏利用1984—2006年浙江省的年度数据，对浙江省金融市场的发展水平与FDI的溢出效应的关系进行了实证分析。试图检验浙江省经济增长过程中，金融市场的发展水平对FDI的地区经济溢出效应所扮演的角色。通过实证分析，张敏发现金融市场的发展水平对FDI的溢出效应确实有着显著的影响。其原因，一是间接融资的金融市场能够增强FDI与我国地区产业的后向关联，进而有效地推动区域经济的增长；二是完善的金融市场可以为FDI的投资分摊风险，给予跨国投资企业更大的信心；三是金融市场越发达，就越能显示出一个地区投资环境的良好程度。因为成熟的金融市场可以减少企业外部融资的成本，投资者可以对企业经营进行有效的监督，从而促使经营者改善公司治理和调整企业战略；四是金融市场的发展与FDI的效率是相辅相成的，完善的金融市场可以吸引更多的外资流入，并为外资的合理使用提供良好的条件；外资通过在东道国的流动，能够对资源进行更为合理的配置，从而反过来进一步促进金融市场的发展。外商直接投资与浙江省金融市场发

---

① 刘莉亚、王行：《促进河北省金融市场发展之我见》，《金融教学与研究》2008年第2期。

展存在着密切的关系。随着 FDI 在浙江省经济中的比重不断增加，如何合理利用外资，提高 FDI 对浙江省地区经济的正溢出效应，是关系到浙江省现代化建设的大问题。因此，应该更加注重 FDI 在地区经济增长中的使用效率，加强金融市场的发展，深化金融体制改革，深化外资外贸体制改革，提倡投资性学习，实施合作共赢的开放战略，增强 FDI 的吸收能力，提高 FDI 的地区经济增长溢出效应，促进浙江经济再一次腾飞。①

文玉春从金融结构与经济增长关系的分析入手，首先通过拓展的 Dickey-Fuller 检验，利用协整检验技术，阐述了山东省金融结构和经济增长之间存在长期稳定的关系；然后采用格兰杰（Granger）因果关系检验方法，得出山东省经济增长是山东省金融结构调整优化的原因，而金融结构不是经济增长的原因，两者的因果关系具有单向性。改革开放以来，山东省的金融相关率和经济增长之间稳定地存在着某种协同互动的均衡增长趋势，金融体系的波动与经济增长的波动是高度密切相关的。②

苏振天以安徽省的产业结构和金融结构为研究对象，建立向量自回归（VAR）模型，运用脉冲响应函数和方差分解方法，研究了安徽省产业结构和金融结构之间的互动关系。结论是：优化安徽省金融结构，优化安徽省金融结构的关键，是构造多层次的金融体系；安徽省金融结构优化的方向是大力发展中小商业银行，安徽省银行业依然处于以四大国有银行为主体的垄断但不竞争的格局，这有利于发展储蓄，但储蓄与投资的转化却不通畅；要加快资本市场的发展，构筑全方位的金融支持体系。③

第三节　国内外研究评析

为了明晰国内外研究人员的研究成果和研究不足，节约成本，明确

---

① 张敏：《浙江省金融市场的发展水平与 FDI 溢出效应的关系》，《统计与咨询》2008 年第 3 期。

② 文玉春：《山东省金融结构与经济增长：1978—2004 年的实证分析》，《安徽商贸职业技术学院学报》2006 年第 4 期。

③ 苏振天：《安徽省金融结构与产业结构互动关系的实证分析》，《技术经济》2008 年第 10 期。

研究的起点、研究的目的和研究的任务，立足于研究的前沿，必须对国内外研究成果进行评析。

一 国外研究评析

关于金融市场创新，国外学者主要研究了金融市场创新的原因和金融市场创新的主体。关于金融市场创新的原因，国外学者认为金融市场创新的原因多种多样，主要有：新技术的应用，特别是计算机、通信技术的发展及其在金融业的广泛采用；前所未有的国际货币体系的特征及其最初的影响；微观金融组织为了寻求最大化利润，减轻外部对其产生的金融压制；金融机构为了获取利润而规避政府的管制；金融市场创新的首要动机是降低交易成本；金融市场创新是实现金融市场完善的手段。推动金融市场创新有两个原因：风险分担、风险集中、套期保值、对当前不可得财富的跨期等机会的需求；降低交易成本的需求。关于金融市场创新的主体，格利（J. Gurey）和肖（E. Show）认为，金融中介部门是金融市场创新的主体。虽然国外学者对金融市场创新的研究较多，但是，研究的内容过少，而且，研究又多是从宏观角度进行的，几乎没有涉及区域性金融市场创新内容。

关于金融结构变迁，国外学者主要研究了金融结构变迁与经济增长的关系；不同类型的金融结构对经济的不同促进作用；金融结构与发展的决定性因素；金融结构历史变迁的对比；金融资产与实物资产总量关系；金融资产负债总额在各种金融工具中的分布；金融资产与负债在各个经济部门的地位；经济发展与金融结构演变；金融结构变化以及形成机制；等等。尽管国外学者对金融结构变迁的研究较多，但是，主要还是从宏观角度进行的，并没有涉及区域性金融结构变迁研究。

另外，国外学者对金融市场创新和金融结构变迁的研究，是分别进行的，并没有研究金融市场创新对金融结构变迁的影响。

二 国内研究评析

关于金融市场创新，国内学者主要研究了金融市场创新的内涵；金融市场创新是经济发展的动力；金融市场创新有利于民营经济发展；资本市场创新路径；中国金融市场创新机制；等等。国内学者对金融市场创新的研究主要是微观内容研究，没有对区域性中国金融市场创新进行研究。

关于金融结构变迁，国内学者主要研究了中国金融资产结构；中国金融结构的变迁；金融结构与金融发展；中国融资结构；中国金融结构优化；金融结构与经济结构；金融结构转变与实体经济结构升级；中国金融结构变迁的路径；甘肃省金融结构现状；江西省金融结构与金融效率；等等。国内学者对金融结构变迁的研究主要是以中国为对象进行的，既有宏观的研究，又有区域和微观的研究。

同国外学者的研究一样，国内学者对金融市场创新和金融结构变迁的研究，也是分别进行的，也没有研究金融市场创新对金融结构变迁的影响。

因此，我们研究吉林省金融市场创新影响金融结构变迁，具有重要的理论意义和实际意义。

参考文献

1. 邵传林：《西方金融创新理论演变综述》，《山东工商学院学报》2007年第5期。
2. 蔡则祥：《中国金融结构优化问题研究》，博士学位论文，南京农业大学，2005年。
3. 俞艳春：《我国金融结构变迁对金融效率的影响分析》，硕士学位论文，武汉理工大学，2007年。
4. 秦学敏：《我国金融结构与经济增长关系研究》，硕士学位论文，湖南大学，2007年。
5. 孙伍琴：《不同金融结构下的金融功能比较研究》，博士学位论文，复旦大学，2003年。
6. 郑秀峰：《中国金融结构调整的产业背景研究》，博士学位论文，复旦大学，2004年。
7. 许崇正：《论金融市场创新与经济增长》，《经济纵横》1996年第5期。
8. 朱大地：《中国金融结构制度变迁及动因分析》，博士学位论文，北京邮电大学，2007年。
9. 窦晴身、王月兴：《戈德史密斯的金融发展理论及启示》，《理论与现代化》2001年第3期。

10. 祝晓波:《区域金融结构与区域经济发展》,硕士学位论文,东北师范大学,2004年。

11. 洪修文:《法律、金融结构与经济增长关系研究的理论回顾及其启示》,《外国经济与管理》2004年第10期。

12. 王维安:《金融结构:理论与实证》,《浙江大学学报》(人文社会科学版)2000年第1期。

13. 张志杰:《金融体系稳健性问题研究》,博士学位论文,厦门大学,2001年。

14. 姜再勇、齐勇:《外国政府对银行经营的干预及其对银企关系的影响》,《当代经济研究》1997年第1期。

15. 冯恩新:《我国资本市场的创新路径》,《经济理论与经济管理》2002年第1期。

16. 许崇正:《论中国金融市场创新与金融呆滞》,《学术界》1996年第4期。

17. 席楠:《我国金融结构变迁对中小企业融资行为影响研究》,硕士学位论文,兰州商学院,2007年。

18. 权丽平、施元冲、高用深:《民营经济和金融市场创新》,《南京经济学院学报》2003年第2期。

19. 张雪梅、胡少维:《改革与宏观调控》,《北方经济》2004年第11期。

20. 刘莉亚、王行:《促进河北省金融市场发展之我见》,《金融教学与研究》2008年第2期。

21. 潘永东:《中国货币结构及其相关问题研究》,博士学位论文,东北财经大学,2009年。

22. 魏晓迪:《上海金融中心地位的确立与金融结构优化研究》,硕士学位论文,上海师范大学,2010年。

23. 张志勇:《我国转型期农村信用社制度变迁研究》,博士学位论文,西南财经大学,2009年。

24. 潘志行:《江西省金融结构对金融效率影响的实证研究》,硕士学位论文,江西财经大学,2009年。

25. 马庆阳:《金融发展与经济增长关系的理论演进》,《黄海学术论坛》2010年第2期。

26. 李健:《优化我国金融结构的理论思考》,《中央财经大学学报》2003年第9期。

27. 李健:《论中国金融发展中的结构制约》,《财贸经济》2003年第8期。

28. 张敏:《浙江省金融市场发展水平与FDI溢出效应的关系》,《统计与咨询》2008 年第 3 期。

29. 李冉、文玉春、邵崑：《山东省金融结构与经济增长关系的实证分析》，《沿海企业与科技》2008 年第 8 期。

30. 文玉春：《山东省经济增长与金融结构关系的实证分析（1978—2004 年）》，《内蒙古财经学院学报》2007 年第 1 期。

31. 文玉春：《山东省金融结构与经济增长：1978—2004 年的实证分析》，《安徽商贸职业技术学院学报》（社会科学版）2006 年第 4 期。

32. 张海云：《我国家庭金融资产选择行为及财富分配效应》，博士学位论文，暨南大学，2010 年。

33. 苏振天：《安徽省金融结构与产业结构互动关系的实证分析》，《技术经济》2008 年第 10 期。

34. 冯涛：《替代型改革战略与中国金融深化》，《河南金融管理干部学院学报》2000 年第 3 期。

35. 白钦先、徐爱田：《金融虚拟性命题及其理论渊源》《辽宁大学学报》（哲学社会科学版）2004 年第 4 期。

36. 孙可娜：《我国金融创新的要素分析与路径选择》，《理论与现代化》2006 年第 4 期。

37. 储海林、冀波：《对金融统计问题的思考》，《山西统计》1994 年第 8 期。

38. 王广谦：《中国金融发展中的结构问题分析》，《金融研究》2002 年第 5 期。

39. 李勤：《中国金融市场创新探讨》，《沿海企业与科技》2006 年第 9 期。

40. 谢平：《中国金融资产结构分析》，《经济研究》1992 年第 11 期。

41. 易纲：《中国金融资产结构分析及政策含义》，《经济研究》1996 年第 12 期。

42. 杨琳：《金融发展与实体经济增长》，中国金融出版社 2002 年版。

43. 李木祥、钟子明、冯宗茂：《中国金融结构与经济发展》，中国金融出版社 2004 年版。

44. 李江：《金融发展学》，科学出版社 2005 年版。

45. 张丰强：《中国金融结构优化与经济增长关系的实证研究》，硕士学位论文，兰州商学院，2008 年。

第六章 吉林省金融市场分析

截止到 2008 年年底，吉林省共有金融机构 4754 家，比同期减少 118 家，减少 2.4%。其中，国有商业银行 1457 家，比同期减少 49 家，减少 3.3%；政策性银行 60 家；股份制银行 83 家，比同期增加 4 家，增加 5.1%；城市商业银行 396 家，比同期增加 179 家，增加 82.5%；农村商业银行 48 家；农村信用社 123 家，比同期增加 6 家，增加 5.1%；农村合作银行 1478 家，比同期减少 115 家，减少 7.2%；邮政储汇局 1092 家，比同期增加 4 家，增加 0.4%；资产管理公司 4 家；信托公司 2 家；财务公司 3 家，比同期增加 1 家，增加 50%；其他 8 家，比同期增加 1 家，增加 14.3%。

第一节 吉林省银行业分析

吉林省银行业分析，主要是对吉林省银行业存款分析、吉林省银行业贷款分析、吉林省银行业创新分析和吉林省银行业存在的问题分析。

一 吉林省银行业存款分析

第一，各项存款大幅增长，结构变化明显。2008 年年末，吉林省境内金融机构本外币存款余额为 6433.34 亿元，比年初增加 1034.58 亿元。从表 6.1 我们可以看出，金融机构各项存款增长趋势明显。2008 年年末，人民币各项存款余额为 6362.5 亿元，同比增长 19.63%，增速同比加快 12.48 个百分点。从存款结构横向看，在各项存款总额中，企业存款和城乡居民储蓄存款依然占主导地位。2008 年年末，吉林省人民币储蓄存款余额为3923.1亿元,占各项存款总额的61.66%;人民币企业存款为1528.6亿元,占各项存款总额的24.03%。但是,从存款结构纵向看,储蓄存款和企事业单位存款增速波动较大。2007年年末吉林省人民币储蓄存款余额为3186.8亿元,同比增长2.55%,增速同比下降8.51个百分点。2008年年末,吉林省人民币储蓄存款余额为3923.1亿元,同比增长23.10%;2007年年末吉林省人民币企业存款为1342.7亿元,同比增长29.16%,增速同比提高10.71个百分点。2008年年末,全省人民币企业存款为1528.6亿元,同比增长13.85%,增速同比下降15.31个百分点。

表6.1　　　　　　　　金融机构各项人民币存款　　　　　　　单位:亿元

年份	2003	2004	2005	2006	2007	2008
各项存款	3307.2	3683.5	4270.5	4963.7	5318.6	6362.5
1. 企业存款	760.5	804.9	877.7	1039.6	1342.7	1528.6
活期存款	601.3	703.7	726.3	861.1	1063.7	1182.0
定期存款	159.2	101.2	151.4	178.5	279	346.2
2. 财政存款	59.1	124.4	108.6	105.3	147.6	202.0
3. 机关团体存款	138.5	161.2	237.5	284.3	305.6	348.0
4. 储蓄存款	2161.4	2405.6	2798.1	3107.5	3186.8	3923.1
定期存款	1462.8	1635.4	1880.6	2041.7	2072.3	2607.9
活期存款	698.6	770.2	917.5	1065.8	1114.4	1315.2
5. 农业存款	33.7	38.6	54.3	121.6	2.4	1.6
6. 委托存款	27.4	34.2	15.4	13.9	15.4	27.4
7. 其他存款	126.7	114.6	179	291.5	318.2	332.1

注:存款余额均不包括外币。

资料来源:根据2004—2009年《吉林统计年鉴》有关数据整理得出。

第二,企业倾向活期存款,城乡居民倾向定期存款。2008年年末,金融机构企业存款为1528.6亿元,其中活期存款占77.33%,而且每年新增企业存款中,活期存款的增长速度要明显快于定期存款的增长速度。造成这种格局的主要原因,是近年来,吉林省经济增长加速,使企业相对增加了对存款货币的交易需求。但是,城乡居民储蓄存款却出现相反的情况。2008年年末,金融机构储蓄存款为3923.1亿元,其中定期存款占66.48%。其主要原因是吉林省受自然、地理、思想观念、政策环境等因素影响,城乡居民的收入水平仍然较低,所以城乡居民需要更多的预防性储蓄。

二 吉林省银行业贷款分析

第一,人民币贷款增速加快,信贷结构进一步优化。2008年年末,金融机构本外币贷款余额为4891.01亿元,比年初增加766.93亿元;其中,农村信用社人民币贷款631.40亿元,比年初增加94.60亿元;人民币消费贷款312.95亿元,比年初增加52.06亿元。从贷款投向看,信贷结构进一步优化。一是不断加大支农力度。农业贷款从2003年的136.1亿元增加到2008年的377.4亿元,年均增加36%。二是加大了对吉林省支柱产业和成长性领域的信贷支持。

表6.2　　　　　　　金融机构各项人民币贷款　　　　　单位:亿元

年份	2003	2004	2005	2006	2007	2008
各项贷款	3288.9	3435.0	3332.9	3870.3	4306.0	4835.9
1. 短期贷款	2073.5	1986.6	1828.7	2009.8	2127.1	2292.4
工业贷款	534.4	526.9	343.0	396.3	426.5	398.9
商业贷款	906.0	811.8	818.9	793.1	772.3	821.3
建筑业贷款	24.7	20.8	21.4	36.0	22.5	22.9
农业贷款	136.1	176.6	207.9	248.1	326.8	377.4
乡镇企业贷款	48.1	19.9	17.4	0.1		
三资企业贷款	22.4	17.5	14.4	22.2	20.3	18.4
私营企业贷款	24.9	66.2	68.9	80.0	67.3	74.6
其他短期贷款	377.0	346.8	336.9	433.9	491.2	579.0
2. 中长期贷款	999.4	1196.1	1352.1	1707.4	2045.1	2314.3
基本建设贷款	585.4	654.1	611.7	701.5	881.6	1130.5
技术改造贷款	55.2	62.6	69.9	46.1	50.7	62.6
3. 委托贷款	25.2	27.6	10.3	9.1	6.3	4.1

续表

年份	2003	2004	2005	2006	2007	2008
4. 票据贷款	62.6	109.3	139.4	142.1	126.2	224.5
5. 各项垫款	11.9	7.8	2.5	1.9	1.4	0.6

注：存款余额均不包括外币。

资料来源：根据2004—2009年《吉林统计年鉴》有关数据整理得出。

第二，贷款期限增加，企业长期资金需求凸显。在贷款的期限结构方面，最显著的变化表现在两个方面：首先，是中长期贷款的稳定上升。从表6.2和图6.1可见，中长期贷款占各项贷款余额的比重从2003年的30.39%提高到2008年的47.86%。中长期贷款比重的迅速上升，主要是最近几年吉林省经济高速增长以及相应投资率长期保持高位的必然反映。同时，它与吉林省资本市场不发达，且最近几年事实上还在萎缩的发展状况密切相关。其次，是短期贷款比重相应下降。在同样的时期中，短期贷款占各项贷款余额的比重从63.05%下降为47.40%。

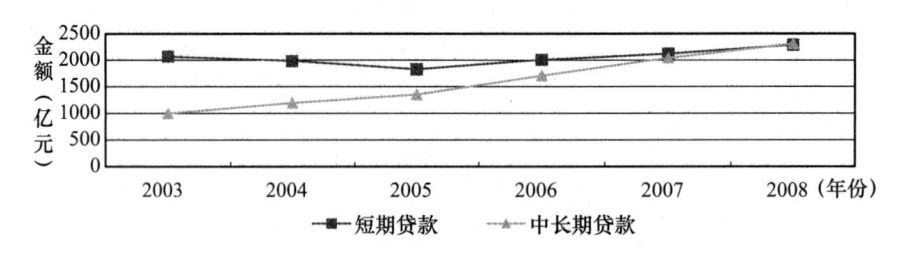

图6.1　贷款余额的期限和种类结构

资料来源：根据2004—2009年《吉林统计年鉴》有关数据整理得出。

三　吉林省银行业创新分析

国家开发银行和工商银行吉林省分行积极开展金融租赁业务，切实满足客户个性化需求。地方性金融机构尝试发行非保本浮动收益型债券资产类个人理财产品。国有商业银行股份制改革向纵深推进，继续优化内部业务流程，大力发展中间业务，健全内部控制机制，不断增强风险管控能力，中间业务收入占比、资产质量和盈利能力等主要指标持续向好。吉林银行大连分行获准开业，区域化经营迈出重要一步。

吉林省征信数据库覆盖面进一步扩大，信息量更为丰富，全省信用体系建设成绩显著。截至 2007 年年末，全国企业、个人信用信息基础数据库收录吉林省借款人 9.5 万户、自然人 1289 万人，全省开通查询用户 5000 个，日均查询 1900 余笔。加大非银行信息采集力度，全年共向征信系统报送电信、公积金、拖欠工资、法院诉讼、环保、养路费、房产抵押、企业奖励、企业处罚九大类 500 余万条非银行信息，丰富了企业和个人信用记录。大力开展中小企业信用体系建设工作，全省共为 12716 户中小企业建立了信用档案，已征集入库 11969 户，1090 户企业取得银行授信意向，172 户中小企业得到银行融资支持，金额 19.54 亿元，省内金融机构对中小企业档案数据库查询量不断上升。积极培育资信评级市场，全省完成企业评级 365 户。有 348 户获得了银行贷款支持，新增贷款 23.6 亿元。

2008 年，韩亚银行、招商银行、民生银行等分支机构先后落户长春。中油财务公司设立吉林分公司。新成立村镇银行 1 家，批准 23 家小额贷款公司筹建。地方性金融机构改革逐步深入，3 家城市信用社合并入吉林银行，9 家农村商业银行挂牌，对梨树等 10 家农村信用社增发更名改制城市信用社专项票据 6.05 亿元，对符合条件的敦化等 3 家农村信用社兑付专项票据 7160 万元。[①]

四　吉林省银行业存在的问题分析

第一，商业银行持续退位。近年来，随着国有银行商业不断深化改革，四家国有商业银行按机构管理"扁平"要求和经济效益最大化的经营目标，把业务重点逐步向大中城市转移，并大量撤并农村乡镇的营业网点，导致农村金融市场业务不断萎缩。同时，也使得能够为农村提供金融服务的金融机构的绝对数量大幅减少。

第二，政策性金融缺位。中国农业发展银行的使命是支持我国农业实现现代化和扶持农民走向富裕之路，因此，农发行应对农业资金提供

---

① 《2008 年吉林省金融运行报告》，第一管理资源网（http://guanli.1kejian.com/anli/jinrongbaoxian/31427.html）。

必要的政策优惠。然而目前,农发行的职能主要局限于承担国家规定的政策性金融业务及代理财政支农资金的拨付,而在支持农业产业化、综合开发、基础设施、农业科技推广等能改善农村生产、生活条件、调整农业产业结构中发挥的作用乏力。并且,中国农业银行在很多乡镇以下地区根本没有分支机构,即使有一些设置在乡镇的分支机构,也在经营战略转变和减员增效的潮流中被大量撤并。

第三,不良贷款比例偏高。截至2008年年末,吉林省银行机构不良贷款余额704亿元,比年初减少282亿元;不良贷款比例14.4%,比年初下降8.2个百分点。尽管近年来吉林省通过"吉林模式",即先由地方政府指令当地国有企业集团将银行债务分门别类打包,然后由本地国资委下属企业与银行(或四大资产管理公司)谈判,同时争取国家特殊政策,并用现金按一定打折收购率从银行手中买下这些不良资产包这种方式,以及政策性剥离不良资产等方式处理了部分不良资产,使不良贷款余额和占比较大幅度下降,但是,不良贷款余额依然较高,占比远高于全国平均水平。

第四,资本充足率较低。资本充足率是衡量一家银行风险抵御能力的指标,根据《巴塞尔协议》的要求和我国《商业银行法》的规定,资本充足率不得低于8%,其中核心资本的比率不得低于4%。但是,目前吉林省银行业资本充足率仍低于这一水平。

第五,资金总量较小。吉林省资金总量偏低的原因较多,其中一个客观因素是吉林省的经济规模较小,同时,还有储蓄资金外流、非政府投资规模相对较小和利用外资水平过低等。

首先,储蓄资金外流现象严重。吉林省的主导产业包括汽车、石化和农产品加工,伴随经济的快速增长,电子和医药行业逐渐发展成了吉林省的优势产业。正是在这些产业的支撑下,吉林省经济自1997年以来的增长速度快于全国平均水平[①]。然而,如何发挥主导产业的集群效应以及深化优势产业链等问题亟须解决。这些问题的负效应正在通过金融体系显现出来:自2004年以来,吉林省出现了储蓄资金外流现象,并且资金外流额度有逐年增大的趋势。我们用图6.2直观显示储蓄资金

---

① 吉林省统计局:《2007年吉林省统计年鉴》,中国统计出版社2007年版。

外流现象。

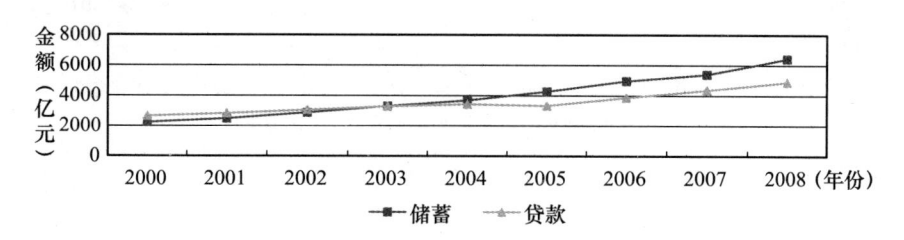

图 6.2　吉林省金融机构存贷款数额对照

资料来源：根据 2001—2009 年《吉林统计年鉴》有关数据整理得出。

吉林省的资金外流现象的原因为：主导产业未形成集群效应、优势产业技术创新不足，导致资本社会边际产出率低于国内其他省份。

其次，非政府投资规模相对较小。从国有经济结构调整角度来讲，国有企业进行多元投资主体的公司制改造，必须有民间资本的参与；从市场经济发展角度来说，必须培育多元化的市场经济主体，扩大内需要进一步收到预期成效，必须启动民间投资；从社会安定和经济健康发展角度来看，必须依靠民营企业承担大部分就业任务。从图 6.3 可以看出，2004 年以前，吉林省非政府投资无论总量还是占比都很低，其所占比重一直在 10% 至 17% 间浮动，并且呈现逐年下降趋势；在 2005—2006 年，由于吉林省国有企业改制基本完成，非政府投资规模和占比实现跨越式增长，所占比重在 2006 年达到了 60.5%，在 2007 年进一步上升到 64.2%，增长趋势非常喜人。吉林省要抓住这个机遇，把民营经济真正做大做强。然而，正如前文分析的，非政府投资增长并非源于民营经济的发展和民间投资需求的增加，其根基并不牢固，容易出现剧烈波动、反复的现象，对于这种风险相关部门应予以关注。

最后，利用外资水平过低。资金在推动经济增长的过程中发挥了关键作用，而落后经济体一般在发展初期都处于资金短缺状态，此时要实现经济快速发展必须引入外部资金。从图 6.4 可以看出，2005 年以前，吉林省外资占总投资比重一直在 3% 左右浮动，2006 年外资占比突破性

第二篇　金融市场与金融结构

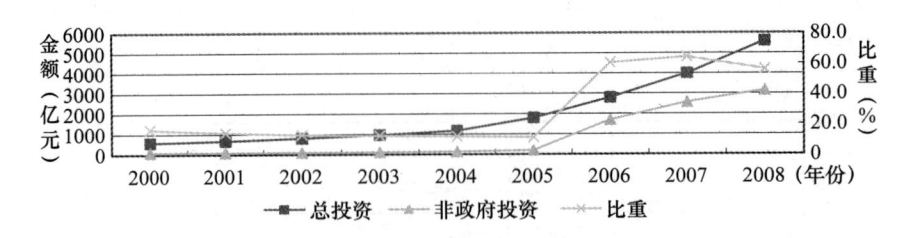

图 6.3　吉林省非政府投资占投资总额比重对照

资料来源：根据 2001—2009 年《吉林统计年鉴》有关数据整理得出。

地达到 6.0%，但 2007 年又回落到 5.1%。由于资金具有逐利性特点，在国家出台振兴东北老工业基地政策的背景下，本应该成为资金洼地的吉林省，外资流入数量却未能实现突破。我们认为有三个原因：一是吉林省金融发展水平过低，金融产品缺失严重，不能满足外资企业投资过程中金融服务需要；二是吉林省行业优势正在逐步被削弱，投资项目回报率偏低，这突出表现在汽车和石化行业；三是政府信息公开度不够，服务意识不高。要扭转外资利用水平过低这种局面，必须逐步完善吉林省资本市场结构、扩大招商引资力度、提高政府公务员服务意识和办公效率，吸引更多的外资企业前来吉林省投资建厂。

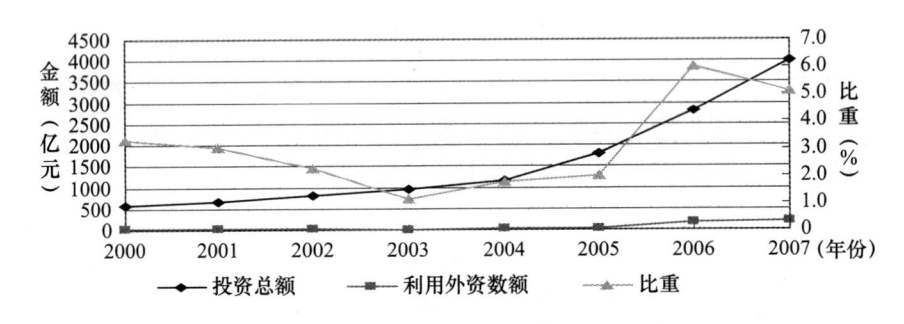

图 6.4　吉林省投资总额与外商投资数额对照

资料来源：根据 2001—2009 年《吉林统计年鉴》有关数据整理得出。

第六，金融体系功能缺失。在银行主导型的金融体系中，其核心是银行。银行的功能在于吸收储蓄，同时将储蓄最大限度地通过贷款的方式转化为优质投资，进而促进经济增长。贷款发放银行和借款企业之间对于投资项目和经营情况存在的信息不对称问题，会导致借款企业的逆向选择和道德风险问题。恰恰是由于企业的逆向选择行为，导致了商业银行的贷款规模控制，进而出现信贷配给；由于企业的道德风险行为，使商业银行资产负债期限结构错配状况恶化，增加了银行的非系统性风险。

吉林省金融中介效率偏低。尽管投资总额与储蓄总额比率不等于储蓄转化为投资的比率，但在其他条件未发生显著变化的情况下，用投资总额与储蓄总额比率变化趋势，近似替代储蓄转化为投资比率的变化趋势，也能说明一定问题。由图6.5可以知道，吉林省储蓄转化为投资比率自2000年以来持续提高，从2000年的26.2%增加到2007年的74.2%。由于吉林省消费信贷占比较低，因而贷款的很大一部分都形成了投资，而投资的资金来源不仅包括贷款这种间接融资方式，还包括股票发行、企业债券等直接融资方式，因此这一比率会夸大金融中介效率，但即使以此比率来衡量吉林省金融中介的效率仍显偏低。

吉林省金融市场结构亟须完善。吉林省金融市场产品不足，金融企业创新意识不强，集中表现在信贷担保服务不能满足企业需求和企业融资渠道不足两方面。

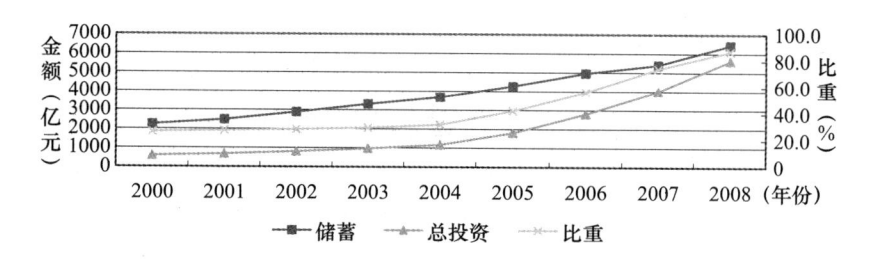

图6.5　吉林省储蓄总额与投资总额对照
资料来源：根据2001—2009年《吉林统计年鉴》有关数据整理得出。

第二节　吉林省债券市场分析

受多种因素的影响和制约，吉林省债券市场仍处于起步阶段，融资能力极其有限。2001—2005年以及2007年，吉林省债券市场债券融资为0，债券市场没有融资功能；2006年，吉林省债券市场债券融资19亿元，占当年吉林省非金融机构融资总量的3.5%，债券市场融资功能微弱；2008年，吉林省债券市场债券融资10.3亿元，占当年吉林省非金融机构融资总量的1.3%，债券市场融资功能进一步弱化；2009年，吉林省债券市场债券融资122亿元，占当年吉林省非金融机构融资总量的8.72%，债券市场融资功能有所提高。但是，与全国相比，短期融资券融资占全国的0.22%，中期票据占1.45%，地方企业债占0.54%，融资规模相对较小。扩大债券市场融资规模将有利于吉林省改善企业融资结构，扩大融资总量。

吉林省债券市场存在的主要问题是债券市场规模较小且发展速度慢、发行方式及品种过于单一、投资者结构不合理、二级市场交易不活跃、信用定价机制不完善、缺乏监督制约机制、基础设施不完善等。

吉林省债券市场发展缓慢，融资能力弱，究其自身原因，主要是债券市场发展因循守旧，缺少创新精神和创新实践。因此，要促进吉林省债券市场发展，必须进行市场创新。吉林省债券市场创新，主要应进行债券种类创新、债券期限创新、债券发行方式创新、债券发行机制创新、债券管理创新、债券兑付创新、债券发行主体创新、债券付息方式创新，等等。吉林省债券市场只有不断地创新，吉林省债券市场才有生命力，融资功能才能不断地增强。

第三节　吉林省农村金融分析

吉林省农村金融分析，主要是对吉林省农村金融机构存贷款分析、吉林省农村金融创新分析和吉林省农村金融存在的问题分析。

一　吉林省农村金融机构存贷款分析

2007年，吉林省涉农贷款余额为1099.1亿元，增速5.55%；2008年，吉林省涉农贷款余额为1198.6亿元，增速17.20%；2009年1—10月，吉林省涉农贷款余额为1301.8亿元，增速17.42%；农村信用社等涉农金融机构积极推进林权、农机具、农村住房和宅基地抵押贷款以及农村土地承包经营权质押贷款试点工作，取得了积极成效；农业银行加大支农贷款力度，2009年前10个月发放"惠农卡"11.7万张，授信金额71.7亿元，发放畜牧业贷款18亿元。截至2009年11月末，村镇银行贷款余额13.7亿元，比年初增长130.5%。全省已开业小额贷款公司67家，贷款余额达7.4亿元。

二 吉林省农村金融创新分析[①]

吉林省不断深化农村金融机构改革，推进农村金融创新，支持农民增收，促进农村经济发展。

第一，构建多层次农村金融服务体系。农村信用社等地方性金融机构全面加入人民银行大额支付系统、小额支付系统、银联卡资金清算系统和票据交换系统，并与各全国性商业银行建立了银行票据代理兑付关系，农村现代支付结算网络初步形成。吉林省农村信用社相继推出农户消费类贷款、农户购买农业机械贷款等金融产品。

第二，创新信贷业务品种和服务方式。农村信用社进一步拓展农户小额信用贷款和联保贷款业务，2008年年末，信用户比例达到50%，贷款最高限额由单户3万元扩大到5万元，农户种植业贷款满足率达到95%。农业银行开展了"公司+农户""农行+新三农""农村专业合作社+社员"等贷款业务。目前，正在推广集小额贷款和代理支付功能为一体的惠农卡，2008年年末，已发行惠农卡63.7万张，覆盖全省农户数的16.1%，利用惠农卡发放农户小额贷款6.3万户、授信金额16.9亿元。

2009年，涉农金融机构总结推出5大类32个创新产品，小额信用循环贷款、信用村+农户、公司+农户、流动客户经理组等农村金融产品和服务方式逐步成熟，并在全省推广。农业银行深入推进股份制改革，并在吉林省设立全国首家畜牧业贷款中心。

第三，创新中间业务产品。支票、汇票和信用卡等支付工具已能够在吉林省农村地区方便使用，部分农村金融机构还开通了网上银行、手机银行等业务。2008年年末，全省农村地区办理支付结算营业网点

---

① 《2008年吉林省金融运行报告》，第一管理资源网（http://guanli.1kejian.com/anli/jinrongbaoxian/31427.html）。

3100个，开通网上银行（含手机银行）客户23万户，累计发行银行卡456万张。代理保险、基金、国债、理财产品等代理业务在农村地区逐步发展，农村金融机构代理业务达到150亿元。

第四，建立农村信用体系。吉林省农联社选择白城、辽源等地区进行农户电子信用档案建设试点，已建立电子信用档案418432户。在白山地区进行的农户信用评价体系试点工作，制定了农户综合信用等级评分体系实施方案，开发农户信用评分管理系统，可实现农户信息录入、查询、批量导入导出、加权评分、权限划分等功能。试点地区对建立档案的B级和C级农户给予提高1万元授信额度的优惠。试点信用社通过该系统共为1800个农户建立电子信用档案，对其中的1099个农户进行信用评分并获得农村信用社授信，授信总额度3800万元，实际获得贷款农户近900户，贷款总额2300万元。

三 吉林省农村金融存在的问题分析

（一）信贷机制不畅，资金供需矛盾尖锐

第一，贷款抵押物缺失。当前，除小额信用贷款及联保贷款外，其余贷款均需要向金融机构提供土地、房产、不动产抵押，而与城市居民住房相比，农村住房价值低且变现能力较差，大多不符合抵押条件。而且，农户其他有价值的生产或生活资料，如牲畜、果树、农具等，也无法作为抵押物。

第二，农户贷款手续烦琐。除了农户小额信用贷款手续较为简便以外，其他种类贷款审批环节较多，一般要经过农户申请、信贷人员考察、信用社主任审批、签订贷款合同等多个环节，有的地方农户贷款还必须首先要到村民小组、村委会签字盖章，然后才能到信用社办理贷款手续。如果贷款额度较大，还要上报县联社主任或贷款审核委员会批准。贷款手续烦琐使得许多农民望"贷"兴叹。农户办好一笔贷款至少需要半个月甚至更长时间。往往是贷款审批下来了，农业生产经营最佳时机已经错过。

第三，责、权、利不对称。为了有效防范信贷风险，实现不良资产余额和不良资产比率"双降"，金融机构普遍实行贷款责任追究制度。但是，对贷款人员相应的激励机制尚未健全，致使部分信贷人员产生

"惧贷""惜贷"心理，宁可少贷甚至不贷，也不愿去冒风险，以致使农户正常的资金需求也无法得到满足。

第四，农户贷款额度、期限与农业产业结构调整不协调。现行农户小额信用贷款及联保贷款是针对传统农业设计的，贷款主要以短期非跨年度性贷款为主，且规定当年贷款当年回笼。现行小额农贷推广模式和现实的不匹配，束缚了小额农贷和农村经济的发展。

（二）农村信用社错位，跳出"农门"趋势明显

国有商业银行的"集体逃离"，使农村信用社成为承担农村金融服务使命和垄断农村金融资源的唯一正规金融机构，出现了"一农支三农"的局面。近年来，农村信用社加大支农投入，成为信贷的主渠道，这也造成了农村信用社长期超负额经营。同时，农村信用社承担着"小额农户信用贷款"这一刚性政策任务，由于执行利率无法实现价格发现和风险管理功能，收益根本无法补偿支农贷款的成本和风险，在历史的包袱与高额成本的逼迫下，再加上自身未实现通存通兑，结算渠道不畅，产权关系模糊，服务功能弱化的缺陷，农村信用社纷纷效仿商业银行，跳出"农门"走商业化自救道路的趋势已日渐明显。

表6.3　吉林省农业对地区经济的贡献及金融对农业支持情况　　单位：亿元

年份	地区生产总值	第一产业产值	第一产业产值占地区生产总值比重(%)	贷款总额	农业贷款	农业贷款占贷款总额比重(%)
1996	1346.79	376.01	27.92	1608.84	59.33	3.69
1997	1464.34	368.16	25.14	1913.61	70.98	3.71
1998	1577.05	429.5	27.23	2118.79	84.60	3.99
1999	1682.07	423.48	25.18	2580.41	117.12	4.54
2000	1951.51	398.73	20.43	2651.18	95.41	3.60
2001	2120.35	409.1	19.29	2828.25	104.31	3.69
2002	2348.54	446.17	19.00	3057.70	118.98	3.89
2003	2662.08	488.15	18.34	3288.87	136.12	4.14
2004	3122.01	568.69	18.22	3435.02	176.63	5.14
2005	3620.27	625.61	17.28	3332.93	207.88	6.24
2006	4275.12	672.76	15.74	3870.30	248.10	6.41

续表

年份	地区生产总值	第一产业产值	第一产业产值占地区生产总值比重(%)	贷款总额	农业贷款	农业贷款占贷款总额比重(%)
2007	5284.69	783.8	14.83	4306.00	326.80	7.59
2008	6424.06	916.70	14.27	4835.9	377.4	7.80

资料来源：根据1997—2009年《吉林统计年鉴》有关数据整理得出。

由表6.3可以看出，尽管农业作为一种基础产业和战略产业，为吉林省经济的发展和社会的进步做出了重要贡献，但金融机构为农业提供的贷款数额及其比重与农业对当地经济发展和社会进步的贡献很不相称。1996年农业贷款占金融机构贷款总额的比重为3.69%，而农业产值占地区生产总值比重为27.92%，二者相比竟是1/8，即使在2005年年初，人民银行长春中心支行会同政府部门下发《加强支农再贷款管理的通知》，积极发放中小金融机构再贷款，农业贷款占金融机构贷款总额的比重仍只有6.24%，仅占农业总产值占地区生产总值比重的1/3左右。农村金融有效供给不足，不能满足农业和农村经济发展对信贷资金和其他金融服务的需求。

(三) 农村资金外流严重，反哺农村作用不够

随着农村经济结构调整和新农村建设的不断深入，农村资金需求呈现多元化、多层次的刚性增长态势，迫切需要与其相适应的金融资金支持。但是，受资金趋利性和农业自身弱质性的影响，各银行普遍采取资金上存的管理体制，即各行在资金管理上由总分行统一管理调配。由此，使农村金融资金供给出现反方向流动趋势：不仅没有发挥农村地区资金"供水站"的作用，反而成为资金的"抽水机"。农民形象地称之为"农村金融是多龙吸水，一龙下雨"。农村资金的"非农化"和持续外流，加剧了农村资金短缺，导致农民融资成本提高，抑制了农村经济发展。

(四) 农业保险发展滞后，农贷资金风险难以转移

吉林省是典型的产粮大省，农业积累率低，大多数农民只能维持简单再生产。由于吉林省财政仍然是"吃饭"财政，农业投入不足，农村基础设施落后，农业生产仍然是靠天吃饭，其潜在风险不言而喻。由

于农民收入水平较低、参保意识不强和参保人数较少,又未建立巨灾风险分散机制和缺少国家财政政策扶持等多种原因,农业保险风险较大,经营成本和赔付率较高,回报率较低,与保险公司在商业经营中追求利润最大化相违背,所以农业保险机构数量少,农业保险业务日趋萎缩。这使得农业生产和农业投资项目缺乏高效的风险分散渠道和风险保障机制,遇到自然灾害和市场价格波动,农户就无力归还贷款。

(五)部分乡镇债务严重,影响农村金融机构经营效益

乡镇政府作为农村金融市场上一个特殊的需求主体,承担着提供农业和农村公共产品的职责,如需要进行农村电网改造、村级水泥路建设、壮大乡镇企业等,以大力提高农业生产力水平,改善农民生产条件,进而促进农民增收和繁荣农村经济。然而,一些地方乡镇政府财政收入有限,加之农业税、一些预算外行政事业收费项目被取消,以前计划利用这些税费来偿还的贷款就失去了还款来源,乡镇政府不得不以财政收入或其他有效抵押品作担保从正规金融机构或通过民间借贷获得贷款,进而形成乡镇负债。乡镇债务过重严重制约了农村经济的发展,还影响了干群关系。有的乡镇办公楼被破产清算还债,乡镇政府部门不得不租房子办公,到年关时债主盈门,乡镇领导被迫关掉手机,甚至躲出去不敢露面,被群众称为"流亡政府"。于是,乡镇政府为了缓解财政支付压力或弥补财政资金不足而大量挤占农村金融机构信贷资金,导致农村银行、农村信用社信贷资产质量日益下滑,不良贷款比重急剧攀升,严重影响了农村金融机构持续发展能力。

(六)非正规金融隐患较大

第一,农村民间借贷在一定程度上缓解了正规金融供给不足,但借贷利率较高,加重了个人和企业负担。在我国,民间互助的传统历史悠久,根深蒂固,特别是在二元经济结构严重的广大农村。近年来,随着吉林省农村经济结构和产业结构的不断调整,农村经济日益活跃。虽然吉林省农民收入水平比全国平均水平略高,特别是近年来收入水平有较大增长,但大多数农户发展生产仍感到资金缺乏。国有商业银行、农村信用社受贷款"三性"(流动性、安全性和营利性)、资产负债比例、资金投向、贷款用途等多种因素的制约,服务的对象主要以集体企业、乡镇企业等为主,对于面广、量大、额小的农户生产性和生活性借贷,

· 143 ·

第二篇　金融市场与金融结构

无法提供及时有效的金融服务，而民间借贷恰好起到了拾遗补阙的作用。它在很大程度上填补了农村金融萎缩所带来的市场空白，缓解了农村金融压力，调节了农村资金的余缺，加速了农村社会资金的周转，有利于农业生产的顺利进行，有利于农村经济的发展。

目前，民间借贷除极少部分参照银行利率外，一般为市场化利率，由融资双方协商确定，与此同时，农村民间金融处于彼此相分割的状态，资金、信息难以自由流动，从而无法通过竞争来降低利率，因此利率一般为2—3分，有的高达5分。有些个人和企业在向正规金融机构贷款无望的情况下，不得不把贷款目标转向民间。这加重了个人和企业原本就已沉重的负担。

第二，借贷手续简便，方式灵活，但经营混乱，经营风险很大，债务纠纷频繁。农村民间金融活动一般基于血源、亲缘、地缘和业缘关系，融资双方比较了解，融资信息通畅，能有效地克服信息不对称问题。在民间借贷活动中，对于借贷期限、借贷利率、借贷金额等都没有统一的规定，只要借贷双方同意即可达成协议（口头协议或书面借据），不受国家信贷政策和贷款程序的约束，比较符合农民的交易习惯和社会心理。由于农村民间金融处于政府监管视野以外，所以难以保证贷出资金的安全性。因此，面临较大的经营风险。

以上分析表明，无论是吉林省正规金融机构，还是非正规金融机构，都在一定程度上存在着缺陷。农村金融发展必须坚持以科学发展观为指导，按照统筹城乡经济金融协调发展的根本要求，深化农村金融体制改革，消除农村金融抑制，建立适应社会主义农村市场经济发展根本要求的，体制健全、功能完善、产权明晰、分工合理、开放有序、适度竞争、监管有力、调控有效、和谐发展、适度宏观调控与市场化取向相结合的农村金融结构，实现农业和农村经济可持续发展和农村金融结构变迁的有机互动和"双赢"。

参考文献

1. 李体锋：《吉林农村金融服务创新渐入佳境》，《金融时报》2009年3月19日。

2. 黄燕芬：《我国金融安全的现状及其对社会稳定的潜在影响》，《教学与研究》2004 年第 5 期。

3. 叶莉、陈立文、张惠茹：《我国银行业现状及其对金融安全的潜在影响》，《改革与战略》2008 年第 1 期。

4. 景坚：《中小投资者的困境成因分析》，硕士学位论文，内蒙古大学，2004 年。

5. 张艳林：《关于建设社会主义新农村的路径研究》，硕士学位论文，西安工业大学，2007 年。

6. 周光友、罗素梅：《中国的金融安全与社会稳定》，《未来与发展》2005 年第 1 期。

7. 赵俊强、韩琳：《信用风险转移市场中的信息不对称及对策研究》，《当代经济管理》2008 年第 2 期。

8. 黄燕芬：《维护我国的金融安全与社会稳定》，《新视野》2004 年第 4 期。

9. 徐景波：《吉林省保险市场竞争态势研究》，硕士学位论文，东北师范大学，2010 年。

10. 赵志恒、孙秀梅：《我国金融风险成因探析》，《商业时代》2006 年第 6 期。

11. 黄林嫚：《加强管理　寻求对策　转危为机——浅谈应对世界金融海啸的对策》，《中国经贸导刊》2009 年第 14 期。

12. 付裕：《发挥征信对我省改善信用环境扩大信用交易的推动作用》，《协商新报》2008 年 7 月 25 日。

13. 沈莹：《积极促进民营经济参与国有经济战略重组》，《国有资产管理》2001 年第 7 期。

14. 孙洁、李威：《打造良好金融环境　加快龙江经济振兴》，《哈尔滨学院学报》2005 年第 3 期。

15. 邓洪：《债券业务创新：解决我国商业银行资产负债期限结构错配问题的现实选择》，《南方金融》2005 年第 8 期。

16. 马超：《吉林省农村信用社竞争力提升对策研究》，硕士学位论文，吉林大学，2010 年。

17. 尤秀丽：《吉林省国有资本流动问题研究》，硕士学位论文，吉林大学，2006 年。

18. 张弥：《非公有制经济发展与国有经济战略性调整》，《财经问题研究》2006 年第 2 期。

19. 李博：《农村金融的结构性问题及政策建议》，《理论探索》2007 年第 4 期。

20. 叶莉:《金融全球化条件下我国金融安全问题研究》,博士学位论文,河北工业大学,2008年。

21. 任延:《东北经济振兴的金融支持研究》,硕士学位论文,新疆财经大学,2010年。

22. 吉林省统计局:《2007年吉林省统计年鉴》,中国统计出版社2007年版。

23. 吕静秋、董竹、孙婷:《吉林省中小金融机构现状与发展对策》,《当代经济》2009年第8期。

24. 孙婷:《发展吉林省中小金融机构策略研究》,硕士学位论文,吉林大学,2008年。

25. 谌争勇:《我国农村金融的现实审视与路径选择》,《当代经济研究》2008年第4期。

26. 谌争勇:《城乡统筹发展视角下我国农村金融体制的构建》,《海南金融》2008年第3期。

27. 谌争勇:《农业现代化视角下我国农村金融的现实审视与理性路径》,《湖湘三农论坛》2008年第0期。

28. 董竹、于江、孙婷:《吉林省中小金融机构发展策略研究》,《吉林金融研究》2008年第9期。

29. 谌争勇:《我国金融支农的瓶颈制约及破解路径——基于对湖南省四市农村金融服务的实证分析》,《上海金融学院学报》2008年第1期。

30. 蔡晨:《农村金融的供求失衡分析》,硕士学位论文,西南财经大学,2008年。

31. 谌争勇:《金融支农的瓶颈制约及破解路径——对湖南省四市农村金融服务的实证研究》,《金融会计》2008年第2期。

32. 曹汝华:《吉林省农村金融发展状况调查》,《银行家》2006年第8期。

33. 阮素梅:《新农村建设筹资问题研究——基于安徽省情的实证分析》,《经济问题》2007年第10期。

34. 张红霞:《吉林省农村金融市场存在的问题与对策研究》,硕士学位论文,中国农业科学院,2007年。

35. 黄绪江、童星:《英孟加拉乡村银行的启示》,《武汉金融》2007年第3期。

36. 杨连波:《关于建立支农信贷风险转移机制的思考》,《农村经济》2008年第1期。

37. 《2008年吉林省金融运行报告》,第一管理资源网(http://guanli.1kejian.com/anli/jinrongbaoxian/31427.html)。

38. 王小平：《山西省农村信贷产品和金融服务方式创新调查》，《中国金融》2008 年第 13 期。

39. 谌争勇：《金融支农的瓶颈在哪里——来自湖南四市的调查》，《金融经济》2008 年第 5 期。

40. 谌争勇：《我国农村金融的现实审视与理性路径：一个基于统筹城乡发展的视角》，《贵州财经学院学报》2008 年第 3 期。

41. 文卫、袁英：《论新农村建设下的金融供需失衡及成因分析》，《金融与经济》2009 年第 2 期。

42. 周世军：《安徽新农村建设中的金融支持研究》，硕士学位论文，安徽工业大学，2008 年。

43. 许咏梅：《我国农村民间金融的现状、问题与对策》，《安徽农业大学学报》（社会科学版），2004 年第 2 期。

44. 罗茹月：《我国农村金融体系发展现状及今后改革重点——基于农村金融需求视角》，《企业研究》2010 年第 20 期。

45. 杨明：《吉林省新农村建设的金融支持》，《吉林工商学院学报》2009 年第 3 期。

46. 丁晨：《我国农村非正规金融发展与农民收入增长关系研究》，硕士学位论文，湘潭大学，2010 年。

47. 李维斌：《金融服务"三农"亟待突破》，《吉林金融研究》2008 年第 12 期。

第七章　金融市场演化分析

金融市场演化分析，主要分析金融系统的动态演化，金融系统的创新完善，金融市场创新影响金融结构演进。

第一节　金融系统的动态演化

为了从理论上分析金融结构转变与实体经济结构升级的作用机制，本文做出如下两个前提假定：（1）经济领域从宏观上可以分为两大部门：一是实体经济部门，二是金融部门；（2）当经济均衡发展时，金融部门和实体经济部门的资本配置最合理，达到合适比例，经济才能实现最大化增长。

根据 H. 钱纳里、S. 鲁宾逊、M. 塞尔奎因发表的《工业化和经济增长的比较研究》一书的结论，认为随着经济的发展，收入的增加，消费结构的提升，会带动产业结构和其他经济结构的不断升级，促进经济发展，进而认为经济结构的变动起因于消费结构的变动。在前文假定的基础上，将经济部门细分为传统和新兴两大部门，用 A 代表传统部门，用 B 代表新兴部门。需要说明的是：A 部门包括隶属于实体经济的传统产业部门和为传统产业部门提供金融服务的传统金融服务部门；同理，B 部门包括隶属于实体经济的新兴产业部门和为新兴产业部门提供金融服务的新兴金融服务部门。决定经济结构（包括产业结构和金融结构）提升的主要是 B 部门。本文分别用 K_{1a}、K_{2a} 表示 A 部门中的传统产业部门和传统金融服务部门的资本存量，分别用 K_{1b}、K_{2b} 表示第二大部门中的新兴产业部门和新兴金融服务部门的资本存量。当经济均衡发展时，一方面 A 部门的传统产业部门和传统金融服务部门的资本配置最合理，达到合意比例 $K_a^* = \frac{K_{2a}^*}{K_{1a}^*}$，另一方面 B 部门的新兴产业部门和新兴金融服务部门的资本配置也最合理，达到合意比例 $K_b^* = \frac{K_{2b}^*}{K_{1b}^*}$。根据前述假设，可以构造产出函数，具体形式为：

$$Y = F(K_a, K_b)$$
$$s.t. ; K_a + K_b = K, K_{1a} + K_{2a} = K_a, K_{1b} + K_{2b} = K_b \tag{1}$$

在实体经济结构和金融结构不变，且 A 部门和 B 部门都处于稳定增长状态时，整个经济处于稳定增长状态。此时，A 部门和 B 部门的投资率、金融资本存量和实体资本存量的合意比例不变，金融深化程度不变，金融结构相应也未发生变迁。

用 k_a 和 k_b 分别表示 A 部门和 B 部门的内部结构，当经济均衡增长时，A 部门和 B 部门的实体经济部门和与金融部门的资本存量达到合意比例，那么就有：

$$k_a^* = \frac{K_{2a}}{K_{1a}} \qquad k_b^* = \frac{K_{2b}}{K_{1b}} \tag{2}$$

随着经济的发展，财富的增加，消费者的消费结构会不断升级，对低质量、低档次的产品的需求会趋于减小，对高质量、高档次产品的需求量会不断增加，过去时期的奢侈品今天转变为生活必需品，由此，导致实体经济部门的产业结构必须不断升级，即实体经济结构是不断改变的。同时，由于消费结构的提升，高质量、高档次的产品生产过程更为迂回和复杂，因此，生产必然需要加大对人力资本、技术开发等的投资，结构升级的产品部门即新兴部门中的实体经济部门投资会增加，且需要新兴部门中的金融部门提供更大规模、更复杂的金融服务，与之相适应，传统部门的实体经济部门投资必然在需求萎缩下不断减小，服务于传统实体经济部门的金融部门的投资也会减少，即 K_{1a} 和 K_{2a} 会不断减小，K_{1b} 和 K_{2b} 会不断增加，即在结构升级过程中，K_a 的投资趋于减小，K_b 的投资会趋于增加。

根据休·帕特里克的"需求遵从"和"供给主导"理论，实体经济结构升级，金融结构必然转变，实体经济规模的扩大，必然要求金融部门提供更大规模、更多品种、更为复杂的金融服务。根据这一理论，我们可以认为，为同等数量的实体经济资本存量提供的金融服务，决定经济结构提升的 B 部门比 A 部门会需要更多的金融服务。即 B 部门的合意比例大于 A 部门的合意比例：

$$K_b^* > K_a^* \tag{3}$$

由于本文研究结构变迁问题的前提是总量不变，即实体经济部门和金融部门所提供的产品和服务品种不变，只是每种产品或服务的相对规模发生了变化，因此，结构转变过程中，A 部门和 B 部门的合意比例是不变的，进而：

$$\frac{K_{2a} - \Delta K_{2a}}{K_{1a} - \Delta K_{1a}} = K_a^* \qquad \frac{K_{2b} + \Delta K_{2b}}{K_{1b} + \Delta K_{1b}} = K_b^* \tag{4}$$

由于经济发展总的预算约束在一定时期内是一定的，则结构转变过程中，B 部门的新增投资不能无限制增加，此时，在消费需求对实体经济结构的导向作用下，在新兴实体经济部门对新兴金融部门提供金融服务的导向作用下，经济结构转变时期，社会可用资源会从 A 部门流出，流向 B 部门，即：

$$\Delta K = \Delta K_a = \Delta K_{1a} + \Delta K_{2a} = \Delta K_{1b} + \Delta K_{2b} \tag{5}$$

在此基础上，通过数学推导，可得：

$$\frac{\Delta K_{1b}}{\Delta K_{1a}} = \frac{1 + k_a^*}{1 + k_b^*} \tag{6}$$

结合式（3）可得：

$$\frac{\Delta K_{1b}}{\Delta K_{1a}} = \frac{1 + k_a^*}{1 + k_b^*} < 1 \tag{7}$$

进而，有：$\Delta K_{1b} < \Delta K_{1a} \qquad \Delta K_{2b} > \Delta K_{2a} \tag{8}$

$$\Delta K_{1a} - \Delta K_{1b} = \Delta K_{2b} - \Delta K_{2a} \tag{9}$$

因此，实体经济结构升级将带动金融结构发生相应的转变，通过社会资源的流动表现出来，即实体经济结构升级使资源从 A 部门（传统）流出，流入 B 部门（新兴），且内部结构变动表现为从传统实体经济部门流出的资源 ΔK_{1a} 大于流入新兴实体经济部门的资源 ΔK_{1b}，多出的部分流入了新兴金融部门，从而导致流入新兴金融部门的资源 ΔK_{2b} 大于从传统金融部门流出的资源 ΔK_{2a}，说明新兴部门中结构提升后等量的实体资本存量需要的金融服务高于结构提升前需要的金融服务。

根据前述分析,在结构转变过程中,新兴部门生产同样产品需要的过程更加复杂,生产同样产品需要的投资者更多,则新兴部门投资率 I_b 会增加,传统部门投资率 I_a 会降低,必然有 $I_b > I_a$。同时,在结构转变进程中,由于 A 部门的资本存量流出,流入到新兴部门 B,则会出现 A 部门投资等量减少,而 B 部门投资等量增加。若令 ΔI_a 表示在结构转变过程中 A 部门减少的投资,令 ΔI_b 表示在结构转变过程中 B 部门增加的投资,则有如下关系式成立:

$$\Delta I_a = \Delta I_b = \Delta K \tag{10}$$

又根据投资乘数原理,在新兴部门 B 增加的投资 I_b 会使得 B 部门增加 $\Delta Y_b = \dfrac{\Delta I_b}{1 - I_b}$ 的产出。由于 $I_b > I_a$,且 $\Delta I_a = \Delta I_b$,则:

$$\Delta Y_b = \frac{\Delta I_b}{1 - I_b} > \frac{\Delta I_a}{1 - I_a} = \Delta Y_a \tag{11}$$

上式说明 B 部门的新增投资所带来的产出大于 A 部门减少等量投资所减少的产出,进而会增加总的社会产出,使经济总产出呈现一个加速增长的过程。

在此基础上,可推导出如下四个关系式:

$$\Delta K_{2a} = \Delta K - \Delta K_{1a} = \frac{k_a^*}{1 + k_a^*}\Delta K = (1 - \frac{1}{1 + k_a^*})\Delta K \tag{12}$$

$$\Delta K_{2b} = \Delta K - \Delta K_{1b} = \frac{k_b^*}{1 + k_b^*}\Delta K = (1 - \frac{1}{1 + k_b^*})\Delta K \tag{13}$$

$$\Delta K_{1a} = \Delta K - \Delta K_{2a} = \frac{1}{1 + k_a^*}\Delta K \tag{14}$$

$$\Delta K_{1b} = \Delta K - \Delta K_{2b} = \frac{1}{1 + k_b^*}\Delta K \tag{15}$$

将式(12)至(15)进行简单计算,可分别得出整个金融部门和整个实体经济部门资本存量的增加量:

$$\Delta K_2 = \Delta K_{2b} - \Delta K_{2a} = \frac{k_b^* - k_a^*}{(1 + k_a^*)(1 + k_b^*)}\Delta K \tag{16}$$

$$\Delta K_1 = \Delta K_{1b} - \Delta K_{1a} = \frac{k_a^* - k_b^*}{(1 + k_a^*)(1 + k_b^*)} \Delta K \quad (17)$$

结合式（3）有：$\Delta K_2 > \Delta K_1$ (18)

因此，在结构变迁过程中，不仅整个金融部门的金融资本存量增加值高于整个实体经济部门的资本存量增加值，而且在新兴部门 B 中金融资本存量增加值高于实体经济资本存量增加值，金融部门会出现高于经济增长的加速增长，进而金融深化程度会加快。

第二节 金融系统的创新完善

为了研究金融市场创新与金融风险的关系，Peter Tufano（2002）将金融创新分解为工具创新与过程创新。工具创新是指新的金融工具、金融服务或投资组合创造和推广的过程；过程创新即围绕工具创新而产生的金融创新，包括金融制度创新、机构创新、市场创新和监管创新等方面。金融风险的产生，一是由于不合理的金融创新（针对同一标的产品进行的重复资产证券化），二是由于工具创新和过程创新不匹配。前者可以通过法律法规规避；后者可以通过完善过程创新，实现与工具创新的匹配，在优化区域金融结构的同时，实现风险管理水平的提升。

借鉴 Peter Tufano 的研究成果，将金融市场创新划分为工具创新和过程创新两部分内容。由于金融机构拥有逐利性动机，进而假设与政府部门、监管部门和普通市场参与者相比，金融机构进行工具创新的意愿更强。工具创新可能源于实体经济发展的需要，也可能是金融机构逐利性动机使然；而过程创新则由制度创新、监管创新、市场创新和机构创新构成，其中制度创新和监管创新属于监管机构与政府行为，一般来说属于适应性调整过程，是金融深化的实现过程；机构创新则由金融机构主导，是为了满足差异化、特色化服务的需要而出现的新的金融组织形式；而市场创新则是政府部门监管与金融机构业务开展之间的融合过程。在此基础上，利用图 7.1 来展示金融市场创新、金融深化与金融风险三者之间的关系。

由图 7.1 可以看出，由于实体经济需要或金融机构逐利性动机

第七章 金融市场演化分析

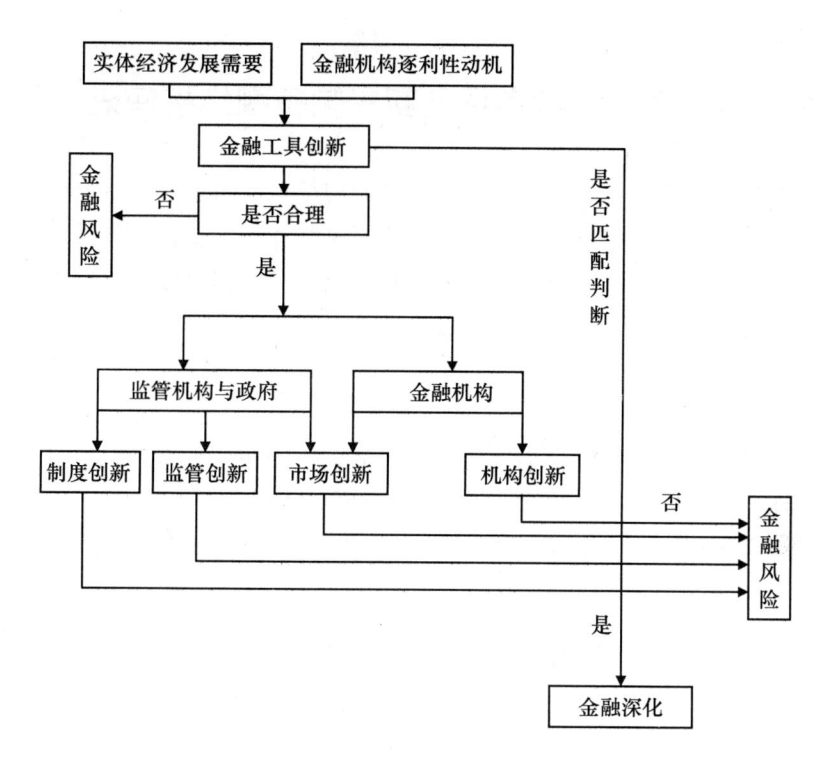

图 7.1 金融市场创新、金融深化与金融风险

(利益驱动、风险偏好和规避监管),金融机构具有强烈的金融工具创新动机,这将使得新的金融工具不断涌现。当然,不合理的工具创新会带来金融风险,并且会对区域经济产生不利影响;而合理的工具创新也必须有配套的过程创新跟进,方可保证充分发挥其优势的同时,避免其可能被投机者过度利用而导致的金融风险。需要特别说明的是,一个好的金融工具创新必须有与之匹配的制度创新、监管创新、市场创新和机构创新对其予以规范,才能保证其服务实体经济增长,而不被投机者钻空子或滥用导致金融风险。这一过程就是金融创新的过程,同时也伴随着金融结构变迁,属于金融深化的过程。若过程创新较好地匹配了工具创新,则金融创新取得成功,金融结构得到优化;反之,则意味着金融创新有待商榷,后者应在制度创新、监管创新、市场创新、机构创新等方面予以强化。

第二篇　金融市场与金融结构

第三节　金融市场创新影响金融结构演进

　　根据科斯等人的研究，只有当制度非均衡状态出现时，制度变迁才有可能发生，而且，只有制度供给无法满足制度需求时，诱致性制度变迁才有可能发生，且诱致性制度变迁除了成本和时间上的因素之外，要优于强制性制度变迁。分析吉林省金融结构面临的供需状态，进而研究金融结构变迁的模式和结果，对于明晰未来吉林省金融发展方向是大有裨益的。

　　金融结构对经济发展的作用是明显的，一般来说，金融结构不会过分超前或落后于经济发展水平，最理想的状态就是二者实现协调发展。鉴于金融在现代经济中的核心作用，政府干预在金融结构变迁中发挥了不可低估的作用。

　　伴随改革开放的深入，经济市场化程度日益提高，企业行为日趋独立，产权改革、企业改制、金融机构兼并重组，吉林省已形成了适应市场经济的企业群体，此时，讲求成本效益、追求利润、相互竞争的企业群体成为主体。由于企业行为的变化，要求金融结构产生与之相适应的改革，尤其是银行自主经营需求日益增强，银行必须摆脱政府的桎梏而独立存在，即银行必须要成为有自身利益的、对金融资产有保值增值责任的企业法人，而割断银行与企业之间单向的资金供应关系应是吉林省亟待解决的问题。

　　由于财税体制改革后，地方政府的财权与事权不匹配，为保证经济增长，完善地方基础设施，优化投资环境，地方城市商业银行成为了地方政府的备用金库，担负起保障地方政府资金需求的重任。但由于基础设施类项目一般不具备营利能力，项目实施主体多为政府融资平台，主要依靠政府信用实现融资，看似市场化运作的项目，其背后实质是一种政府行为。加之城信社的资金成本相对较高，而政府融资平台"以贷倒贷"的融资模式风险极大，致使该类项目的资金链条问题亟须解决。这里有两个问题需要重视：一是如何构建良性的地方经济发展与金融支持间的互动关系；二是如何妥善化解融资平台类贷款风险问题。吉林省通过对域内城商行、城信社等金融机构整合组建了吉林银行，并在政府的支持下通过财政回购的方式完成了不良资产剥离,同时将部分优质股权注入吉林银行,增加吉林银行抵御风险的能力,更是提升了其服务域内经济发展的实力,由此第一个问题在吉林省内得到了相对较好的解决。而第二个问题,属于全国性问题,其解决的办法需要金融机构与政府部门共同研究、探讨。

综合来看,吉林省金融结构变迁的诱致性因素日益明显,即吉林省金融结构变迁正在从被动适应经济改革需要,转向在金融行业推动下的主动的市场化转型。

参考文献

1. 马少康:《产业发展与金融结构变迁的关联性》,硕士学位论文,吉林大学,2008年。

2. 王莹:《中国金融发展与经济增长关系的实证研究》,硕士学位论文,吉林大学,2006年。

3. 金燕:《金融结构优化对经济结构升级的作用》,硕士学位论文,西南财经大学,2007年。

4. 黄虎:《我国银行信贷对经济增长的影响研究》,硕士学位论文,中南大学,2009年。

5. 周春果:《我国金融结构与经济增长关系的实证研究》,硕士学位论文,首都经济贸易大学,2004年。

6. 范方志、张立军:《中国地区金融结构转变与产业结构升级研究》,《金融研究》2003年第11期。

7. 张立军:《中国地区金融结构转变与产业结构升级研究》,硕士学位论文,湘潭大学,2004年。

8. 王晓清:《金融发展影响产业结构变迁的实证分析》,硕士学位论文,南京财经大学,2008年。

9. 戴胜兵:《中部地区金融结构调整与产业结构升级研究》,硕士学位论文,湖南大学,2008年。

10. 朱新华:《基于金融结构调整的广西产业结构升级研究》,硕士学位论文,广西大学,2008年。

11. 杨莲城:《我国产业结构调整中的金融问题研究》,硕士学位论文,中国石油大学,2008年。

12. 段吉平:《促进衡阳市区域经济增长的银行信贷支持研究》,硕士学位论文，中南大学，2009年。

13. 夏书亮：《山东省建设经济强省的金融支持研究》，硕士学位论文，山东大学，2009年。

14. 陈勇、胡雪琴：《论环渤海城市群金融发展对产业结构变迁的影响》，《现代财经》（天津财经大学学报）2008年第10期。

15. 杨国辉：《中国金融对产业结构升级调整的影响研究》，博士学位论文，华中科技大学，2008年。

16. 祝晓波：《区域金融结构与区域经济发展》，硕士学位论文，东北师范大学，2004年。

17. 张跃文：《中国金融制度变迁的经济学分析》，博士学位论文，吉林大学，2005年。

18. 桑朝阳：《制度、制度变迁与我国金融制度变迁研究》，硕士学位论文，中国海洋大学，2006年。

19. 杨琳、李建伟：《金融结构转变与实体经济结构升级（上）》，《财贸经济》2002年第2期。

第八章 吉林省金融市场创新影响金融结构变迁分析

吉林省金融市场创新影响金融结构变迁分析，主要是分析研究对象本质及其运行，进而得出初步结论。

第一节 研究对象本质分析

研究吉林省金融市场创新影响金融结构变迁，先要明确金融市场创新和金融结构的含义。关于金融市场创新的含义，虽然观点很多，但是，我们基本赞同陈岱孙和厉以宁（1991）的观点，[1] 他们认为，金融市场创新就是在金融领域内建立新的生产函数，是各种金融要素的新的结合，是为了追求利润机会而形成的市场改革。它泛指金融体系和金融市场上出现的一系列新事物，包括新的金融工具、新的融资方式、新的金融市场、新的支付清算手段以及新的金融组织形式和管理方法。关于金融结构的定义，我们赞同雷蒙德·W. 戈德史密斯（1969）的观点，[2] 他认为，金融结构是一国经济运行中金融工具、金融市场和金融机构的综合，从数量上描述，不是一个单一的指标，而是一套指标体系；金融结构的变化就代表了金融发展水平的变动。

从上面金融市场创新和金融结构的含义，可以认为，金融市场创新

---

[1] 陈岱孙、厉以宁：《国际金融学说史》，中国金融出版社1991年版，第102页。
[2] 劳平、白剑眉：《金融结构变迁的理论分析》，《厦门大学学报》（哲学社会科学版）2005年第3期。

影响金融结构变迁，实质上是金融市场创新的直接反映与间接效应。因此，研究吉林省金融市场创新，就是研究吉林省金融市场创新影响金融结构变迁。

第二节 研究对象运行分析

近几年，吉林省金融市场创新主要表现在两个方面：一是创建新型农村金融机构；二是创建政府融资平台。吉林省金融市场创新，推动了吉林省金融结构的变迁。

一 吉林省新型农村金融机构推动金融结构变迁

（一）吉林省新型农村金融机构发展分析

为解决农村金融市场发展相对滞后的问题，2006年12月，人民银行、银监会等部门进行体制创新，调整放宽了农村地区金融机构准入政策，在全国部分省（市）进行新型农村金融机构开设试点。新型农村金融机构包括村镇银行、贷款公司、农村资金互助社等。吉林省作为试点地区之一，从2007年到2009年10月末，共新设了6家村镇银行，这些机构肩负引领资金流向农村、活跃当地金融市场、增强县域"三农"服务能力的重任。新型农村金融机构自开业以来，积极面向"三农"和小企业拓展业务，两年多来整体运行状况平稳。

吉林省的6家村镇银行成立后，都把经营目标定位于农村，做好"三农"和县域金融服务工作；把经营目标和客户群体锁定在缺少金融支持的农民和涉农个体经营者身上。根据当地农业和农村经济发展的实际情况创新产品，按照市场化原则开展经营，形成贴近农村实际的贷款产品和业务操作流程，全面推进了吉林省县域经济的发展。

截至2009年10月末，全省6家村镇银行实收资本10000万元，存款余额183966万元，贷款余额134402万元，不良贷款余额806.4万元，不良贷款率0.6%，累计发放农业贷款136395万元，累计发放私营及个体经营贷款131259万元，累计实现利息收入9651.9万元，利息回收率为93.1%，累计实现利润2611.8万元。2008年年末，多数村镇银行都向股东进行了分红。

第八章 吉林省金融市场创新影响金融结构变迁分析

吉林省新型农村金融机构以创新求发展：

第一，创新服务方式。村镇银行的机构全部设在县区，主要的服务对象是农民和涉农个体经营者。针对农民交通不便、空闲时间少等困难，村镇银行为了方便农民存取款和办理贷款，通过延长营业时间、上门取送款、上门办理贷款等方式为农民提供便捷的服务。既方便了农民办理业务，又提高了村镇银行的社会公信力与知名度。同时，他们还在查找农村金融服务死角方面下功夫，通过市场调查，在原有各金融机构撤销的信用站、代办站等站点，设立协储员，扩大服务网络，这一便民举措赢得了广大储户的认可与赞誉。

第二，降低贷款"门槛"。截至2009年10月末，全省6家村镇银行共发放贷款134402万元，比年初增加了75095万元，增长率高达126.62%，其中农业贷款61337万元，比年初增加22346万元，增长36.43%。

第三，注重调查分析，支持企业融资。村镇银行的信贷工作人员在发放贷款时，采用实地调查的方法，通过查看账目、核对票据、盘点库存、走访上下游客户等对企业进行贷款技术分析，做出企业的"资产负债表""损益表"，确认其第一还款来源、信用程度等，从而决定是否可以给予贷款及贷款的额度。而抵押和担保只是辅助，不是判断能否贷款的主要依据。截至2009年10月末，全省6家村镇银行共发放私营企业及个体贷款3192万元，比年初增加2377万元，增长291.66%。

第四，结合地区实际，创新信贷产品。全省6家村镇银行根据本地区经济发展和自然条件的不同，结合地区经济发展的信贷需求，积极创新适合本地区的信贷产品。截至2009年10月末，全省6家村镇银行共创新信贷产品23个，如"兴业宝""银行+保险+农户""林权抵押贷款"等，有力地支持了不同群体的资金需求。

吉林省农村金融创新取得了长足进步，但制约创新的深层次矛盾仍然较多，因此，应继续深化农村金融改革，进一步完善有序竞争的农村金融服务体系；建立农村金融服务创新的财税政策激励机制，构筑以农业担保公司和农业保险为主体的涉农贷款风险分担机制，明确农村可抵押标的物范围和流转政策。

（二）吉林省新型农村金融机构存在的问题分析

一是经营规模小，存款来源不足。全省村镇银行的营业网点较少，而且缺乏现代化金融服务手段，对绝大多数农村居民的吸引力较小。另外，村镇银行设立于我国广大的农村贫困地区，这些地区的自然条件和开放程度有限，居民收入水平不高，农民和乡镇企业闲置资金少，客观上制约了村镇银行储蓄存款的增长。而且，农村居民对村镇银行的认可程度较低。二是配套政策法规不健全。针对村镇银行的财政支持、税收优惠、业务管理等没有具体规定。三是信用环境差，贷款风险大。农村信用环境是村镇银行业生存与发展的基础，但目前农村信用环境不容乐观。四是金融生态环境较差，同时，金融监管不够。

二　吉林省政府融资平台推动金融结构变迁

（一）吉林省政府融资平台发展分析

为了加快吉林省城市化进程，加速城市基础设施建设，改善居民生活，吉林省建立了政府融资平台，建立一系列的专业投融资公司或事业单位承担建设任务，利用这些单位法人承接银行资金或信托资金，通过适度举债先行投入基础设施建设，并借助于未来的税收增长偿还债务。这一模式对加速吉林省经济发展起到了重要作用，同时，也推动了吉林省金融结构变迁。

吉林省政府融资平台是依托政府信用和财政支持，通过市场化机制运营的城市基础设施建设和公益项目投融资平台，是在《预算法》中地方政府预算"不列赤字"约束条件下，社会资金参与政府公共物品生产的一种新的形式。目前吉林省有融资平台共163家。截至2009年年末，吉林省金融机构对各类融资平台发放贷款余额1958.8亿元，比2008年增长58.5%，占吉林省人民币贷款余额的28%。

吉林省政府融资平台的融资特点：

第一，融资以贷款为主，渠道相对单一。调查显示，融资平台贷款筹资1958.8亿元，占筹资额的93.71%；其余为政府借款和政府投资94.2亿元，发债融资22.2亿元，采用理财产品方式筹资0.5亿元。

第二，贷款增长速度快，分布相对集中。2008年以后新设立融资平台37家，占比22.7%；2009年融资平台新增贷款723.4亿元，占吉林省人民币新增贷款的 37.18%。从贷款分布看,一是客户集中,前十大融资平台贷款 1336.68 亿元,占全部融资平台贷款的 68.24%,占吉林省人民币贷款的 21.43%;二是行业集中,贷款中,交通业、公共设施、房地产业分别为 904.9 亿元、379.4 亿元、276.3 亿元,合计 1560.6 亿元,占比 79.7%;三是向中长期贷款和项目贷款集中,项目贷款 1726.5 亿元,占比 88%。从期限上看,3 年期以上贷款余额 1270.9 亿元,占比 64.9%。

第三,机构参与广泛,市场份额分散。在被调查的 17 家金融机构中,除农发行、邮储外,15 家对融资平台贷款介入程度不同,占全部调查单位的 88%。从余额上看,政策性银行(国开行)贷款最多,占比 48.59%,国有商业银行占比 28.39%,股份制银行占比 8.8%,地方性金融机构占比 14.2%。从市场份额变化情况上看,2009 年随着项目的陆续完工和贷款陆续到期,国开行新增贷款 192.24 亿元,占增量的 29.84%。国有商业银行和股份制银行迅速跟进,2009 年新增平台贷款分别为 348.55 亿元和 72.39 亿元,分别占融资平台贷款增量的 54.11% 和 11.24%;地方性金融机构相应控制投放,增量占比 4.8%。

第四,担保贷款居多,财政性质担保比例过高。据调查,吉林省政府融资平台贷款中,担保贷款 1522.1 亿元,占 78.2%;信用贷款 436.7 亿元,占 22.3%;担保贷款中财政担保 250.4 亿元,财政各类公共事业收费权利质押 902.8 亿元,合计占比 58.9%;国有土地使用权抵押 274.8 亿元,占比 14.03%。

第五,资产质量良好,利率水平优惠。由于融资平台贷款多为近几年发放,贷款期限普遍较长,目前不良贷款率较低,且呈下降趋势。截至 2009 年年末,融资平台正常类贷款 1824.7 亿元,占比 93.15%,比年初上升 3.8 个百分点,信贷资产质量进一步改善。良好的资产质量促使金融机构争相抢夺优质客户,利率普遍实行优惠。据统计,截至 2009 年年末,融资平台贷款中执行利率下浮、基准利率和利率上浮的分别占 41.37%、44.3% 和 14.33%,与 2008 年相比,执行下浮和基准的比例分别提高了 0.16 个和 2 个百分点,执行利率上浮的下降 2.2 个百分点。

（二）吉林省政府融资平台存在的问题分析

第一，资产负债率提高，负债能力面临考验。综合衡量吉林省财政对融资平台债务的支付能力，目前债务负担率[①]为24.36%；债务依存度[②]为46%；偿债率[③]超过50%。随着政府债务规模的不断扩大，融资平台偿债支出对财政支出和收入形成的压力相对较大。

第二，违约风险较大。一是政府信用没有法律依据。《财政部关于规范地方财政担保行为的通知》明确要求地方政府预算不列赤字，不得出具担保。二是市政建设项目贷款长期分摊的还款方式与政府任期相对较短形成矛盾。三是信贷约束机制无法有效发挥作用。融资平台的性质决定资金借贷主体与使用主体存在不一致，地方政府未能统筹考虑自身还款能力，政府借钱、企业用钱，缺乏信贷约束机制。四是易形成银行业整体偿贷风险，违约损失巨大。政府投融资平台内部组织结构和相互间的债权债务关系复杂，一个融资平台往往与多个金融机构形成借贷关系，政府财政还款能力下降不仅仅对某个金融机构造成巨大的损失，而且可能出现系统性违约风险。

第三，贷款审核和利率定价困难。政府融资平台背景和地位特殊，商业或运营程度较低，其项目资本金和收益信息不透明，银行难以有效测算，对于"一级财政多个融资平台""一个平台多个项目""同一平台多头授信"等现象，如吉林省交通厅、长春融兴经济发展有限公司、长春市土地储备交易中心、长春城开集团分别从5家以上银行累计贷款524.64亿元、174.14亿元、141.79亿元、92.44亿元，承接公路建设、快速轨道交通建设、四环路网建设、南部新城改造、城区园林改造、城市出入口建设等多个项目，从单一贷款银行来说，很难正确评价风险以及有效监测资金用途。

[①] 债务余额与GDP的比率，以2009年吉林省GDP预测值7150亿元为基数。

[②] 当年债务增加额与总支出的比率，以2009年吉林省财政支出调整预算1400亿元为基数。

[③] 当年债务偿还额与当年可支配收入的比率，以预测一般预算全口径财政收入990亿元为基数，财政部门数据反映2008年吉林省偿还债务本息404.8亿元，其中本金337亿元，利息67.7亿元，2009年预计超过500亿元。

第三节 初步结论

吉林省金融市场创新——创建新型农村金融机构，把经营目标定位于农村，根据当地农业和农村经济发展的实际情况创新产品，按照市场化原则开展经营，形成贴近农村实际的贷款产品和业务操作流程，促进了吉林省县域经济的发展，也推动了吉林省金融结构的变迁。

吉林省金融市场创新——创建政府融资平台，改善了居民生活，加速了城市基础设施建设，加快了吉林省城市化进程，加速了吉林省经济发展，推动了吉林省金融结构变迁。吉林省政府融资平台是依托政府信用和财政支持，通过市场化机制运营的城市基础设施建设和公益项目投融资平台，是在《预算法》中地方政府预算"不列赤字"约束条件下，社会资金参与政府公共物品生产的一种新的形式。

吉林省农村金融创新取得了长足进步，但制约创新的深层次矛盾仍然较多，因此，应继续深化农村金融改革，进一步完善有序竞争的农村金融服务体系；建立农村金融服务创新的财税政策激励机制，构筑以农业担保公司和农业保险为主体的涉农贷款风险分担机制，明确农村可抵押标的物范围和流转政策；强化新型农村金融机构金融监管。

采取措施降低政府融资平台中信贷融资的比重，探索债券融资、项目融资、民间融资、股权融资等方式；鼓励拓展融资渠道，降低财务成本；鼓励信用较高、资产规模较大的政府融资平台通过银行间市场发行短期融资券、中期票据，企业债募集低成本资金；选取条件适合的重大项目，进行资产证券化；政府按财政收入一定比例建立财政预算内的专项偿贷基金，加强融资项目风险管理，完善融资平台的风险评估与预警机制。

参考文献

1. 吕静秋、董竹、孙婷：《吉林省中小金融机构现状与发展对策》，《当代经济》2009 年第 8 期。

2. 孙婷：《发展吉林省中小金融机构策略研究》，硕士学位论文，吉林大学，2008 年。

3. 王晓燕：《我国村镇银行发展存在的问题及对策》，《商业时代》2009年第21期。

4. 董竹、于江、孙婷：《吉林省中小金融机构发展策略研究》，《吉林金融研究》2008年第9期。

5. 侯俊华、汤作华：《村镇银行可持续发展的对策分析》，《农村经济》2009年第7期。

6. 邓杰、李丹、赵剑锋：《我国村镇银行发展存在的问题及对策》，《经营管理者》2010年第5期。

7. 程栋才：《中国融资结构的变迁研究》，《北方经济》2008年第24期。

8. 李侠：《地方政府投融资平台的风险成因与规范建设》，《经济问题探索》2010年第2期。

9. 林辉峰：《促进我国村镇银行健康发展的对策研究》，《中国科技信息》2010年第14期。

10. 劳平、白剑眉：《金融结构变迁的理论分析》，《厦门大学学报》（哲学社会科学版）2005年第3期。

11. 李体锋、孙维仁、张赤旗：《让小企业从此"不差钱"》，《金融时报》2010年3月30日。

12. 陈岱孙、厉以宁：《国际金融学说史》，中国金融出版社1991年版。

13. 杨晓东、常文利：《新型村镇银行运营优势与突出问题研究》，《兰州学刊》2010年第7期。

14. 朱文生：《中国投资基金发展研究》，博士学位论文，厦门大学，2001年。

第九章 完善吉林省金融结构的对策

完善吉林省金融结构的对策,主要包括三个方面,即银行业创新对策,债券市场创新对策,农村金融创新对策。

第一节 银行业创新对策

吉林省银行业创新对策,主要是支持商业银行信贷资产证券化;提高非政府投资比重;完善金融市场结构;推动产品创新,密切银企合作;金融创新与金融监管互动;大中小银行分工合作。

一 支持商业银行信贷资产证券化

进行信贷资产证券化有助于改善银行存贷款期限错配状况,分散银行信贷风险。根据戴尔蒙德和迪布维格(1983)的分析可知,存款银行在实现流动性转换功能时,会产生资产负债(贷款和存款)期限错配现象,致使银行在应付短期大规模提现时出现支付危机——银行挤兑模型。由于吉林省商业银行以存贷款业务为核心,存贷款期限错配现象难以避免。为改善银行存贷款期限错配状况,商业银行可通过对一些数额大、周转慢的优质信贷资产进行证券化,将缺乏流动性的资产转化为流动性较好的证券资产,提高银行资产流动性,加速资金周转,满足更多企业的融资需要,提高存款转化为贷款的比率。

由于吉林省商业银行贷款大多流入房地产、汽车、石化、生物制药和农产品深加工等几个行业,所以信贷风险过于集中。商业银行通过信贷资产证券化,可以将原来集中的风险分散到有价证券市场,降低贷款的非系统性风险。进行信贷资产证券化有助于完善资本市场结构。资产证券化为投资者创造了新的投资空间，提供新的储蓄替代型投资工具，在完善资本市场结构的同时，也可以在一定程度上缓解吉林省储蓄资金的外流现象。

二 提高非政府投资比重

第一，优化非政府投资的法制环境，出台财税优惠政策。建立健全保护非政府投资企业合法权益的多方协调机制和非政府投资企业法律援助机制。确定私人产权不可侵犯制度，私人财产与国有财产享有同等的权利，允许非政府投资企业与其他市场主体一样享有国民待遇。在切实保护非政府投资企业主合法权益的同时，加强对在非政府投资企业工作员工的合法权益的保护，切实改善他们的工作待遇和工作环境。

对非政府投资项目和企业实行财税支持政策，壮大非政府投资规模。一是减税。减税可以减轻民营企业的负担，降低民营企业的经营成本，进而拉动其投资需求。二是规范税费征收。全面清理繁杂的税种和税目，坚决制止对民营企业的不合理收费，严禁向民营企业乱收费、乱集资、乱摊派。对民营企业安置下岗职工，用税后利润扩大再生产给予优惠；对新创办的民营企业，一定期限内可免征或减征企业所得税。三是适当增加财政支持。有重点的安排一部分财政资金或财政贴息，带动非政府投资参与基础设施和社会公益项目，既可缓解建设资金紧张的矛盾，又可引导非政府资金的投向。

第二，完善民营企业信贷担保体系。民营企业一直处于"强位弱势"的尴尬地位，融资面临极大的难题。"强位"是指民营企业在吉林省经济中起着举足轻重的作用，它对吉林省 GDP、就业的贡献不可忽视。但是，民营企业同时也处于"弱势"，因为规模较小、技术水平和管理水平偏低等因素，它在与大企业的竞争中时常处于弱势，而且得不到政府的重视，在融资、技术研发、拓展市场等方面都位于下风。这不仅阻碍了它自身的发展，而且也阻碍它为实现吉林省经济实现又好又快发展做出更大贡献。由此可见，吉林省民营企业的贡献和所受到的待遇是极不平衡的，这种落差要求政府从全方位出发，扶持民营企业的发展。

建立民营企业信贷担保体系是解决问题的有效方法之一。由政府出资构建民营企业信贷担保机构，减少针对民营企业的信贷配给现象的同时，逐步提高金融体系中储蓄转化为投资的效率。然而，这种模式并不是尽善尽美的，容易产生裙带担保行为。为了规避这一风险，待时机成熟后，政府要果断退出民营企业信贷担保行业，促使大量民营企业通过联合担保的方式组建共同信贷担保机构，这种交叉担保不但可以减少企业贷款前的逆向选择，同时也可以大幅度减少企业贷款后的道德风险。

第三，加大招商引资力度。进一步扩大对内对外开放。大力加强招商引资队伍建设，培养一批精通世贸规则、具有良好专业知识的招商骨干力量。结合生产力布局调整，围绕培育壮大特色主导产业，精心谋划，努力提高招商实效。继续加强与国内外大公司、大集团的合作，积极发展与京津、长三角、珠三角地区的经济技术交流，搞好与大专院校、科研院所等的协作，广泛吸纳产业、资金和技术向吉林省转移。坚持"重点客户追踪，重点项目跟进"，全力抓好签约项目的履约落实工作。

三　完善金融市场结构

一个结构合理、运行规范的区域金融市场，有利于促进地区经济的发展。但目前吉林省金融市场存在着结构单一、规模过小等问题，这对于地区企业，特别是民营企业的融资是十分不利的。因而，建立一个多层次的资本市场对于吉林省经济的持久增长是十分必要的。

首先，应鼓励经营业绩好、有发展潜力的国有企业上市，拓宽其融资渠道，改善资产负债结构；同时，积极帮助吉林省有条件的民营企业和高新技术企业，通过中小企业创业板融资、扩大经营规模、提高技术和管理水平。

其次，大力发展地区产权交易市场。吉林省基本完成了国企改制，然而国有企业占比仍然很高。因此，应发展地区产权交易市场，一方面可以完善国有资本的退出机制，优化资源配置，进一步推动国有企业改革；另一方面，也有利于吸引更多的外资和民间资本，促进吉林省经济发展。

最后，发挥地区证券市场的作用。吉林省证券市场包括信贷资产证券化产品市场和企业债券市场。企业债券市场又可以细分为短期融资券市场和中长期企业债券市场。这些市场在为企业提供资金融通便利的同时，也逐步完善了吉林省金融市场的期限结构，为各类企业解决资产负债期限结构错配提供工具。

四 推动产品创新，密切银企合作

吉林省多年来对国有企业改革的实践已经证明，现行的改制方法，在近期内很难顺利完成改制任务。主要原因是财政无力支付巨额改制成本。而在改革成本中，银行的债务负担占了很大的比重。如果企业无法顺利实现改制任务，这些银行债务就会转化为银行的呆死账，给银行业的发展带来更大的压力。因此，银行应高度重视建立互信、互助的健康银企关系，推动银行和客户的共同发展，将产品和业务创新作为各项创新工作的核心，使银行管理创新、服务创新的成果集中体现在产品创新领域，对客户多种金融需求和自身发展形成有力支持。同时应积极推动银行业主动参与国企改制，将国家给予银行业的优惠政策与地方政府和企业分享。同时，政府也可以将国家给予吉林省老工业基地调整改造的扶持政策与银行业共享。采取国家、地方政府、银行、企业几方共同分担的办法，先把银行活化，转移出来的不良资产逐渐消化。这种合作是银行、政府、企业、职工和社会多赢之举。

五 金融创新与金融监管互动

金融是不断创新的，原有的金融体制需要随着金融创新的出现而不断进行改革。金融创新产生的新的金融产品和服务必将打破旧的金融格局，不断地对现有的金融秩序、金融监管的制度和规范造成冲击，从而产生很多不稳定因素，增加金融监管的难度。因此，必须妥善处理好金融创新与金融监管之间的关系，把握好金融监管的力度，通过不断改善监管方式、调整监管内容和范围，构建起一个能够不断促进金融创新和发展的金融分业监管的协调机制。虽然吉林省银行业的创新尚未发展到如美国的复杂程度，但从这次金融危机中，我们必须清楚地看到银行市场投资者的风险识别和承受能力较低的事实。在这种局面下，加强对吉林省银行业金融创新活动的市场准入和日常监管都是非常有必要的。在加强监管的过程中，银行监管机构也需要跟上金融创新的发展速度，注重监管方式和理念的改进，找准鼓励金融创新和维护金融稳定之间的平衡点，促进银行业又好又快地发展。

第二节 债券市场创新对策

吉林省债券市场创新对策，主要是完善信用评级制度，建立市场化发行机制；建立债券担保制度和债务偿还机制，扩大债券发行规模；建立多样化的交易和结算机制，引进机构投资者；降低融资成本，提升债券市场的流动性；进行债券创新，丰富债券的期限、品种；完善债券市场的基础设施。[①]

一 完善信用评级制度，建立市场化发行机制

规范企业经营状况、行业地位、竞争优势及公司治理等方面的信息披露，强化债券发行人的财务分析、偿债计划安排等内容，建立发债主体资信评级和债券项目评级的"双评级体系"。

丰富债券发行主体，逐步实行以市场化为导向的发行核准制。引入保荐人制度和发审委制度，促进企业债券市场化发行。力争早日实现凡是符合法律规定条件的公司，均可自愿申请发行债券，发债主体由保荐人自主推荐。债券发行利率、期限、担保、品种设计由发债主体自主选择。改进发债资金用途审核办法，扩大发债主体资金使用自主权。

二 建立债券担保制度和债务偿还机制，扩大债券发行规模

建立企业债券担保制度，开展资产抵押、不可撤销或负连带责任等多种担保形式。担保只能是企业行为，不可以用政府担保。应建立担保企业债券信托制度，这种制度既能够为企业债券提供担保，又能够避免银行担保模式的各种弊端，也不会给行使抵押权的人造成财务负担。在债务偿还机制方面，可以考虑设立债券偿还准备金或债券偿

---

① 刘明显：《发展广西企业债券市场的思路与对策》，《会计之友》2008年第7期。

还基金，可以从发债企业的每次收入中提取一定比例，也可以从发债企业的银行存款中定期划出一定金额，转存到偿债准备金或偿债基金账户中去。这样既能保证到期还本付息，又不会给发债企业带来太大的偿债压力。

要扩大债券的发行规模，改多头审批为一家核准。改原有的一次发行为监管机构一次核准后，发行人视其需要和市场情况多次发行。在发行额度的结构控制上。一方面，应继续保持一些国有重点企业的发债需求；另一方面，可以安排一部分额度给予一些经营业绩优良而资金短缺的其他企业。募集资金用于基础设施建设，增加教育和人才引进支出，加大对技术改造、技术创新等方面的资助和奖励力度等。在对发债主体的行业要求方面，要放宽审批那些竞争性较强的行业的资金需求。

三 建立多样化的交易和结算机制，引进机构投资者

以场外市场（OTC）模式为主，完善债券流通机制。首先打通两大市场交易主体。让商业银行重回交易所市场，允许商业银行进入交易所市场参与交易，条件成熟时可允许部分公司债券进入银行间市场挂牌；让证券公司更多地进入银行间市场；顺畅地进行市场间的转托管；建议考虑建立专门为机构投资者服务的债券电子交易平台，提供做市商制度等多种交易方式；整合交易品种，实现相互挂牌。解决债券市场规模不大、流动性不足的问题，实现两大债券市场的双向互动和统一互联。并在此基础上逐步实现所有债券产品、所有机构投资者的互联互通，提高债券市场的运行效率。

企业债券主要面向合格的机构投资者，除部分优质企业债券可对公众投资者发行外，投资群体以专业机构投资者为主。可将证券投资基金、保险公司、商业银行等专业机构投资者作为企业债券市场的主要投资群体，并适当向境外投资者开放。同时，积极发展债券型投资基金。鼓励公众投资者通过证券中介机构间接投资公司债市场。强化投资者对发行主体的约束和自我保护。引入境外债券市场普遍实行的债券受托管理制度和债权人会议制度。

四 降低融资成本，提升债券市场的流动性

流通性是债券市场能否快速、健康发展的重要因素之一，因此，应健全交易规则和强化市场基础设施建设，增强二级市场的流动性。具体应建立起市商制度，引入同业经纪人；统一托管和清算；加快发展债券基金；构建多层次的交易平台；严厉打击债券市场上的各种违法行为等。

如果审核程序过于复杂，包含审核成本和时间成本在内的实际融资成本就会大大提高，甚至会高于银行贷款，发行人就不会考虑采用企业债券进行融资。因此，审核程序应该简单、迅速，抓住关键因素。例如公司未来的现金流量情况等。目前，债券的审批程序过于复杂，债券的融资成本较高，不利于吉林省债券市场的发展。因此，要采取得力措施简化债券发行程序，提高办事效率，加快吉林省债券市场的发展。

五 进行债券创新，丰富债券的期限、品种

在国外，企业债券是金融创新最多、最灵活的一种金融工具，但这种创新和灵活性在我国还没有得到充分的体现，吉林省在这个方面更落后，这也是制约吉林省企业债券市场发展的重要原因之一。因此，应对债券创新给予高度重视，抓住机遇，采取得力措施推动债券市场的创新。尤其是在利率形式、债券形式、付息方法等方面不断创新，鼓励债券衍生交易品种等的开发和引入。为了解决中小企业融资难的问题，中小企业可以通过打包方式联合发行企业债。

自由浮动的债券市场利率，是债券市场顺利、高效运行的基础和前提。债券利率应根据不同发债主体的资信状况和风险状况等，由发行人、承销商根据市场情况，确定适当的利率，并自主设置各种各样的还本付息方式，如附息债券、浮动利率、附加选择权利率等。目前的发展方向是，扩大利率市场化的范围，改善决定利率的方式和机制。充分发挥企业债券的创新能力，由企业根据自己的信用级别及偿债能力制定相应的利率，将企业债券的利率水平与风险挂钩，或根据市场供求状况相对自主地确定发行利率。同时，发债企业可根据自身对于资金期限的不同需要制定相应的还债期限。在品种设计上，针对投资者的不同需求设

计债券品种；在期限上做到短期、中期、长期兼顾；在付息方式上做到一次付息、贴息与按年、半年、季度付息等品种齐全，便于投资者按自身的需求选择。

六 完善债券市场的基础设施

良好的市场机制需要良好的市场基础设施来支持。这些基础设施主要包括：统一的债券托管体系、高效的债券交易的资金清算体系和宽松的市场环境等，同时还要培养中介机构。应鼓励具有独立法人资格的信用评级机构的发展，鼓励信用评级机构做出独立的评级结果。信息收集和处理机构应该提供及时、准确、完整的发行信息、财务指标，发行之后企业需连续披露信息和财务指标；有关机构还应提供标准的分析程序和专业分析人士所做的风险收益等分析报告。

第三节 农村金融创新对策

吉林省农村金融创新对策，主要是完善金融机构布局，努力拓展资金来源；改善农村金融生态环境，加大政策扶持力度；不断创新金融产品，不断优化经营环境；推动正规金融与非正规金融联结。

一 完善金融机构布局，努力拓展资金来源

政策性银行应尽快明确定位，根据客观需要妥善安排涉农业务，适当增加对农业重点项目、优质高效农业、农村社会化服务体系建设等方面的信贷投入。如支持吉林省农业主产区推进农业产业化经营，扶持一批采取农工贸一体化经营、具有较强市场竞争力的农业企业逐步发展成为"龙头"企业，将众多分散的农户组织起来并纳入市场体系中，提高农业比较利益和增强农户市场适应能力。

农村信用社要继续发挥支农主力军的作用，在实现自我改革上还要积极创造条件，鼓励私有资本和国际组织参股，设立能够满足农村民营经济需要的民营银行，服务农业产业化、规模化的发展需要，在发放自营性贷款的同时，承接其他金融机构的转贷和委托业务。

邮政储蓄银行要充分发挥农村营业机构点多面广的优势，大力拓展

小额信贷业务，完善面向农民的银行卡等特色服务，改善金融服务水平。

构建和发展多种形式、分工合理的农村金融服务组织体系，建立起"政策性+商业性+合作性"的农村金融体系，推动农村经济发展。

金融机构应努力拓展资金来源：一是利用各种媒体和平台向公众宣传设立村镇银行的意义和目的，介绍村镇银行开展的相关业务，正面引导公众充分了解并认可村镇银行，增强公众向村镇银行存款的信心。二是不断设立村镇银行分支机构，加快村镇银行基础设施建设，以现代化的手段和优质的服务吸引客户的加盟。三是村镇银行应及时了解农民、企业的生产经营状况，引导他们将闲置资金存到村镇银行。[①]

二 改善农村金融生态环境，加大政策扶持力度

第一，完善农村社会信用体系，净化农村社会信用环境。积极推进农村诚信系统建设，运用信息技术手段，建立企业和个人信用信息基础数据库，逐步实现农村中小企业、农户信用信息登记、汇总、查询、披露、共享等方面的社会化，实现社会信用信息资源共享，减少借贷双方因信息不对称所形成的风险。综合运用法律、经济、行政、宣传、舆论监督等手段，建立和完善农村社会信用的正向激励和逆向惩戒机制。

第二，建立支农信贷风险转移、补偿机制。一方面，鼓励市场化或有政府支持的准市场化的担保机构进入农村市场，以农业专业担保机构、互助性农业担保机构以及农业担保基金或风险补偿基金等多种形式，为"三农"贷款提供担保。鼓励涉农保险业务积极进入，促使保险机构参与农村信贷产品创新；同时，探索对农业保险实行低费率和高补贴的支持政策。另一方面，尽快发展完善农产品期货市场，积极稳妥地扩大农产品期货市场交易品种，努力培育农产品期货市场交易主体，引导相关企业利用期货市场规避市场风险。

第三，有效防范和化解农村金融风险。要不断更新金融监管理念，

---

① 王晓燕：《我国村镇银行发展存在的问题及对策》，《商业时代》2009年第21期。

创新农村金融监管体系,加强农村金融监管力度。将农村金融监管和农村金融创新有机结合起来,既要支持和鼓励农村金融机构创新各种金融业务和金融产品,同时监管部门也要在监管内容、监管方式、监管手段等方面进行创新,不断提高监管质量和监管效率。

第四,政府等相关部门应给予村镇银行更多的财政、税收优惠。村镇银行是新型的农村金融机构,刚刚组建,资金实力、营利能力不是很强,在发展时处于明显的弱势。相关部门应尽快出台财政补贴和税收减免政策,在营业税、所得税等方面的税收上给予更多的优惠。

三 不断创新金融产品,不断优化经营环境

农村金融创新产品,应具有本土适应性、发展的可持续性和一定的推广价值等基本属性。除小额信用贷款、"公司+信贷"、订单农业等方式外,涉农机构还应积极探索动产抵押、权利质押等有效担保方式,进一步发掘符合农户和农村经济特点的抵押物,尝试将集体土地使用权、动产抵押等引入法律和信贷实践中。同时,根据当地生产的季节特点、贷款项目生产周期、农民销售农副产品的时间和综合还款能力等,打破"春放秋收冬不贷"的传统做法,灵活确定贷款期限。

积极构建良好的农村金融生态环境,应着力诚信宣传和信用乡镇、信用村组、信用农户、信用社区建设,全面提高农村经济组织和农民的金融意识和信用观念;建立健全信用担保体系和农村政策性保险体系。切实保证村镇银行发放贷款的有效性、真实性。

从长远来看,村镇银行的发展仍然需要创新金融工具、金融技术、金融产品来满足新农村建设的资金需求。村镇银行应探索多种担保、抵押方式,帮助种养殖大户、专业农户、经济合作组织解决资金需求。同时,要逐步推出与自身管理相适应、与"三农"和微小企业融资需求相匹配的金融产品和服务,包括保险、代理、担保、个人理财、信息咨询、银行卡等,填补农村地区金融服务空白,同时提升自己的营利能力,增强自身竞争力。[①]

---

① 王晓燕:《我国村镇银行发展存在的问题及对策》,《商业时代》2009年第21期。

四 推动正规金融与非正规金融联结

通过正规金融与非正规金融的联结，使正规金融机构可以利用非正规金融机构的信息优势，降低贷款风险，增加资金供给；非正规金融组织也可以降低融资成本，使农户所面临的贷款条件得到改善，增加农户对信贷资金的可获得性。因此，应支持正常的农村非正规金融活动，承认其合法性并将其纳入国家金融监管体系。对于具有一定经营规模、管理制度、运作较为规范的农村非正规金融组织，允许其到工商部门登记、领取营业执照并开展业务活动，短期内可限定其利率浮动范围，长期则可以完全放开利率限制，由市场资金供求自主决定。对非法的农村非正规金融组织和活动，要坚决予以打击和取缔。

参考文献

1. 刘明显：《发展广西企业债券市场的思路与对策》，《会计之友》2008年第7期。
2. 杜莉、王宏来：《吉林省金融业对经济增长贡献的实证分析》，《经济纵横》2009年第1期。
3. 罗璇：《21世纪初我国证券市场发展的若干问题探讨》，《科技咨询导报》2007年第7期。
4. 柳立军：《构建和谐银行业监管环境初探》，《理论观察》2008年第5期。
5. 浩民：《公司债市场发展思路成型》，《中国证券报》2007年4月30日。
6. 潘劲：《金融资源在企业之间配置失衡的原因与对策探讨》，《南方金融》2008年第9期。
7. 郭强：《改善我国农信社金融生态环境的路径选择》，《淮海工学院学报》（社会科学版）2006年第3期。
8. 纪现玉：《对创新农村信贷产品和改进服务方式的思考》，《吉林金融研究》2009年第9期。
9. 雷电：《优化政策环境 启动民间投资》，《理论与实践》2003年第1期。
10. 幸歆：《村镇银行经营的问题及对策》，《经营管理者》2010年第14期。
11. 岳斌：《民间投资何时走上快车道》，《改革与理论》2003年第10期。
12. 姜艳丽：《论我国农村非正规金融的规范化发展》，硕士学位论文，辽宁师范大学，2011年。

13. 王晓燕：《我国村镇银行发展存在的问题及对策》，《商业时代》2009年第21期。

14. 李友生、唐善清：《村镇银行发展状况的调查与思考》，《湖湘三农论坛》2011年第0期。

15. 张素芹、李巧莎：《返乡农民工创业：金融支持的困境分析与对策选择》，《燕山大学学报》（哲学社会科学版）2010年第4期。

16. 王永文：《对金融支持"三农"经济发展的思考》，《吉林金融研究》2010年第1期。

第三篇

财政杠杆与资源配置

第十章　城市基础设施投融资平台分析

城市基础设施投融资平台分析，主要是分析城市基础设施投融资平台释义，城市基础设施投融资平台出现的背景，城市基础设施投融资平台出现的依据。

第一节　城市基础设施投融资平台释义

城市基础设施投融资平台释义，主要阐述城市基础设施、城市基础设施融资、城市基础设施投融资平台。

一　城市基础设施

城市基础设施是城市为顺利进行各种经济活动和社会活动而建设的各类工程性基础设施和社会性基础设施的总称。城市基础设施是一个系统工程，在西方，通常将其分为福利性基础设施和经济性基础设施，前者包括居民住宅、医疗、卫生、文化教育、幼儿保健等设施，后者包括市政工程、公用事业、环境卫生、园林绿化和电力、通信等。在我国，城市基础设施有广义和狭义之分。从狭义上讲，城市基础设施主要包括六大系统，即能源供应系统、交通运输系统、供水排水系统、邮电通信系统、环保环卫系统、防卫防灾安全系统；从广义上讲，城市基础设施除了上述内容外，还包括文化、教育、科学等部门设施。在本书中，研究和讨论的是狭义的城市基础设施建设。

城市基础设施具有如下特征：一是城市基础设施具有公共性用途。

凡是在城市基础设施所在区域内的所有城市居民和各类行政、企事业单位都可使用。二是城市基础设施具有规模性投资的特点。城市基础设施项目一般投资额都在千万元以上，有的甚至高达几十亿元。三是城市基础设施的投资回收期长。事实上，有相当一部分城市基础设施项目无法直接从项目运行过程中收回投资，也就是说，其可经营性指数低，因此，一般是由政府投资建设的。而另一些具有一定经营性，能够从项目运行中获取经济收益的项目，由于其年收益率较低，所以回收期一般是十几年甚至几十年。四是城市基础设施的边际使用成本低。增加城市基础设施的个别使用者几乎不会增加边际使用成本。比如城市轻轨项目的产品生命周期长，其建成投入使用后运营成本是相对固定的，随着客流量的增加，其经济效益也会有所提高，但每增加一个乘客的边际使用成本却趋近于零。五是城市基础设施的投入产出率的相对性。由于城市基础设施的建设周期长、资本流动性差，所以投资风险大而产出率较低，但是，由于城市基础设施具有公共物品特征，所以更应注重其外部效益。六是城市基础设施的建设涉及面广。城市基础设施的建设通常涉及当地政府、各企事业单位和个人之间的关系，建设项目需要全社会统筹安排，并由政府出面组织投资、融资、建设和协调管理。

城市基础设施是城市存在、运转和发展的物质基础，是城市居民生产和生活必需的公用设施。城市基础设施建设可以提高就业、增加居民收入，也可以刺激当地经济的发展和消费的增长。

二　城市基础设施融资

城市基础设施融资是指为城市基础设施的建设和运营所采取的资金融通活动。企业融资方式有内源融资和外源融资两种。内源融资是指企业经营内部融通的资金，是指企业将自身的留存营利、折旧等转化为投资的过程；外源融资是指企业需从外部筹集资金的融资方式。由于内源融资是企业内部挖潜，是对企业原有闲置资产的利用，并不涉及企业资金所有权、控制权的变更和转移，所以企业不必对外付出任何代价，不会减少企业的现金流量，也不需要还本付息，是一种低成本、高效益的融资方式。内源融资对中小企业有利，外源融资对大型企业有利。本书研究的是平台类的大型企业，所以主要讨论外源融资。

按企业在融资过程中是否经过中介机构,融资可以分为直接融资和间接融资。直接融资是企业在证券市场上直接面对最终的出资人,向其出售股票、债券而获取资金的融资方式;间接融资是指企业经过中介获取资金的方式。

按企业在融资过程中获取资金的产权归属不同,融资可以分为股权融资和债券融资。股权融资就是出让股份换取资金,实质上是企业向其股东(或投资者)筹集资金的融资方式,而债券融资是企业通过借钱的方式进行融资。

城市基础设施具有两种融资方式,即项目融资和公司融资。项目融资是以项目自身的资产及其未来净现金流作为还贷保证,以项目导向和风险分担为主要特点的一种融资模式。项目融资与产业结合得更为紧密,关注的不是投资者的资产、资信和财务状况,而是项目自身的收益。公司融资是指以公司为主体融通资金,使公司及其内部各环节之间资金供求由不平衡到平衡的运动过程。公司融资主要关注的是公司的资信、财务状况及还款能力等。

三 城市基础设施投融资平台

城市基础设施投融资平台,是一种以某种组织结构或项目运作为载体,以低风险运作机制、保证预期营利为前提,积累大量资金用于特定建设的资本运作组织;其职能是实现承接各种渠道的资金,进而将这些资金运用于市政建设、公用事业等项目。

城市基础设施投融资平台的主要职能:一是投资职能。即投融资公司作为投资主体代表政府对城市基础设施建设项目投资。投融资公司作为项目法人按市场化原则,对投资项目进行前期的可行性研究并做相应的投资决策,在项目实施过程中控制项目的投资进度,保障项目顺利实施。二是融资职能。即投融资公司应用贷款、企业债券、特许经营等融资方式进行城市基础设施建设融资,遵循效率原则确定资金的来源渠道和筹措方案,提高城市基础设施的融资效率。三是资本运作职能,包括对城市基础设施的存量资产和股权结构两个方面的内容进行运作。投融资公司将存量资产转化为可用的建设资金,盘活了城市基础设施的存量资产。政府将城市基础设施的所有权转交给投融资公司,然后由投融资公司重整城市基础设施的股权结构，实现城市基础设施股权的整合。

城市基础设施投融资平台的特征：一是政府作为出资人参与管理。即由国资委（或建设主管部门）作为出资人，成立投融资公司，以划拨土地、股权、规费、国债等资产作为城市基础设施的建设资金，并将建成的城市基础设施资产委托其经营。二是投融资平台经政府授权成为城市基础设施的项目法人。即投融资平台经政府授权委托运作城市基础设施国有资产、投资和管理城市基础设施建设项目，利用政府增加的投资和自身建设的城市基础设施资产，通过资本市场来筹集社会资金，合理配置城市基础设施资产并使其保值增值。投融资平台的建设资金来源主要有四种：即政府直接投资，以政府增加的投资和自身建设的城市基础设施作为资本金向金融机构融资，运用股权和债权融资、基金融资、项目融资等多种方式吸收社会资本，政府返还的经营性城市基础设施建设项目的收益。三是金融机构以市场化方式参与城市基础设施建设。各政策性银行、商业银行和非银行金融机构等中介机构按照市场化运作机制，通过政策信贷、商业信贷、信托、债券、股票等方式，使社会资本参与城市基础设施建设投资平台的投融资运作，实现城市基础设施投资的多元化发展。四是政府拥有城市基础设施项目的投资决策和产权。由于国资委（或各建设主管部门）是投融资公司的出资人，所以，本着谁投资谁拥有产权、谁投资谁决策的原则，本质上政府是城市基础设施建设项目的投资主体，实施对城市基础设施投资项目的决策权并实现对其的所有权。这是投融资平台存在的制度性缺陷。

第二节　城市基础设施投融资平台出现的背景

十一届三中全会以来，特别是十五大以来，随着市场经济的发展和完善，我国投融资体制的改革也在逐步推进，投资决策权开始分散，由中央到地方、由单一主体到多元化主体。与此同时，我国城市化进程开始进入稳定快速发展阶段，加速城市基础设施建设对于改善居民生活水平和吸引产业集群、促进城市经济发展水平具有重要的作用。但是，限于改革开放初期的国内投融资体系的非市场化背景，早期的城市基础设施建设均依靠财政的直接投入，资金来源除国家划拨资金外，主要来源于地方财政收入,这就导致资金来源与快速增长的投资需求难以适应。1988年,国务院发布了《关于投资管理体制的近期改革方案》。此后,政府的投融资体系由单一的中央投资模式向中央与地方共同投资的模式转变,中央和地方相继成立了专业的投资公司,各省、自治区、直辖市和计划单列市相继成立了地方投资公司。

1994年我国税改后,虽然我国的新型税收体系使国家的税收收入得到大幅度的增长,但是地方政府税收收入的增长无论从量上还是速度上,都远慢于中央政府税收收入的增长,同时与中央政府的事权范围相比,地方政府的事权范围却相对扩大很多,所以地方政府有限的税收收入难以支撑城市建设所需要的资金。于是,为了突破城市基础设施建设的资金瓶颈和国家限制地方政府债务融资的法律障碍,各省、自治区、直辖市和计划单列市相继成立了为地方政府获取资金的地方政府投融资平台。这些地方政府投融资平台筹集了城市建设所需的大量资金,缓解了地方政府建设性融资需求的矛盾,有力地推动了地方经济的快速发展。[①] 为了突破资金瓶颈和法律障碍,各地政府建立了一系列专业投融资公司或事业单位承担建设任务,并利用这些单位法人承接银行或信托资金,成为地方政府获取资金的主要平台。这些以地方投融资平台出现的公司,往往能够获得地方政府划拨的土地或财政补贴,进而以此为条件向银行等金融机构贷款,用于市政建设、公用事业等项目。

2004年,国务院发布的《关于投资体制改革的决定》中,对政府投资职能、项目融资渠道、投资调控体系等方面做出了开放性规定。这等于是为地方投融资公司在更大范围内和更广泛的融资渠道上打开了便利之门。拥有独立财政权的各级政府大多建立了这一类的建设单位,作为项目主体,在政府的支持下完成项目融资、建设乃至经营的全部工作。一方面,作为地方投融资平台的公司具有的特殊政府背景,使其比较容易获得银行贷款和发行城投债;但另一方面,相当一部分地方投融资平台公司具有政府担保性质,实质上成为了地方政府的隐形财政债务。金融危机爆发后,中央政府出台了4万亿元投资刺激规划,并明确规定了地方政府的资金配套比例。最终的执行情况显示,地方政府受制

---

① 付秋霞:《重庆市地方政府融资平台问题研究》,硕士学位论文,西南大学,2011年。

于资金来源单一的局限,有 45% 的地方配套资金没有到位,原有政府投资公司难以满足新的投资拉动和基础设施建设的需求。为化解地方配套资金不足的问题,中央政府分别在《关于 2008 年深化经济体制改革工作的意见》《关于 2009 年深化经济体制改革工作的意见》及 2009 年中央经济工作会议中,多次提出要加快投融资体制的改革以解决当前困难并为长远发展提供良好的环境。2009 年 3 月,中国人民银行和银监会联合发布《关于进一步加强信贷结构调整促进国民经济平稳较快发展的指导意见》,其中明确提出"支持有条件的地方政府组建投融资平台,发行企业债、中期票据等融资工具,拓宽中央政府投资项目的配套资金融资渠道"。在此背景下,各级地方政府依托原有城投公司和新建的投融资公司,试图打造出新形势下更大规模的新型投融资平台。

改革开放后,城市基础设施状况虽然得到很大改善,城市面貌日新月异,极大地促进了经济的快速发展和城市化进程的加快。但是,由于原有城市基础设施建设薄弱,与现代的城市经济和社会发展的需要相比,明显不足,仍存在基础设施落后、存量不够、自我投资能力差等问题。因此,城市基础设施亟须投入巨额资金。城市基础设施建设属于高投资成本、低投资回报的项目,所以很难引进外资或民间资金。而且,城市财政收入偏低,中央转移支付力度较弱,替代融资渠道又缺乏。在这种情况下,城市自然要建立城市基础设施投融资平台,以拓宽融资的渠道。

概括起来,建立城市基础设施投融资平台的具体原因主要有以下几点[1]:一是《预算法》的约束。在中国现有的财政体制下,我国《预算法》中明确规定不允许地方财政列赤字和独立发行债券,地方政府为完成在基础设施建设和公益性服务供给过程中对资金的需求,成立投融资平台进行变相举债成为经济政治体制改革中的一种普遍的做法。这种法律性的强制约束阻碍了地方政府进行市场化融资的渠道,也无法通过公开、透明和合法的方式进行城建融资,只能以地方政府融资平台为"债"体举借政府债务,这也成为地方政府无奈之下的一种创新的变通选择。二是财政体制方面的因素。地方政府财力与事权不匹配是财政体

---

[1] 付秋霞:《重庆市地方政府融资平台问题研究》,硕士学位论文,西南大学,2011 年。

制的集中表现,也是地方政府积极构建投融资平台的主要原因。1994年实行分税制后,财政体制集中表现为地方政府财力与事权的不匹配,地方财政支出严重大于地方财政收入,存在很大的财政资金缺口,在巨大的建设性融资需求下,为了提高地方政府的融资效率,地方政府构建了地方政府投融资平台公司,并由地方政府提供财政担保向银行获取打捆贷款。三是地方官员考核激励机制的因素。公共选择理论认为,政府和政府官员是在政治市场上进行社会和市场管理,并在其中扮演着"经济人"的角色,并像在经济市场中的"经济人"一样追求的是政治集团和个人利益的最大化。地方政府官员在典型的"淘汰式"政治晋升制度中,要在短期内做出资源密集型政绩,最优的策略只有通过构建地方政府投融资平台进行举债,因此,地方政府融资平台便成为地方政府官员的理想之选。四是财政政策方面的因素。国家宏观经济的调控,特别是中央积极财政政策的实施,要求地方政府提供资金配套支持和税收优惠,这就降低了地方财政收入,加大了地方政府财政支出的压力,促使地方政府通过投融资平台大肆举债,刺激了地方政府债务的增长。近年来,地方政府的财政困难以及为应对金融危机推出的经济刺激计划,扩大了地方融资需求,推动地方纷纷成立了投融资平台。

第三节 城市基础设施投融资平台出现的依据

理想的市场经济应该是充分发挥市场机制"看不见的手"的作用来引导社会资源有效配置,所有商品和劳务都完全按照市场价格自愿交换。然而,由于不完全竞争、信息不充分、外部性和收入分配不公平等现象的存在,政府必须运用合理干预弥补市场的不足。政府向居民提供市场自身无法提供的公共产品和服务无疑是政府的基本职能之一。公共产品是具有消费的非竞争性和非排他性特征的商品。公共产品进一步可分为纯公共产品和混合公共产品,纯公共产品具有完全非竞争性和非排他性,非纯公共产品具有一定程度的非排他性和非竞争性。对于公共产品,免费搭车者的存在使得市场很难或者不可能有效地提供商品。因此,为了解决搭便车问题,有效弥补私人市场供给公共产品的不足,必须由政府介入以扩大公共产品的生产与供给。

第三篇 财政杠杆与资源配置

按照受益范围，公共产品可以分为全国性公共产品和区域性公共产品。一般而言，全国性公共产品应该由中央政府提供，区域性公共产品则由地方政府提供更有效率。相对中央政府而言，地方政府更接近所管辖区域的居民，比中央政府更了解管辖区内居民的偏好，为了实现资源配置的有效性和财富分配的公平性，决策应该在最低的行政层次的政府部门进行。如果某种区域性公共产品任一产量下的成本，对于中央政府和地方政府来说是相同的，那么，由地方政府将一个具有帕累托效率的产出量提供给本区域内的居民会比中央政府更有效率。就公共产品而言，消费者的意愿一般具有明显的地域性，而地方政府由于信息优势能够很好地满足管辖区域居民的要求，取得资源配置的最好效果。

为有效配置资源，基础设施建设类的区域性公共产品一般应该由地方政府提供。按照"谁受益，谁负担"的原则，享受公共产品而受益的居民应当承担提供该公共产品的成本。然而，一方面，由于基础设施建设等资本性公共产品的耐用性，居民从中受益的期限较长，甚至出现受益的代际转移，即可能出现后代人享受前代人提供的公共产品的情况，这在客观上要求有一种能够将成本向后递延的分担方式。另一方面，由于提供该类公共产品的前期投资规模巨大，并且基本没有直接收益，仅仅依靠地方政府的自有财政资金是难以完成的，因此，地方政府通过举借中长期贷款等负债融资的方式便成为一个较佳的选择。

参考文献

1. 吴国代：《吉林省 A 基础设施融资平台运行模式研究》，硕士学位论文，吉林大学，2011 年。

2. 杜鹏：《甘肃省地方政府城建投融资平台研究》，硕士学位论文，兰州大学，2010 年。

3. 付秋霞：《重庆市地方政府融资平台问题研究》，硕士学位论文，西南大学，2011 年。

4. 叶建国、谈佳隆、王红茹、刘永刚：《地方债务危机》，《中国经济周刊》2010 年第 8 期。

5. 肖笑琪：《SY 市政府融资平台贷款风险分析及化解》，硕士学位论文，东北大学，2010 年。

6. 秦德安、田靖宇：《地方政府融资平台研究综述》，《地方财政研究》2010

年第 4 期。

7. 王鹏:《政府融资平台贷款风险与对策分析》,硕士学位论文,内蒙古大学,2012 年。

8.《中国地方政府负债超 5 万亿 面临严重债务危机》,中国水网(http://www.h2o-china.com/news/86780.html)。

9. 仲彦:《城市投融资引发的地方政府债务危机逐渐浮出水面》,新浪网(http://blog.sina.com.cn/s/blog_ 4ce4c9e60100h469.html)。

第十一章　长春市城市基础设施投融资平台发展分析

长春市城市基础设施投融资平台发展分析，主要是分析长春市城市基础设施投融资平台发展现状，长春市城市基础设施投融资平台存在的问题，长春市城市基础设施投融资平台存在问题的原因。

第一节　长春市城市基础设施投融资平台发展现状

长春市城市基础设施投融资平台发展现状分析，主要是分析长春市城市基础设施投融资平台的建立，长春市城市基础设施投融资平台的优势，长春市城市基础设施投融资平台的经营状况，长春市城市基础设施投融资平台的融资方式，长春市城市基础设施投融资平台的运营机制。

一　长春市城市基础设施投融资平台的建立

2000年11月，长春市建立了长春市城市基础设施投融资平台——长春城市开发（集团）有限公司。该投融资平台或公司是国有独资，是代表长春市政府进行城市基础设施投融资的唯一企业法人。2009年8月，渤海国际信托公司对长春市城市基础设施投融资平台——长春城市开发（集团）有限公司增资316375万元，据此，渤海国际信托有限公司持有长春城市开发（集团）有限公司57.04%的股权，长春市国资委持有公司42.06%的股权。《增资协议》规定，从2012年开始，长春市国资委以现金的形式对渤海信托投资的股权进行回购，到2014年，完成回购。届时,长春市国资委仍将持有长春城市开发(集团)有限公司 100%的股权。

2010 年,长春城市开发(集团)有限公司注册资本为 554687 万元。公司的主要职能为:多渠道筹集城建资金、管理城市基础设施和国有资产、参与城市建设有关的经营、确保城建计划的实施。2010 年 12 月,长春市政府又授予其土地收储职能,并提出将长春市城区部分国有棚户区改造用地划拨到该公司,由该公司负责拆迁补偿和棚户区项目回迁房建设工作。

二 长春市城市基础设施投融资平台的优势

第一,行业优势。城市基础设施建设与发展是中央和地方政府高度重视并重点扶持的、关系国计民生的行业,是长春市国民经济和社会发展的重要组成部分,其在推动城市经济增长、提高城市的生产力、改善城市居民的福利水平等方面具有显著的保障功能,是对当地国民经济发展具有全局性、先导性影响的基础行业,在长春的发展中将发挥至关重要的主导作用。"八五"以来,特别是近几年来,长春市城市基础设施投融资平台对于增强城市功能、拉动经济增长、改善市民生活、塑造城市形象起到了举足轻重、不可替代的作用,有力地维护了长春市改革、发展、稳定的大局。

第二,经济、政策优势。经济全球化趋势深入发展,生产要素流动加快,发达国家制造业和部分服务业向发展中国家转移的趋势明显,有利于老工业城市承接国际产业转移,吸引外资和先进技术;我国正处于经济周期的上升阶段,产业结构调整、消费结构的升级和城市化、市场化进程的加快,将为经济增长创造巨大的空间;国家继续支持东北老工业基地振兴,发达地区到东北投资的势头强劲,有利于长春市集聚各种生产要素加快发展;长春作为吉林省的省会城市,省里积极支持长春在全省率先发展,长春作为全省政治、经济、文化、科技与信息中心的地位和作用会更加突出。[①] 持续增长的地区经济和较强的财政实力,为长

[①] 《长春市国民经济和社会发展第十一个五年规划纲要》,《长春日报》2006 年 3 月 20 日。

春市城市基础设施投融资平台发展提供了重要资金保障。

在长春市"十一五"规划纲要中,长春市政府依照"政府引导、企业主导、市场运作"的思路,采取政府、部门、企业"三位一体"的开发模式,实行"自我筹资、自我建设、自我经营、自我还贷"的开发建设方式,积极推进城市建设。根据长春市城乡经济社会快速发展的需要,长春市编制的《长春市城市总体规划(2005—2020)》指出,"十一五"期间将推进20项基础设施重点建设工程,未来几年长春市基础设施建设的需求和投资规模将持续快速增长。

经济发展和政策的支持,将使长春市城市基础设施投融资平台获得用于基础设施建设的专项拨款及财政补贴日益增加。同时,政府调高了市区供水价格(对超计划用水按法规规定征收加价水费)、供热价格(每平方米提高3元)和非居民生活用污水处理费标准,这对平台公司下属排水和供热企业的未来经营业绩将产生较为有利的影响。国家宏观经济采取适度放松的货币政策,也将有利于平台融资主业的发展。

但也应注意到,基础设施建设投资回收期长,公用事业类业务营利能力较低,房地产业务受宏观调控政策影响大等因素,也会影响平台公司未来的收益。同时,国家开发银行、吉林银行等政策性银行进行商业化改革后,银行惜贷,使长春城市开发(集团)有限公司资金主渠道不可避免地流失,这也成为长春城市开发(集团)有限公司发展融资主业的制约因素。

自长春城市开发(集团)有限公司建立以来,公司委托承办了三路五桥、三北工程等十几个项目;自行投资兴业水库清淤、经开区道路改造BT工程等六个项目。2008年,长春城市开发(集团)有限公司新增长春市南部新城道路网工程、长春市伊通河排水管网部分改造工程等六个项目。六个项目采取的融资渠道为银行贷款。

长春城市开发(集团)有限公司作为长春市城建融资的主平台,其融资结构不甚合理。除曾发行过的8亿元债券来自资本市场外,其余融资资金全部来源于银行贷款。同时,融资方式较单一,除经开区道路改造工程使用了BT项目融资方式及长春市南部新城道路网工程采用BT融资方式外,没有使用其他融资方式。

第十一章　长春市城市基础设施投融资平台发展分析

三　长春市城市基础设施投融资平台的经营状况

公司的业务包括以下几个方面：第一，城建项目承包业务。公司工程承包的收入模式主要是总承包协议模式和 BT 模式。每年公司与长春市城乡建设委员会、长春市财政局签订市政工程建设总承包协议，承担长春市路网工程建设任务。协议约定，长春市财政局在工程建成竣工后的规定年限内支付承包费用，资金主要来源于长春市基础设施配套费和土地出让金。[①] 2010 年，公司建设的长春市西部新城道路网工程、长春火车站综合交通换乘中心、长春市亚泰大街等项目，多采用总承包协议模式建设。整体来看，目前公司在建项目较多，预计未来一段时间内，公司项目投资支出数额较大，公司对外筹资压力较大。

第二，城市供热业务。公司供热业务主要由全资子公司长春市供热经营有限责任公司和长春市供热公司承担。前者主要提供供热及有关供热的配套服务，后者对供热项目进行开发和管理。公司的供热方式主要分为两种，一是热电联产供热，是由公司和长春市热电一厂长期合作，利用发电余热供热。二是区域锅炉房供热，提供取暖用热和工业蒸汽两种供热产品。2010 年，随着产能销售的扩大，公司供热面积呈不断上升趋势。公司供热面积 1320 万平方米，同比增长 18.39%。实现收入 2.94 亿元，同比增长 18.51%。目前采用按面积收费的方式，未来有望采用按热表计量收费的方式。

第三，污水处理业务。污水处理业务主要由全资子公司长春水务集团城市排水有限责任公司承担（下属有四家水厂）。北郊污水处理厂中水项目于 2008 年 12 月通车试水，升级改造工程通水运行后，运行较稳定，日处理水量约 38 万吨，出水水质符合国家规定标准；南部污水处理厂二级处理工程于 2008 年 11 月 28 日通水试运行，配套工程已经全部完工，2010 年底日均污水处理量 14.79 万吨，年污水处理量达 5400 万吨，大幅提升了公司的污水处理能力。2010 年，公司日均污水处理量达 70.52 万吨，较上年同期增长 41.89%。长春市污水处理收费采取

---

① 《长春城市开发集团有限公司跟踪评级分析报告》，豆丁网（http://www.docin.com/p-1014398026.html）。

收支两条线的运作模式,即污水处理企业的收入通过自来水公司代收污水处理费后全部上缴政府,政府按照一定的价格返还给污水处理企业。2010年,公司污水处理收入达8602.63万元,同比增长14.65%。

第四,其他业务。其他业务主要有融资、产品销售、土地承包、物业管理等。公司自成立起开始承担长春市城建项目融资职责,对于这部分融资,政府支付给公司一定的融资手续费。

截至2010年年底,公司合并资产总额为392.83亿元,较2009年年底增长10.46%,主要是由于预付款项大幅增加所致;公司资产总额中流动资产占34.01%,非流动资产占65.99%。公司资产以非流动资产为主;公司货币资金为52.98亿元,较2009年年底减少30.33%,主要是由于支付的工程款项增加所致;公司预付款项为77.10亿元,较2009年同期增加108.93%,主要是由于公司在建项目较多,支付的工程款项大幅增加所致。其中,46.26%的预付款项账龄在1年以内,52.10%的预付款项账龄为1—3年,1.64%的预付款项账龄在3年以上;公司流动资产为133.62亿元,较2009年同期增加15.07%;所有者权益合计为150.21亿元;获得长春市财政拨款(补贴收入)41960万元,同比增长11.13%。其中,专项补贴41200万元,奖励、城市应急供暖资金、暖房子工程启动资金等760万元;公司营业利润率、总资本收益率和净资产收益率分别为6.17%、1.33%和2.94%,公司营利能力较弱。由于公司经营业务的公益性特点,整体盈利水平仍较低,对财政补贴依赖程度较高;公司非流动资产主要是固定资产、持有至到期投资和其他应收款,三项占非流动资产的比重分别为34.60%、23.82%和16.22%。其中固定资产主要以路桥、房屋和建筑物为主,持有至到期投资主要是公司为长春市财政局、长春市建委等单位申请的贷款(实际偿还责任由资金使用单位承担);长期应收款是公司承包长春市市政建设工程形成的应收款,期末余额与期初余额相比增加12.27%。

2010年,公司销售商品、提供劳务收到的现金较2009年减少31.24%,为8.53亿元(另外有5亿元的城建项目工程承包收入反映在收到的其他与经营活动有关的现金中),其原因是政府对公司城建项目支付延迟;公司购买商品、接受劳务支付的现金为13.31亿元,同比增长 15.3%，是本年度城建项目工程成本。公司投资活动现金流入 15.95 亿元，投资活动产生的现金流量净额为 -37.35 亿元，经营活动现金流入难以满足大额投资活动现金流出的需要，公司对外融资压力较大。

2010 年，公司所有者权益（含少数股东权益）为 150.21 亿元，较 2009 年年底变动幅度不大。公司所有者权益中股本占 36.93%、资本公积占 51.55%、盈余公积占 1.31%、未分配利润占 10.16%，其中归属于母公司所有者权益占 99.95%，少数股东权益占 0.05%。公司所有者权益结构稳定性好；公司全部债务为 182.08 亿元，较 2009 年年底增长 17.88%，其中短期债务为 29.18 亿元，较 2009 年年底增长了 122.85%，主要是由于一年内到期的非流动负债大幅增加所致；长期债务为 152.90 亿元，较 2009 年年底增长 8.16%，主要来源于长期借款的增长。

从短期偿债能力看，2010 年公司流动比率和速动比率分别为 179.75% 和 178.71%，较 2009 年年底分别下降 10.80 个和 10.67 个百分点。公司现金类资产为 52.98 亿元，较 2009 年年底下降 30.33%，是短期债务的 1.82 倍，公司现金类资产较充裕，对短期债务的保障能力较强；从长期偿债指标来看，2010 年公司 EBITDA 为 5.07 亿元，较 2009 年上升 9.89%。由于公司债务规模上升，全部债务/EBITDA 的比率达 35.90 倍，公司 EBITDA 对全部债务的保护能力减弱。考虑到项目完工后由长春市财政局支付承包建设费用或者进行回购，所以公司整体偿债能力有较好的保障。

截至 2010 年年底，公司对外担保总额为 6000 万元，为吉林省鑫祥有限责任公司提供的担保，担保比率为 0.004%。被担保公司经营正常，公司或有负债风险较小。

四 长春市城市基础设施投融资平台的融资方式

长春市城市基础设施投融资平台的主要融资方式有：第一，财政资金注入。财政资金是平台的基础。2008 年至 2010 年，当地政府以资本投入和财政补贴的方式，给予平台的财政支持资金合计分别为 31.13 亿元、30.20 亿元和 4.14 亿元，是公司项目资本金的主要来源。平台通过财政资金，将银行贷款资金投入到城市基础设施建设中，且银行贷款的本息偿付也主要靠财政资金支付。因此，财政资金注入是平台基本的融资模式。

第二，银行贷款融资。平台融资的主要模式是银行贷款融资，平台依靠国家开发银行、工行、交行、建行等多家商业银行贷款资金。仅2009年一年就向银行申请贷款80.67亿元。

第三，股权信托。股权信托是指信托公司运用信托资金对目标企业进行的股权投资，信托公司为目标企业提供资本金支持并成为其股东。由信托公司自己主办或投资成立项目公司，项目公司主要负责项目建设及经营过程中的资金和财务运作，目标企业负责项目营运事宜。在项目建成后，目标企业将部分项目产生的可分配利润支付给项目公司，信托公司（或项目公司）再按信托计划，将信托收益按信托本金比例向资金信托受益人分配。2009年某信托公司以其31.64亿元信托资金作为股权投资，为平台提供城建类项目资本金，成为平台的控股股东，同时又签订股权托管协议，将其持有的全部股权全权授权给当地国资委托管。其实质是募集资本金的一种融资模式。

第四，企业债券融资。平台在当地政府领导下已发债券2只，发行总额为20亿元，其中2006年7月发行的8亿元企业债为10年期，2009年3月发行的12亿元企业债为7年期，后3年按照30%、30%和40%比例偿还。企业债券融资使平台通过资本市场进行融资，通过资本市场投资者、中介机构的监督，可以增强公司融资能力、改善公司债务结构；规范公司的运营和管理；改善公司的治理结构。

第五，基于政府特许经营的BT管理模式。BT方式适合融资平台的发展，因为融资平台的主要职能是解决城市基础设施建设资金不足问题，而要使城市基础设施建设资金链良性循环，其侧重点不是经营营利而是建设——移交过程。平台负责管理的非经营性城建项目一般采取由投融资平台作为借款人，由政府与借款人签订委托代建协议，政府负责回购，同时用委托代建协议项下的应收账款质押担保的融资模式，但这种模式在四部委19号文下达后，已难以继续执行，需要创新融资模式。

五 长春市城市基础设施投融资平台的运营机制

长春城市开发（集团）有限公司具有一个融资主平台，内设六个机构，分别为行政办公室、党委办公室、项目研发部、财务管理部、审计室、企业管理部；还有四个辅助融资平台，分别为长春市建设投资公司、长春城开实业有限责任公司及两个项目公司（建融和建业）；有六个下属机构，分别为长春市东升广告传媒有限公司、长春第二热电有限公司、长春市兴业农场、长春中环房地产开发有限公司、长春市供热公司、长春水务集团城市排水有限责任公司，其中，长春市供热公司、长春水务集团城市排水有限责任公司属资产形式划拨。公司设有董事会和监事会，实行董事会领导下的总经理负责制，法人治理结构较为完整。

长春市城市基础设施投融资平台的运营机制：一是借。基础设施投融资平台现由长春市国资委负责资产管理，由于其可经营性资产比例很小，所以经营收益及经营性现金流很少，融资是其主要任务。融资基本是依靠政府信用。二是用、管。资金调配由长春市建委负责，在2003年以前长春城市开发（集团）有限公司有组织实施基础设施建设的职能，即参与资金的使用和管理。2003年年末，按长春市政府要求，将建设职能移交"长春市城市基础设施建设领导小组"。2006年7月31日，长春市机构编制委员会下发了《关于同意成立长春市政府投资建设项目管理中心的通知》，并将长春市政府投资建设项目管理中心确立为长春市建委所属的事业单位。现建设职能由长春市政府投资建设项目管理中心执行。但是，资金的使用、管理过程中相关的责任主体并未明确。三是还。由长春市财政局负责资金偿还，但并未建立稳定的偿债机制。

这种多头管理的运营机制，使实际运营操作中城建项目年度融资计划、年度建设计划、年度实际实施不完全一致，不仅导致融资项目准备不充分，使工作进度受到影响；也导致项目资金管理无法满足银行要求，造成授信额度浪费。同时，更不利于长春城市开发（集团）有限公司资产的不断增厚和收益增加，使长春城市开发（集团）有限公司难以真正做大做强。"借、用、管、还"体制机制不健全、配套政策不完善、责任主体落实不到位等问题没有从根本上解决，制约了平台的再融资能力。

第三篇　财政杠杆与资源配置

第二节　长春市城市基础设施投融资平台存在的问题

中国作为一个发展中国家,根本问题就是经济落后,而长春市是中国经济发展相对落后的吉林省的省会。与全国部分副省级城市相比,其国内生产总值低于广州、深圳、沈阳、武汉、成都、杭州、南京、大连、青岛、宁波,高于厦门、西安,处于下游水平,在15个副省级城市中排倒数第3位。因此,很难有足够的积累资金用于城市基础设施建设。

长春市城市基础设施投融资平台存在的主要问题如下。

第一,平台市场化运作程度过低,缺乏造血机能。目前融资平台的收益主要依赖代扣代缴施工单位税费倒推和政府财政补贴技术性处理形成,只能依靠政府信用融资。如果金融形势发生变化、代扣代缴政策和财政补贴政策进行调整,融资平台就无法通过技术性处理形成企业利润,支撑平台持续融资的收益和现金流也将难以形成。公司的注册资本包括路桥资产、货币资金和其他资产。其中路桥资产占17.68%,货币资金占57.04%,其他资产占25.28%。信托公司通过股权投资方式注入的资本金31.64亿元已用于城建类项目资本金,该部分资金形成的资产不能为公司带来经营收益。平台的可经营性资产严重不足。根据国务院19号及四部委文件的要求,在2010年7月1日以后,市政道路等不能带来经营收入的基础设施不得作为资本注入融资平台公司。平台的可经营性资产严重不足,不符合新项目的承贷条件。

第二,平台的经营收入结构过于单一。2010年,平台自身实现营业收入15.18亿元,其收入较为稳定,但经营性收入占比偏低。平台的稳定性收入占比为100%,经营性收入占比为0.83%。由此可以判断,平台的收入虽然较为稳定,但其收入过度依赖于项目工程建设带来的收益,且仅在报表中体现,没有形成实际的现金流。如2010年主营业务收入中的工程承包收入10.64亿元为施工企业代扣代缴的税款,在报表中反映出的收入,资金并未实际进账。政府补贴形成的营业外收入虽然使平台公司形成了一定的现金流,但其中的大部分款项已经指定用途,多数用于偿还贷款本息，平台对该部分资金无法自由支配。如2010年营业外收入4.19亿元均来源于财政补贴，且基本用于偿还贷款项目的本息。平台收入结构的问题，导致其自身的还款能力较弱。在国务院及四部委对平台清理的要求下，无法承接项目贷款。

第三，平台负债过高，偿债能力不强。2010年，平台负债总额为242.62亿元，资产负债率61.76%，接近银行授信红线（65%），已严重制约平台持续投融资发展；而且偿债能力不强，稳定的偿债机制尚未完全建立。只能依靠"以贷倒贷"解决到期债务问题，一旦资金链条断裂，将严重影响平台和政府信用。

第四，平台管理机制不活，管理界面不清晰。管理人员专业性不强，知识结构、年龄结构很难适应企业快速发展的需要；管理界面不清晰，考核、激励应予强化。平台的资产和干部人事由长春市国资委负责管理、投融资业务及资金管理由长春市建委负责管理，由于两个监管部门管理范围不同，对业绩的考核和干部的管理很难全面，激励、约束效果不够明显。这些问题是长春市城市基础设施投融资平台发展的瓶颈。

第三节 长春市城市基础设施投融资平台存在问题的原因

长春市基础设施投融资瓶颈问题，既有体制性原因也有非体制性原因。这些原因虽然相互交织，但所发挥的作用却不尽相同。其一，体制性原因是长春市基础设施投融资问题的深层次根源，同时也是基础设施产业适用性投融资技术和金融工具创新的前提基础；其二，基础设施产业本身的投资效益构成了基础设施产业投融资问题形成的基础；其三，基础设施产业所独有的技术经济属性则加重了基础设施产业投融资问题的复杂性和解决该问题的艰巨性；其四，基础设施产业适用性投融资技术和金融工具匮乏构成了基础设施产业投融资问题的直接原因，无论处于怎样的投融资体制，基础设施产业适用性投融资技术和金融工具创新都是解决基础设施产业投融资问题的必由之路。

第三篇　财政杠杆与资源配置

一　体制性原因

第一，法律体系不健全。我国还没有建立系统和完整的法律体系对基础设施投融资进行规范，基础设施投融资决策过程中经常找不到参考准则。迫于现实需要，各级地方政府制定了一些针对局部问题、特定时段的管理条例。然而，这样的投融资管理条例是有缺陷的。一是更新缓慢。有的规章制度是十多年前甚至二十多年前制定的，早已不合时宜。二是短期效应。有些制度往往只是针对局部范围、特定时段出现的问题采取的应急措施，解决不了根本问题。三是政出多门。文件之间交叉矛盾，比较混乱。四是多数为权限划分和程序性的规定，对投融资的合同、担保、证券化、特许经营权等具体问题没有明确的法律约定。[①] 以上现象普遍存在，长春市亦然。

第二，融资平台运作过程中政府存在越位与缺位。从世界各国的经验看，政府在城市基础设施建设中均发挥主导作用。在中国的现实条件下，尤其是长春这样改革开放步伐滞后的城市，政府在城市基础设施建设中究竟该管什么、该做什么、怎样才能有效地发挥主导作用，是一个极其重要的问题。改革前，由于政府的定位不明确，实际工作中经常出现政府该做的没有做，即政府缺位现象；同时也存在政府不该做的都做了，即政府的越位现象。其中，既有政企不分的问题，也有未能发挥民间力量的问题，这是城市基础设施建设管理体制上的一个主要问题。建立科学高效的城市基础设施建设投融资体制，首先必须政企分开。这一点，长春市政府已经意识到，并于 2001 年年初成立了长春城市开发（集团）有限公司。但仅仅如此是不够的，还必须科学地界定长春市政府的职能，明确规定哪些事应该或必须由政府来做，哪些事应该由长春城市开发（集团）有限公司来做，使政府的行为规范化。这样才能既保证政府发挥主导作用，又充分调动长春城市开发（集团）有限公司的积极性，发挥市场的调节和资源配置作用，使城市基础设施的建设、管理、投融资活动走上健康发展的轨道。但是，政府的有关职能部门，

[①] 潘相麟：《基础设施建设投融资运行模式研究——兼析重庆实践》，硕士学位论文，重庆大学，2007 年。

还在做着长春城市开发（集团）有限公司该做的事。因此，合理地界定政府的职能是搞好城市基础设施建设的前提，同时，政府完全按界定的职能去做。

实际工作常常是政府无法、无章可循，私人市场又无据、无门可入。由于城市基础设施建设具有一定的垄断性和公益性，其投资运营过程完全由政府管制固然不行，但完全靠市场竞争选择更不行，这是世界各国的共同经验。城市基础设施涉及巨大的社会公共利益，不论是由政府直接经营管理，还是由私人部门来投资经营，都必须接受政府的监督和控制。对于前者，政府通过直接控制向企业的预算拨款、审批企业投资规模和项目、任免企业负责人、对企业的定价和营利分配限制等方式来实施监督。对于私人部门投资经营的城市基础设施项目，政府监督控制方式主要是与之签订合同，规定双方的权利义务关系。把市场竞争机制引入城市基础设施建设，使大部分城市基础设施私有化，对政府的监管提出了更高、更严格的要求。这是因为城市基础设施大都有一定的自然垄断性和社会福利性，其产品或服务的价格与质量不能实行市场自由定价，而应由消费者、生产商和政府协商确定。其中的协调、监管、指导、调节等工作，需由政府或相应的机构来承担。就是说，市场化后，城市基础设施的经营功能与监管功能分离，政府必须负责城市基础设施产品或服务的标准制定、价格或收费水平制定、建设经营特许制度的执行。[①] 现实中，长春市政府在城市基础设施计划管制上存在着缺位现象，章法不健全，私人部门进入受政策高门槛约束。

第三，投融资平台的定位不准确。制度变迁理论认为，一个制度形成以后，初试选择就会对制度变迁的轨迹具有相当强的影响力和制约力。人们一旦确定了一种选择，就会对这种选择产生依赖性，这种选择本身也具有发展的惯性，具有自我积累放大的效应，从而不断强化这种初始选择，使它沿着既定的轨道持续下去，这就是所谓的"路径依赖特征"。随着中国经济体制改革的不断深入，初始形成的宏观投融资体制同样也具有报酬递增和自我强化的功能，直至最终形成以国家信用垄

---

① 钱维：《市场经济条件下的城市基础设施项目投融资研究——南京外秦淮河环境综合整治一期工程投融资方案为案例》，硕士学位论文，南京理工大学，2003年。

断的间接金融为主渠道的宏观投融资体制。这种投融资体制实际上是和中国经济体制改革中所经历的有计划商品经济阶段相适应的,属于行政化和市场化"二元"属性的投融资制度。这种"二元"投融资制度主要体现在两方面:

一方面,在长春市基础设施投融资体制中,形式上的投融资主体是长春城市开发(集团)有限公司,以国有独资公司的形式存在,注册资本来源于政府财政。在这种基础设施投融资体制中,长春市政府作为实际的投融资主体,直接承担基础设施建设的主要责任和义务,既是投资者,又是经营者,还是基础设施建设项目投融资市场的管理者。由于基础设施建设项目的决策、融资、建设、经营和管理又由政府的不同部门来执行,所以,没有形成真正意义上的、符合风险和收益一体化要求的投融资主体。代表政府作为基础设施建设投资主体的长春城市开发(集团)有限公司,事实上仅担任"出纳"的角色,只负责融资和支付资金,未能全方位地参与基础设施建设管理,"管钱"与"管事"相分离,形成机制上的管理脱节和职责分割,基础设施建设管理责任难以落到实处。正是因为基础设施投融资体系中缺乏真正的主体,投资决策主体和资金使用都是政府部门通过基础设施投融资公司做出,所以导致监管不力,产权不明晰,债权债务关系混乱。[①] 因为长春城市开发(集团)有限公司实际上与政府具有行政上的隶属关系,只负责进行基础设施建设项目融资和建设,而对项目的决策和经营没有发言权,市场主体法律实质缺损。当初成立长春城市开发(集团)有限公司的初衷就是要以资本为纽带确定投资人的权责,但是事实上长春城市开发(集团)有限公司只借助了有限责任公司的法律形态,而去掉了本质要求。公司制的目的是为了将所有权与经营权相分离,所有者财产与公司法人财产相分离,所有者不直接参与经营,只享有股东权利,承担风险也以其出资为限,使公司获得独立于出资人的法人地位。然而,长春城市开发(集团)有限公司并未取得独立的经营权,仍是由政府这一所有者的代表直接经营和决策,其所获收益也大部分上缴财政,再由财政返还

[①] 《基础设施建设投融资理论与创新》图文71-33,三亿文库(http://3y.uu456.com/bp_0asdx884m27f2vc1ufy4_1.html)。

第十一章 长春市城市基础设施投融资平台发展分析

给其使用,未产生法人财产。另外,出资人主体缺位还会造成基础设施建设投融资主体的责、权、利不统一,造成基础设施建设资金使用效率低下。在项目前期准备阶段,长春城市开发(集团)有限公司没有投融资决策权,实质上是"政府决策,长春城市开发(集团)有限公司筹资"。还有,贷款多少并不是根据长春城市开发(集团)有限公司承担债务能力的强弱来确定,主要是依靠银行贷款和财政拨款,而不考虑其自身的财务状况,导致"只看项目,不看资产负债表",致使长春城市开发(集团)有限公司以债还债,财务状况陷入恶性循环。

另一方面,投融资平台与银行间的关系模式实际上是一种"行政紧密型"的银企关系模式。这种"行政紧密型"的银企关系模式由于带有明显的信贷资金配供制特征,缺乏有效交易的市场基础,因而不是一个"正和博弈"的结果。产融双方在金融交易过程中都缺乏主动解决基础设施产业融资问题的积极性。由于缺乏合作的基础,平台和金融机构间虽然形成"紧密型"的银企关系模式,但却缺乏相互信任,投融资平台并不会因为银企间的重复交易而约束本方的机会主义行为,因为"赖账"并不会影响其后续借款;而在行政干预的情况下,信贷行为异化的银行也缺乏加强信贷监督和债券约束的动力和激励,对基础设施建设实施信贷往往类似于完成上级政府交给的"行政任务"。由于双方缺乏相互信任和合作意愿,频繁地交易和接触并不能产生双方的知识共享和创新。这意味着专门针对特定项目的金融工具、融资方案"适用性"创新几乎不存在可能性。况且,即使双方能够进行有效的沟通,严重迟滞的银行金融创新和融资服务能力也会制约其对金融工具、融资方案的"适用性"创新力度。这从长春城市开发(集团)有限公司外源融资仍然主要局限在银行贷款方式上就可见一斑。

第四,融资的偿债机制及监管机制不健全。首先,在项目前期准备阶段,投融资公司没有投融资决策权,实质上是"政府决策,平台融资"。其次,在项目实施和运营阶段,实施"收支两条线"的财务管理制度,投融资平台对自己借入的资金没有处置权,仅为"出纳"的角色。对项目建成之后产生的收益(可经营性资产)没有发言权和一定的处置权,长春城市开发(集团)有限公司为基础设施建设的项目所融的资金有时还需要自己来偿还,这样对于一个没有获得项目建成后收益的集团只能是以债还债。资金的偿还由长春市财政局负责,但并未建立起稳定的偿债机制。政企不分,没有按照现代企业制度的要求建立法人治理结构。这种体制上的弊端造成投融资公司仅充当政府职能部门的配角,无法发挥政府投融资主体的地位。"谁投资,谁决策,谁负责"的投资风险约束机制和责任机制难以落实,公司的权、责、利相互脱节。

二 非体制性原因

第一,产权制度不完善。产权制度不完善主要体现在产权管理模糊不清。现代企业制度要求,地方投融资公司(即出资者)是项目资产所有者,应该享有所有者(即项目业主)的各项权益。但从实际情况来看,投融资平台的业主身份并不明确,产权管理流于形式,国有资产所有权难以落到实处。现行的国有资产管理体制并没有赋予投融资平台以国有资产投资经营者地位的法律政策依据。因而,投融资平台投资形成的项目资产的所有者到底是谁,实际上并不明确。在人们的观念中,项目资产当然是国有资产,其产权管理职能亦应由国有资产管理部门来行使。但这样投融资平台与项目之间的产权关系被割裂了,这种做法反而把产权管理搞得更模糊。按《公司法》要求规范一些项目公司的体制,短期内还很难做到。[①]

第二,经营功能受制约。地方投融资平台公司区别于其他一般生产经营企业的重要特征是:后者为一般生产者,资产经营的基本方式是通过一般商品这一载体的市场供求关系来实现的;前者则主要是通过基本建设项目这一载体的运营实现资产的保值增值,而自己并未直接从事生产贸易领域的经营活动。显然,地方投融资平台公司是一个产权经营主体。不仅地方投融资平台公司资产经营的手段和方式不同于一般生产企业,而且,地方投融资平台公司还是一个特殊的企业法人。其特殊性主要体现在:一方面,地方投融资平台公司投资开发活动要以市场为基本的价值取向,要追求投资项目高收益和高回报率。因而,地方投融资平

---

① 《15 基础设施建设投融资运行模式研究——兼析重庆实践》图文 – 第 10 页,三亿文库(http://3y.uu456.com/bp_ 15g2884dtr9mzf00wd5t_ 10.html)。

台公司的投资活动表现为一种市场主体即企业的行为。另一方面，地方投融资平台公司又不是完全的市场主体，它的运营要以国家和省级政府产业发展战略为依据，以保证国家和省重点建设项目为基本职责。换句话说，它的投资开发活动在很大程度上又表现为一种政府行为。长春市基础设施建设投融资平台也具有这种双重身份，这要求其将市场机制与政府干预有机结合起来，将宏观和微观两方面的经济效益统一起来。但平台的这种双重身份往往会发生矛盾，直接影响产权经营功能的发挥。一是投资项目的经济效益与社会效益相统一的"度"很难掌握。现在的做法通常是政府定项目，投融资平台负责融资。就现行体制条件而言，问题的关键不在于这种安排方式是否合理，而在于政府投资决策是否科学，是否把投资项目的经济效益提高到应有的位置上。实际情况表明，过去在这方面是有很大欠缺的。呆滞资产的沉淀较多，直接制约了投融资平台的长期发展，也不利于地方经济的长期发展。二是资产经营及其增值的速度受到政策性因素制约。投融资平台主要承担重点建设项目等政策性投融资。这些政策性投融资总体上回报率不高，加上投资量大、回收周期长、风险也较大等因素的影响，投资收益低于平均水平。①

第三，融资渠道狭窄，方式单一。长春市基础设施建设投融资平台的资产由长春市国资委管理，由于可经营性资产占整个资产的比例较小，所以经营性收益和经营性现金流较小，导致长春城市开发（集团）有限公司的项目建设资金主要来源于财政拨款和银行借款。从长春城市开发（集团）有限公司的资金结构上来看，主要来源于国家开发银行和一些商业银行，融资渠道较为单一。其中，对国家开发银行的依赖性较强；从其他商业银行的贷款数目也不容小视，从商业银行、中国银行、工商银行、交通银行等商业银行的贷款数额占整个贷款比例（见图11.1）可以看出对商业银行的依赖程度。城市基础设施相对经济发展来说，需要有超前性或至少是同步发展。只靠政府资金和借贷资金是远远不够的。不仅资金数量远远无法满足实际需求，而且融资成本也较

---

① 《基础设施建设投融资理论与创新》图文71－第33页，三亿文库（http://3y.uu456.com/bp_0asdx884m27f2vc1ufy4_33.html）。

高。随着银行贷款成本的不断上升，加之长春城市开发（集团）有限公司的营利能力没有稳步提高，如果继续高度依赖银行贷款，今后的发展将是举步维艰。这样只顾眼前、不顾将来的发展势必会造成资金下一步更加短缺，极大地限制了城市基础设施建设的发展。所以，当务之急是积极拓宽城市基础设施融资渠道。一方面要创造条件吸引私人资金直接投入城市基础设施事业，另一方面要创造条件利用资本市场为城市基础设施筹措资金。

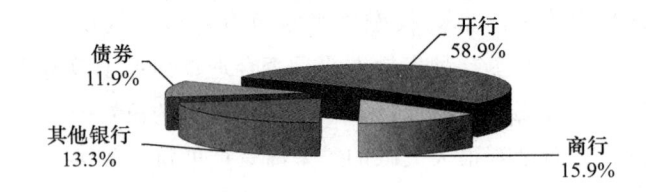

图 11.1　长春城市开发（集团）有限公司融资渠道结构

　　第四，融资平台自身存在行业风险。由于基础设施建设项目具有贷款期限长、行业集中度高、易受政策影响、担保方式存在缺陷等特点，所以其潜在的风险客观存在，不容忽视。我们需要关注的主要风险至少包括两个方面：一是政府信用风险。政府信用风险是基础设施建设项目的主要风险。如前所述，基础设施建设项目均具有政府背景，虽然有的项目自身产生经济效益，但是，从基础设施建设项目的整体来看，还本付息来源很大程度上依靠由政府控制的土地出让金收益，并且，大多数贷款采取财政兜底担保。因此，政府的承诺届时能否兑现，完全取决于政府的态度。二是政策性风险。在基础设施建设项目贷款中，土地出让金收益扮演着十分重要的角色，一般既作为还贷付息的资金来源，又作为贷款的质押权益，有的还作为项目的资本金。2003 年以来，国土资源部和国务院先后下发了《关于清理整顿各类园区、开发区用地，加强土地供应调控》和《关于深入开展土地市场治理整顿，严格土地管理》等通知。国务院总理温家宝多次强调，要依法加强用地管理，整顿规范土地市场，要严格控制征地规模，实行并落实最严格的耕地保护制度，切实保护农民合法权益。国家在土地市场实行最严格的管理，对土地出让产生了直接的影响。部分土地由于国家供地指标冻结,无法办妥供地手续;部分原计划用于商住的用地,由于不合规定而要改变用地性质;部分土地可能存在审批手续不全而无法进入市场。另外,为保护城镇居民和失地农民的合法权益,土地出让费用大幅增加,等等。国家土地政策的调整将导致部分土地收益无法如期实现,或是根本无法实现,或是实现收益大幅度减少。2003年年末,中央决定,完善土地管理制度,实行省级以下土地垂直管理体制,国土资源部门的领导干部由地方党委管理为主改为由上级国土资源管理部门管理为主。银行主要涉及的是土地储备项目较多(即土地开发项目),用取得的土地收益权进行质押。这存在一定的法律障碍,如果土地管理机构在人事上垂直管理,地市级土地管理局直属于省级国土资源厅(局),那么以地方土地出让收益质押这一问题就会暴露出来,矛盾可能会激化。①

参考文献

1. 吴国代:《吉林省A基础设施融资平台运行模式研究》,硕士学位论文,吉林大学,2011年。

2. 李雅卓:《哈尔滨市城市基础设施建设投融资方式的研究》,硕士学位论文,哈尔滨工程大学,2006年。

3. 《长春城市开发集团有限公司跟踪评级分析报告》,豆丁网(http://www.docin.com/p-1014398026.html)。

4. 《长春市国民经济和社会发展第十一个五年规划纲要》,《长春日报》2006年3月20日。

5. 袁元:《株洲高新区政府融资平台发展对策研究》,硕士学位论文,湖南工业大学,2012年。

6. 沈启天:《关于深化长春市城建系统改革的思考》,《长春市委党校学报》2000年第2期。

7. 潘相麟:《基础设施建设投融资运行模式研究——兼析重庆实践》,硕士学位论文,重庆大学,2007年。

8. 《基础设施建设投融资理论与创新》图文71,三亿文库(http://

---

① 潘相麟:《基础设施建设投融资运行模式研究——兼析重庆实践》,硕士学位论文,重庆大学,2007年。

3y.uu456.com/bp_0asdx884m27f2vc1ufy4_1.html）。

9. 哲建：《地方投资公司的困境与出路》，《中国投资与建设》1998年第3期。

10. 于强：《地方投资公司产权关系现状与改革突破口》，《浙江经济》1995年第10期。

11. 梁庆凯、陈晓红：《城建投资公司会计问题的成因透析及对策》，《财经理论与实践》2005年第6期。

12. 蔡蔚：《我国城市轨道交通投融资体制演进机理探析》，博士学位论文，同济大学，2007年。

13. 孙洁：《城市基础设施的公私合作管理模式研究》，博士学位论文，同济大学，2005年。

14. 黄桂林：《我国城市基础设施产业化发展研究》，博士学位论文，哈尔滨工业大学，2009年。

15. 吴胜：《城市基础设施项目贷款风险及其防范》，《浙江金融》2004年第12期。

16. 罗砚江：《中国城市基础设施投资改革理论和实践研究》，硕士学位论文，西南财经大学，2006年。

17. 钱维：《市场经济条件下的城市基础设施项目投融资研究——南京外秦淮河环境综合整治一期工程投融资方案为案例》，硕士学位论文，南京理工大学，2003年。

18. 陈浮：《湖南开发银行城建类客户信用风险管理研究》，硕士学位论文，湖南大学，2007年。

19. 杨毅：《北京基础设施建设项目融资研究》，硕士学位论文，首都经济贸易大学，2008年。

20. 岳俊健：《浙江省城市基础设施投融资体制问题研究》，硕士学位论文，浙江大学，2004年。

21. 肖宏江：《试论政府投资主体的制度创新》，《湖北社会科学》2000年第2期。

22. 和宏明：《论政府在城市基础设施投融资中的多元化角色》，《广东社会科学》2003年第4期。

23. 郑鸿：《论政府在城市基础设施投融资中的多元化角色》，《科技创新导报》2008年第34期。

24. 李丽萍、张伟：《国外城市基础设施的市场化管理研究》，《中共济南市委党校学报》2004年第2期。

25. 陈晓红、梁庆凯：《目前国家开发银行城建贷款的风险及其防范》，《中南大学学报》(社会科学版) 2004 年第 5 期。

26. 刘玉明、郝生跃、郭霞:《城市基础设施建设投融资改革研究》,《北方交通大学学报》(社会科学版) 2003 年第 4 期。

27. 李月静:《深、港公共工程管理比较研究》,硕士学位论文,重庆大学,2005 年。

28. 赵辉、王雪青:《青岛城市基础设施投融资体制创新研究》,《青岛理工大学学报》2010 年第 6 期。

29. 薛剑虹:《信息产业集群与区域经济发展关联效应分析》,《北方经贸》2010 年第 12 期。

30. 刘光俊:《中国财政分权制度 60 年的变迁与创新研究》,《山西财政税务专科学校学报》2011 年第 1 期。

31. 曹庆穗、严俊文、褚芳、唐玉邦:《我国农业产业集群的发展现状与对策》,《江苏农业科学》2010 年第 6 期。

32. 温连青:《地方政府投融资平台的风险及其防范》,硕士学位论文,山东财经大学,2013 年。

33. 卢青:《我国 19 个副省级城市基础设施建设的比较分析》,《甘肃农业》2006 年第 11 期。

34. 边江璐、周涨、毛兴斌:《浅析我国城投公司现状——以重庆"八大投资集团"为例》,《现代物业》2013 年第 9 期。

35.《15 基础设施建设投融资运行模式研究——兼析重庆实践》图文 - 第 10 页,三亿文库 (http://3y.uu456.com/bp_ 15g2884dtr9mzf00wd5t_ 10.html)。

36.《基础设施建设投融资理论与创新》图文 71 - 第 33 页,三亿文库 (http://3y.uu456.com/bp_ 0asdx884m27f2vc1ufy4_ 33.html)。

第十二章 部分省市城市基础设施投融资平台发展经验及启示

部分省市城市基础设施投融资平台发展经验及启示，主要是分析上海市、重庆市、辽宁省和甘肃省城市基础设施投融资经验及启示。

第一节 部分省市城市基础设施投融资平台发展的经验

部分省市城市基础设施投融资平台发展的经验，有上海轨道交通设施投融资的经验，重庆市城市基础设施投融资的经验，辽宁省城市基础设施投融资的经验，甘肃省城市基础设施投融资的经验。

一 上海轨道交通设施投融资经验

"十五"期间，轨道交通项目共需建设资金数千亿元人民币。如此大规模的建设，如果采用传统的投融资方式，由政府投入，显然是一个巨大的财力负担。因此，上海轨道交通建设采用了新的融资方式。

2000年4月，上海久事公司和上海城投总公司联合组建了轨道交通投资公司——上海申通公司。该公司注册资本260亿元人民币，其中，上海久事公司占60%。上海久事公司主要通过申请国家开发银行长期贷款、发行债券等方式筹措资金。然后以现金方式注入上海申通公司，作为上海久事公司的股本投入。上海城投总公司占40%，主要是以地铁一号线的存量资产作价投入。其在投融资方式上的最大特点：不是由上海申通公司为所有轨道交通项目进行统一融资负债，而是采取与沿线各区一起，联合组建轨道交通项目公司，项目公司的注册资金占总投资的35%左右，上海申通公司和沿线各区负责相应部分的股权出资；另外65%由项目公司向银行长期贷款。由于轨道交通建设将大大改善沿线各区的交通环境和投资环境，同时带动沿线各区的房地产业发展和经济发展，所以沿线各区对于参与轨道交通建设非常有积极性。为此，本着"谁投资、谁所有、谁受益"的原则，根据每条线路不同的客流量、建设成本等情况，项目公司的出资比例由上海申通公司与沿线各区分摊解决。①

上海轨道交通建设将需要3000亿元人民币左右的资金，如果采用传统的融资模式，由上海申通公司统一借款，上海申通公司将无法承受沉重的债务压力。在新体制下，上海申通公司不直接出面借款，通过多元化、多层次的投融资模式设置，将上海轨道交通建设所需的债务负担合理分解，上海申通公司仅仅代表政府财政职能，给予相应的支持。通过这样安排，使得巨额融资得到解决，同时，上海申通公司的负担也不过重，走入了良性循环的可持续发展的道路，为下一步更高层次的资本运作打下了良好的基础。

另外，运用资金信托计划，建设上海外环线隧道项目。② 上海黄浦江外环线隧道工程是我国建设规模最大的沉管隧道，于2003年年底通车。2000年上海市市政局代表市政府进行投资者招商，投资者回报机制为参照5年期银行贷款利率，给予投资者现金流量补贴。经过招标，上海爱建信托公司等投标联合体以总投资额约17.36亿元中标投资该隧道，由市政局授予25年特许经营权。为此，上海爱建公司出资35%成立了项目公司。项目由上海城建集团进行施工总承包，施工投资风险基本得到控制。根据市政局的要求，项目公司聘请上海黄浦江建设公司作为投资者"代甲方"，进行工程施工管理，并且，项目建成营运以后，项目公司需聘请专业养护公司进行养护管理。该项目总投资的65%，由工商银行提供15年长期项目融资支持。担保方式为建设期由上海爱

---

① 《地铁融资·轨道交通案例分析系列——上海申通公司模式》，酷饭网（http://qoofan.com/read/58066v5aGD.html）。

② 《上海外环隧道项目资金信托计划介绍》，育龙网（http://kuaiji.china-b.com/lcghs/xdlc/20090805/246847_1.html）。

建信托公司，项目建成营运后改为以项目资产和政府补贴做抵押。

2002年7月，上海爱建信托公司将其投资的上海外环线黄浦江越江工程再度包装，面向社会机构和个人投资者推出了国内首个真正意义上的信托产品——上海外环线隧道项目资金信托计划。个人投资者第一次可以通过信托形式参与城市的基础设施建设。而城市建设的投融资改革也因此有了一条吸引民间闲散资金的可行渠道。此次信托计划的筹资总量为5.5亿元。按照规定，每个信托合同的信托金额最低为5万元，信托期三年，爱建信托将把筹到的信托资金全部用于外环隧道项目。为规避风险，法规规定信托公司不能向投资者承诺回报率。项目由上海市市政局以固定回报方式，给予上海爱建信托公司现金流量补贴，所以，该项目的投资风险较小，投资者的投资收益率在5%左右，扣除个人利息所得税（20%）以及少量的管理费，投资者实际收益在4%左右。[①]由于该信托计划的筹资非常适合那些不满足于银行利率、又害怕股市风险的个人投资者，所以，一经推出，个人投资踊跃，该信托计划在一周内销售完毕，而且70%以上是个人投资者。

二 重庆市城市基础设施投融资经验

土地储备制度，是地方政府依照法律程序，运用市场机制，按照土地利用总体规划和城市发展规划，通过收回、收购和征用的方式取得土地，再对土地进行前期开发、整理、储存，满足城市各类建设用地的需求，确保政府垄断土地一级市场的一种管理制度。土地储备制度的建立，不仅对于合理利用土地资源、提高土地资源开发效率具有重要作用，而且对于增加城市财政收入、拓宽城市基础设施投融资渠道，也具有相当重要的作用。所以，土地储备制度是我国城市基础设施的一种融资模式。重庆市土地储备制度在重庆市城市基础设施建设中发挥了主导作用，取得的成就在全国范围内引起了较大反响。

第一，土地换项目。近年来，重庆市在公路、桥梁、机场等重大城市基础设施建设方面广泛应用了土地换项目模式。这种模式的核心要素

---

① 《个人信托计划案例》，池锝网（http://www.cdfds.com/gongzuojihuafanwen/48835.html）。

在于地方政府在缺乏建设资金的情况下，通过划转土地给投资集团储备经营，投资集团负责筹集项目的建设资金，后期利用土地储备经营收益来收回项目建设成本及投资收益。

第二，股权信托。渝涪高速公路总投资 49 亿元。如何收回投资，是重庆市政府头疼的事情。2003 年渝涪高速公路的价值经资产评估公司评估为 58.5 亿元，其中负债 32 亿元，净资产 26.5 亿元。2003 年 9 月，重庆国投和重庆高速公路发展有限公司（以下简称高发司）共同成立了渝涪高速公路有限公司（以下简称渝涪高速），以 58.5 亿元收购了渝涪高速公路 30 年经营权为公路埋单。新公司注册资本 20 亿元，高发司出资 6 亿元，重庆国投出资 14 亿元，重庆国投持有了渝涪高速 70% 的股权。重庆国投以渝涪路的良好收益性为依托，通过"渝涪高速股权信托"，向社会投资者募集了 14 亿元资金，并凭借这 14 亿元资金入主渝涪高速公司。该信托期限 3 年，预计年收益率 4.2%，认购起点 200 万元，重庆市商业银行提供付款担保。信托期满，按协议规定重庆城投公司或其指定的机构溢价收购受托人持有的渝涪公司 70% 的股权。2007 年 1 月，重庆国投提前一周向投资者兑付了本金和 2006 年收益。

第三，引入国外资本。重庆中法供水有限公司（以下简称"重庆中法"）系由中法水务投资有限公司与重庆市水务控股（集团）有限公司共同合作经营的中外合作企业，成立于 2002 年 11 月 1 日。重庆中法预计总投资 12.3 亿元，重庆水务集团持股 40%，中法水务投资公司持股 60%。公司经营期限为 50 年。重庆中法预计总投资分三期实施，第一期 6 亿元，用于对原重庆水务集团江北地区部分资产的购买；第二期和第三期分别投资 2.8 亿元和 3.5 亿元，用于对梁沱水厂三期的扩建工程、渝北区及北部新区供水管网和江北水厂原有系统的改造。

第四，特许权经营方式融资。特许权经营方式融资，是指政府运用特许经营权的方式委托企业或与企业共同建设、运营城市基础设施产业并提供相关服务，以此完成城市基础设施建设的融资方式。特许经营方式通常由政府与企业双方共同合作，共同投资，共担风险，因此既具有公共性的特点，又具有营利性的特点。广义地讲，特许经营方式融资包括 BOT、TOT、PPP 等融资方式。BOT 模式，即建设—经营—转让方式。概括来说，是指政府授予企业一定期限的特许专营权，许可其融资建设和经营特定的公用城市基础设施，并准许其通过向用户收取费用或出售产品以清偿贷款、回收投资并赚取利润；特许权期限届满时，公用城市基础设施无偿移交给政府。在实践中，由于具体项目的条件不同和实际操作上的差异，BOT方式的具体结构也相应随之改变。其主要结构有BT、BOOT、BOO、DOT等。BOT模式的关键在于吸引民间资本参与城市基础设施建设，BOT模式适用的项目一般具有以下特点：尚未关系到国计民生的经营性和准经营性城市基础设施项目；前期工作成熟、急需投资建设；建设资金回收有保障，但回收时间较长（一般10年以上）；投资风险小，收益较高。具体适用范围包括城市公路、桥梁、隧道、供水、污水处理、垃圾处理、轨道交通等城市基础设施建设领域。重庆市采用BOT模式的典型项目是渝邻高速公路。此后，高发司运用该模式，开发建设了多条高速公路。

三 辽宁省城市基础设施投融资经验

辽宁省城市基础设施投融资经验因地方不同而有所区别，所以，我们以大连市城市基础设施投融资经验为例。大连市城市基础设施投融资主要有两种模式：

第一，"以项目作增量模式"。以项目作增量模式的项目是"土羊高速"。"土羊高速"是大连市"十五"期间的重点项目，总投资约为16亿元。由于其连接沈大高速和烟大轮渡，社会预期经济效益较高，具有投资意向的公司、组织众多，但其中绝大多数投资者看中的是工程阶段的经济效益。此外，项目投资规模较大，少数的投资者难以独立承担。"以项目作增量模式"的优点：通过国有资本的少量投入，拉动民间资本投入，缓解项目资金瓶颈；政府仅负责项目正式运营前期的利息支付，可大幅度减少项目财力支出；通过TOT方式转让经营权，并未失去项目所有权，约定期限后可无偿收回；TOT方式下使国有资本迅速收回，滚动式发展基础设施建设项目。

第二，"以存量带增量模式"。马栏河、春柳污水处理厂是已建成项目，长期以来，由于政府资金投入不足，污水处理能力增长缓慢。同样由于资金不足，其他污水处理项目的建设也基本上处于停滞状态。要改变这种被动局面，大连建投拟采取"以存量带增量模式"，在政府不增加投入的前提下，将大连市污水处理问题通盘考虑，用市场化运作的思路解决建设资金不足的问题。"以存量带增量模式"主要要素：政府将马栏河、春柳污水处理厂作为国有存量资产统一划拨给大连建投管理；"建投"以马栏河、春柳污水处理厂资产为基础，通过注入资金和吸收民间资本投资组建"水务投资公司"；政府授权"建投"统一管理和运作污水处理项目；"建投"将马栏河、春柳污水处理项目进行包装，主要策略是将污水处理和中水回用进行捆绑，增强项目的经济强度；"水务投资公司"转让马栏河、春柳污水处理厂的部分股权，用所获资金和捆绑政府贴息贷款投入后续污水处理项目；部分污水处理项目采用BOT方式，部分污水处理项目采用TOT方式，由"建投"统一组织招投标和项目管理；通过资金滚动、以存量带增量，解决污水处理和中水回用的老大难问题。"以存量带增量模式"的优点：将马栏河、春柳污水处理项目及其他污水处理项目划归"建投"统一运作和管理，实现了政府职能的转变，政府管政府的事，企业管企业的事，解决了政府与企业功能错位的问题；将污水处理项目由"建投"统管，实现准公共产品项目的市场化运作，政府可以在不增加投入的前提下解决污水处理率偏低的难题；用少量国有资本滚动投资，充分发挥国有资本对民间资本的带动作用，吸引大量民间资本进入城市基础设施建设领域，缓解污水处理的资金瓶颈。

四 甘肃省城市基础设施投融资经验

甘肃省城市基础设施投融资经验也因地方不同而有所区别，所以，我们以兰州市城市基础设施投融资经验为例。兰州市城市发展投资公司是兰州市唯一的城市建设投融资平台，该公司成立于2000年9月，注册资金9800万元，隶属于兰州市建委。2005年5月，改制重组为兰州市城市发展投资有限公司，注册资本为22亿元，为隶属于兰州市人民政府的国有独资企业。

兰州市城市发展投资有限公司提出了经营城市的理念。经营城市是城市发展模式的创新，它是盘活城市资产的现实选择，也为筹集城建资金提供了一种新的理论和思维方式。经营城市是指"运用市场机制来调控城市发展要求与发展条件之间矛盾的一项经营管理活动"。即从整合资源、统筹发展的思路出发，把城市资产作为最大的国有资产来经营，运用市场经济的手段，对构成城市空间和城市功能载体的自然资本（土地、水域、矿产等）、人力作用资本（道路、桥梁、绿化等）及其相关的延伸资本（专营权、广告权、冠名权等）等经济要素进行集聚、整合和市场化营运，将营运取得的经济收益用于改善和发展城市基础设施和环境建设，提高城市自身的价值和竞争力，从而带动城市社会经济的全面发展，使城市发展纳入可持续发展轨道的目的。因此，城市经营应该是对城市的传统投资、建设和管理体制的市场化改革，要求政府改变单一的城建资金筹措方式，通过市场化的手段对城市整体资源进行发掘、利用和经营。

城市资源可以分为两类：经营性资源和公益性资源。作为经营性城市资源，不仅要有偿使用，还要追求投资收益。兰州市城市发展投资有限公司先后实现资产经营收入12亿多元。主要做法：一是注重发挥"土地"龙头作用。城投公司结合城区土地利用现状，建立了城区土地统一储备、统一供应的新机制。兰州市城市发展投资有限公司以土地储备中心为载体，在全市范围内开展可经营性土地的收购、储备、开发等工作，所储备的土地部分用于抵押融资，部分通过公开交易场所出售，所得利润则成为开展持续经营及还本付息的资金来源。土地储备出让工作的有效开展，不仅盘活了城市存量资产，增加了收益，而且为兰州市城市基础设施建设项目融资创造了必要的贷款抵押条件，有效缓解了城市基础设施项目融资压力。二是走专业化经营的道路。兰州市城市发展投资有限公司以股权为纽带，优化资源配置，成立、控股或参股各种经营性公司，并着力提高公司的市场化运营程度。三是收取贷款建设路桥车辆通行费。甘肃省政府将车辆路桥通行费的征收权划拨给兰州市城市发展投资有限公司，补充兰州市城市发展投资有限公司的营运资金。

第二节 部分省市城市基础设施投融资平台发展的启示

部分省市投融资平台发展的启示，主要有创新项目融资方式，以市场化方式运作，强化政府监督管理，拓宽民营资本进入渠道。

一 创新项目融资方式

上海市凭借自身的区域优势、雄厚的经济基础、充足的财政收入、规范的招商政策等，通过组建城市建设投资开发总公司，并下设各种项目分公司，承建上海市基础设施建设。采取债券融资和特许经营权融资等方式来吸引投资者参与项目建设。具体运行模式是：上海城市建设投资开发总公司主要负责发行企业债券；政府大力开展项目融资，利用公开、公平、公正招标的方式选择投资者，与投资者签署"特许经营权"协议，对于某些资金短缺的项目给予适当的财政补贴，以鼓励投资者参与。上海市通过市场化融资，对基础设施融资体制进行改革，转变政府角色，使政府不再是直接参与者，而变成监管者。上海市形成了"政府引导、市场运行、社会参与"的投资新模式。

二 以市场化方式运作

投资公司通过市场化运作，在政府主导下，成为建设投融资主体，通过合理的资本聚集，形成诚信的融资平台，将分散的资源、资产、资金整合转化为资本，形成规模优势，大幅提高了融资能力和信用度。投资公司融资方式多样化、融资能力强，有强大的"造血"功能。融资方式主要有土地换项目、股权信托、引入国外资本、特许权经营方式等。投融资平台运行的关键环节在于：政府决策权下放，确保投融资平台的主体地位、不断提升投融资公司运行能力、创新融资渠道和方式。投融资和建设平台缓解了政府建设资金缺口，大大加快了建设进度，而且还推动了政府公共事业管理和运作方式的改革，发挥了多面功效。实践证明，城市基础设施投融资平台在城市建设投融资改革方面取得了突破，形成了一条政府主导、市场运作、社会参与的多元投资格局的创新之路。明确政府操作与市场化的界限，是利用各种力量推动城市建设的基础。从城市基础设施的收益特征分析，非经营性城市基础设施应该由政府资本投入，并且应该明确政府投入的时序和投入主体；对于可（准）经营性城市基础设施应该积极引入民营资本参与建设，并明确项目的营利方式及边界条件，确定投资回报机制。

三　强化政府监督管理

城市基础设施是城市赖以生存的基础条件，是支撑整个城市正常运转的重要命脉，因此，无论是政府资本投资还是民营资本投资的城市基础设施项目，政府都应对其进行严格的监督和管理，以确保整个城市健康有序发展。将市场竞争机制引入城市基础设施领域后，对政府的监管职能提出了新的要求：一是由于基础设施的福利性、垄断性特征，导致其产品和服务无法由市场定价，须由政府完成大量的调节、指导、协调、监督工作；二是在引入市场竞争机制后，为确保充分有效的市场竞争，政府还要着力解决竞争方面的管制问题。要加大管理的维度，从原来的单一国有投资管理转移到全社会投资管理；要建立健全一整套规范化程序，内容涉及城市基础设施融资、建设、运营等各环节；要健全合理的城市基础设施价格回报机制；要规范民营资本进入的领域、参与程度、进入程序，并实行严格的过程监管；要进一步规范和加强政府投资类项目的管理；要加强对政府授权投资机构的政策指引与监控；要进一步加强项目审计监督和完善重大项目稽查制度。

四　拓宽民营资本进入渠道

确立平等准入、公平待遇原则，坚持创造"公平、公正、公开"的竞争环境，构建对所有企业一视同仁的投资政策与管理平台；允许民营资本进入法律法规未禁入的行业和领域；凡是政府承诺对外商逐步开放的领域，都应支持和引导民营资本进入。要根据公平、公正的原则，对现行各种歧视和不利于民营资本投资基础设施领域的政策规定进行清理和修订，切实将本地、本行业内对民营投资者的优惠政策落实到位；要建立和完善对民营资本开放领域的投资项目的市场化、社会化运作机制；要完善政府特许经营制度，加快制定投资主体招标办法。不得以企业的所有制性质和行业投资业绩等条件排斥民营资本投资；城市政府投资主管部门要按照《国务院关于投资体制改革的决定》及企业投资项目核准、备案办法等配套政策文件要求，规范办理民营企业投资项目核准或备案手续。城市规划、国土、建设、环保、工商、消防、安全监管等部门要建立与企业投资项目核准和备案制相适应的管理制度；对民营资本开放的项目，凡按照《中华人民共和国招标投标法》必须进行公开招标的，符合条件的民营企业均具有平等的投标、竞标权利；有关行业主管部门要充分利用公众网信息平台及时面向全社会公布投资信息。①

参考文献

1. 李镜：《城市基础设施投融资平台构建及运行模式研究》，硕士学位论文，重庆大学，2008年。

2. 潘青：《山东省城市基础设施融资研究》，硕士学位论文，天津大学，2004年。

3. 周敏：《大连市城市基础设施建设投融资平台搭建与运作模式研究》，硕士学位论文，大连海事大学，2004年。

4. 李富平：《兰州市城市基础设施融资渠道研究》，硕士学位论文，兰州大学，2010年。

5. 杜鹏：《甘肃省地方政府城建投融资平台研究》，硕士学位论文，兰州大学，2010年。

6. 张小国：《我国城市基础设施建设融资方式研究》，硕士学位论文，武汉理工大学，2005年。

7. 马静：《河北省城市基础设施投融资平台研究》，硕士学位论文，河北大学，2011年。

8. 李惠先、李辉、王嗣杰：《拓展我国城市基础设施融资渠道的探讨》，《山西财经大学学报》2009年第S2期。

9. 《广东省关于放宽民营资本投资领域的实施办法》，《广东省人民政府公报》2003年第32期。

10. 王小平：《渭河全线整治规划项目融资研究》，硕士学位论文，西北大学，2012年。

11. 田裕英：《民营资本投资公路建设方式研究》，硕士学位论文，武汉理工大学，2006年。

12. 刘芳：《信托业今天"立春"》，《解放日报》2002年7月18日。

13. 《地铁融资·轨道交通案例分析系列——上海申通公司模式》，酷饭网

---

① 《广东省关于放宽民营资本投资领域的实施办法》，《广东省人民政府公报》2003年第32期。

（http：//qoofan.com/read/58O66v5aGD.html）。

14.《上海外环隧道项目资金信托计划介绍》，育龙网（http：//kuaiji.china-b.com/lcghs/xdlc/20090805/246847_1.html）。

15.《个人信托计划案例》，池锝网（http：//www.cdfds.com/gongzuojihuafanwen/48835.html）。

16. 杨家应：《陕西省"一线两带"基础设施建设多元化投融资体系研究》，硕士学位论文，西安理工大学，2007年。

第十三章　推动长春市城市基础设施投融资平台发展的建议

不同的看问题视角，采取的促进长春市城市基础设施投融资平台发展的对策建议也不同。从财政杠杆的视角来说，促进长春市城市基础设施投融资平台发展的对策建议，就是利用财政杠杆优化城建资源配置。所谓财政杠杆，是指国家利用财政分配调节总供求、经济结构、利益关系等的经济活动。所谓城建资源，是指服务于城市基础设施建设的政府的资源。

第一节　授权长春市财政局统一配置城建资源

第一，长春市城市城建资源状况。长春市政府具有丰富的城建资源，具体来说，主要有自然资源、市政基础设施、市政公用设施、行政事业资产、特许经营权和政策等。这些城建资源可以划分为三大类。一是不动资产。不动资产主要包括城市中的空地、房屋等，如国有土地，行政事业单位办公用房、单位住房、招待所和铺面等资产，城市道路、防洪排涝、广场街道、公共照明、生态环境、公园等公共基础设施，科教文卫体项目资产以及停车场、公厕等城市资源。二是可动资产。可动资产主要包括有资金流的基础设施和水、电、气、公交等公用设施。三是无形资产。无形资产主要包括交通路线、出租车和路牌广告的经营权，冠名权、开发权、使用权等特许经营权，城市历史文化、旅游资源等以及政府的一些支持政策。长春市可以利用财政杠杆，优化这些资源配置，通过市场运作、资本经营来筹集城建资金。

第二,授权长春市财政局负责长春市城建资源配置。盘活城市资源、优化城建资源配置,是解决长春市城市基础设施建设资金瓶颈问题的有效办法,也是实现城市基础设施跨越式发展的较佳途径。要优化城建资源的配置,就必须统一管理城建资源。只有将城建资源集中管理起来,才能运筹帷幄,科学配置这些资源,实现城建资源优化配置和资产高效运作。这就要求改变目前城建资源管理各自为政的状况,摸底查清长春市城建资源状况,理顺产权关系,按照"所有权统一管理,集中授权使用和运营"的基本思路,将各类城建资源统一由一个机构配置。

从可行性、效率和权威性来说,长春市财政局可以承担这一重任。长春市政府可以授权长春市财政局行使统一管理长春市城建资源职能,具体负责长春市城市资源的配置。通过优化城建资源的配置,增强长春市城市基础设施投融资平台的实力,健全其造血机能,实现城建资源资产化、资产资本化的市场化运作,扩大城市经济总量,实现"投资—回收—再投资"的良性循环,走"以城建城、以城养城、以城兴城"的市场化道路。

通过财政杠杆优化城市资源配置,可以把长春市财政局组织协调优势和长春城市开发(集团)有限公司的市场化投融资优势结合起来,增强长春城市开发(集团)有限公司市场实力和信用等级,增强长春市城市基础设施建设投融资平台的融资能力,满足长春市城市基础设施建设的资金需求。

第二节 授权长春城开集团为城建资源运营主体

在市场经济条件下,需要严格区分政府行为和企业行为。政府以及相关的行政部门是不能参与城建资源经营活动的。因此,长春市财政局统一管理配置城建资源后,还必须明确城建资源的市场运营主体。确立长春城市开发(集团)有限公司为城建资源运营主体,就必须按照市场经济规律运营。有了城建资源的市场运营主体,才能通过市场运营城建资源,才能实现资产增值的最大化。显然,长春市财政局不能担任城建资源运营主体。因此,可以授权委托长春城市开发(集团)有限公司为城建资源运营主体,具体集中运营城建资源,实现政府协调下的城建资源管理和运营方式,服务于政府的政策意图。

第三节 制定扶持城建资源配置主体和运营主体的政策

长春城市开发(集团)有限公司作为城建资源运营主体,投资的项目大多是公益性项目,即为城市提供基础设施产品。城市基础设施产品不仅占用资金量大,而且收益低,甚至没有收益。因此,长春城市开发(集团)有限公司运营,必须得到政府在政策上的大力支持,以使这些政策性收费资金投入到新的建设项目,并逐步取得政府委托运用和实施城市公共资源的开发与经营权。

借助长春城市开发(集团)有限公司这个市场主体,按照市场经济模式运作,引入市场机制和经济意识,合理配置城建资源。委托或授权长春城市开发(集团)有限公司进行融资、建设、运营,并给予相关的政策支持和相应的投资政策补偿,在财政、税收等方面给予优惠,弥补项目资金的不足,实现政府资产综合效益和效能的充分发挥,使城市资产更多地转化为价值形态和货币形态,使城市建设由简单的生产过程变为资本运营过程,并从中获得收益。建立完善的债务预警和偿还机制,提高再融资能力和偿还能力,保障城市建设投融资平台的正常运转。

第四节 分类运作和管理城建资源

城市资源集中到财政后,应根据资源类别和市场需求进行分类运作管理。第一,对于公益性资产,如图书馆、公园、城市干道等,仍委托政府主管部门管理,因为这些资产市场是缺乏价格的,政府通过收支两条线的制度委托主管部门管理,可以弥补市场失灵的缺陷;第二,对于纯粹行政办公用房等资产,可授权各行政部门使用,在使用过程中发生的维修、装修等支出,都由财政统一监管;第三,对于经营性城市资源,应该通过拍卖、租赁、抵押和委托等多种市场行为进行经营管理,以实现资产的高效再配置。

在优化城市资源管理过程中，要增加监督力度和操作透明度，坚持公开透明，实行不越位的"阳光化"管理，在市场操作过程中争取社会的广泛关注和参与，邀请行政部门监督，杜绝"暗箱操作"。

参考文献

1. 左新文：《社会公益性设施政府投融资模式探讨》，《宏观经济研究》2004年第5期。
2. 杨海霞：《正确认识"城投债"》，《中国投资》2009年第6期。
3. 赵优红、张宇飞：《我国政府投融资体系的现状及完善》，《财政研究》2005年第10期。
4. 贾康、孟艳：《运用长期建设国债资金规范和创新地方融资平台的可行思路探讨》，《前沿论坛》2009年第8期。
5. 甘文成：《利用财政杠杆优化城市资源配置》，《价格与市场》2008年第2期。
6. 《长春城市开发集团有限公司跟踪评级分析报告》，豆丁网（http://www.docin.com/p-1014398026.html）。
7. 石珩、姜武汉：《国土资地方政府融资平台的现状、问题及建议》，《国土资源情报》2010年第11期。
8. 吴国代：《吉林省A基础设施融资平台运行模式研究》，硕士学位论文，吉林大学，2011年。
9. 陈鸿祥：《地方政府融资平台运行的潜在风险及防范策略》，《金融教学与研究》2010年第4期。
10. 张玲：《城市基础设施建设与区域经济发展研究》，博士学位论文，东北财经大学，2006年。
11. 孙晓光：《城市基础设施建设及其投融资研究》，博士学位论文，天津大学，2004年。
12. 李华：《城市基础设施建设投融资体制改革的探索》，《辽宁大学学报》（哲学社会科学版）2000年第6期。
13. 许骏：《浅谈我国基础设施建设融资方式》，《金融论坛》2003年第7期。
14. 甘文成：《我国城建投融资体系发展趋势探讨》，《城市》2007年第3期。
15. 刘峰：《政府投融资平台运作研究》，《建筑经济》2007年第2期。
16. 辛家鼎：《提高我国基础设施项目投融资风险管理的对策》，《华东经济管理》2008年第3期。

17. 李镜：《城市基础设施投融资平台构建及运行模式研究——以重庆市为例》，硕士学位论文，重庆大学，2008 年。

18. 周敏：《大连市城市基础设施建设投融资平台搭建与运作模式研究》，硕士学位论文，大连海事大学，2004 年。

19. 杜鹏：《甘肃省地方政府城建投融资平台研究——以兰州城市发展投资公司为例》，硕士学位论文，兰州大学，2010 年。

20. 谭长路：《地方政府投融资平台建设的模式分析》，《甘肃金融》2009 年第 3 期。

21. 马静：《河北省城市基础设施投融资平台研究》，硕士学位论文，河北大学，2011 年。

22. 甘文成：《巧走政府与市场"平衡木" 促进城建事业发展》，《城市》2006 年第 2 期。

23. 梁育民：《试论广州与东盟的城市合作》，《战略决策研究》2011 年第 2 期。

24. 甘文成：《巧走政府与市场"平衡木" 促进城建事业发展》，《中国建设信息》2006 年第 1 期。

25. 秦德安、田靖宇：《地方政府融资平台研究综述》，《地方财政研究》2010 年第 4 期。

第四篇

住房公积金与经济发展

第十四章 长春市住房公积金发展回顾

长春市住房公积金制度，是一种住房保障制度，也是住房分配货币化的一种形式。实行住房公积金制度有利于转变住房分配机制，将住房实物福利分配通过住房公积金的形式逐步转变为货币工资分配，有利于住房资金的积累和周转，可以逐步形成国家、集体、个人三者共同负担解决住房问题的筹资机制。

第一节 长春市住房公积金建立过程

1993年，长春市建立住房公积金，其标志是住房公积金专门管理机构成立及其职能行使。同年，长春市政府成立了住房公积金专门管理机构——长春市住房资金管理中心。中心隶属于长春市住房制度改革领导小组，挂靠在长春市房地局，负责市本级行政区域内，包括住房公积金在内的住房资金的统一营运和管理。

实行住房公积金制度，城市可以筹集一批稳定的住房资金，加快城市经济适用住房的建设。同时，有利于住房资金的短期周转，有利于政策性抵押贷款制度的建立。实行住房公积金制度使政策性住房贷款有了稳定可靠的资金来源，通过向个人提供政策性的住房贷款，可以降低职工贷款购房的还款负担。通过住房公积金的长期积累，可以逐步提高职工工资中的住房消费含量，从而增强职工购、建、大修住房的能力。因此，住房公积金制度是住房制度改革的一项重要内容，是房改的中心环

第四篇　住房公积金与经济发展

节，关系到房改工作的成败。① 所以，要全面推行住房公积金制度，所有单位及职工都要建立住房公积金制度。

长春市住房公积金实行低存低贷原则。② 低存低贷是指住房公积金的存、贷款利率低于同期限、同档次的银行存、贷款利率。实行低存低贷的原则是因为：一是低利率体现了互助性。如果职工住房问题已经解决了，不用提取住房公积金买房，存款利率低一点，对缴存住房公积金的职工收益影响不大，但可以帮助没有解决住房问题的职工，体现了互助互济的精神。二是由于职工个人住房公积金贷款利率较低，贷款职工每月还款负担减轻，这对于那些急需通过贷款解决住房问题的职工来说，提高了支付能力。三是住房公积金的一半以上是单位为职工代缴的，存款利率低一些，职工也可以接受。由于职工缴存住房公积金享受免征利息税的优惠政策，实际利息收益已高于银行商业存款利息。

住房公积金具有福利性质。住房公积金福利性体现在两个方面：一是职工个人公积金除职工个人交纳一定金额外，职工所在单位也要交纳一定的金额，两者都归职工个人所有，即职工单位为职工提供了福利补贴；二是职工住房公积金贷款利率低于银行贷款利率，具有明显的福利性。③

2002年8月29日，根据《国务院关于进一步加强住房公积金管理的通知》，长春市机构编制委员会下发了《关于成立长春市住房公积金管理中心的通知》。长春市住房公积金管理中心成立。长春市住房公积金管理中心不以营利为目的，为独立的事业单位，直属长春市人民政府。

为了加强住房公积金管理，长春市相应成立了长春市住房公积金管理委员会，作为长春市住房公积金的决策机构。组成人员结构为：长春市人民政府负责人和建设（房地产管理）、房改、财政、人民银行、审计等有关部门代表以及有关专家占三分之一；工会代表和职工

---

① 《为什么要全面推行住房公积金制度》，中国社保网（http://www.spicezee.com/zhishi/gongjijin/62955.html）。

② 《住房公积金为什么实行低存低贷原则？》，百度（http://zhidao.baidu.com/question/1446046571534101060.html）。

③ 《公积金知识》，豆丁网（http://www.docin.com/p-577484733.html）。

代表占三分之一；单位代表占三分之一。长春市住房公积金管理委员会的主要职责为：依据有关法律、法规和政策，制定和调整住房公积金的具体管理措施，并监督实施；拟定住房公积金的具体缴存比例；确定住房公积金的最高贷款额度；审批住房公积金归集、使用计划；审议住房公积金增值收益分配方案；审批住房公积金归集、使用计划执行情况的报告。

长春市住房公积金管理中心负责长春市行政区域内住房公积金的管理运作。具体职责为：编制、执行住房公积金的归集、使用计划；记载职工住房公积金的缴存、提取、使用等情况；核算住房公积金；审批住房公积金的提取、使用和归还；负责住房公积金的保值；编制住房公积金归集、使用计划执行情况报告；承办住房公积金管理委员会决定的其他事项。长春市住房公积金管理中心指定、委托中国建设银行、中国工商银行、中国农业银行、中国银行、交通银行、光大银行和吉林银行七家商业银行办理住房公积金贷款、结算等金融业务和住房公积金账户的设立、交存、归还等手续。

长春市住房公积金管理中心内部设立办公室、机关党总支、资金归集处、资金运用处、稽查处、会计处、技术处、资产保全处8个处室；同时，下设一汽、南湖、宽城、铁路4个分中心和双阳、九台、德惠、榆树、农安等9个分理处。

资金归集处主要职责：编制、落实住房公积金年度归集计划，办理职工住房公积金账户和单位住房公积金缴存、变更、撤销登记手续，调整住房公积金缴存基数，监督、检查受委托银行、承办单位和职工缴存住房公积金业务，等等；资金运用处主要职责：使用和管理住房公积金，受理、审批个人住房公积金贷款，签订贷款合同及对合同的公证、保险，购买国债，回收贷款，等等；稽查处主要职责：依据《住房公积金管理条例》，监督、检查、处罚或强制住房公积金缴存，监督、检查各受托银行是否履行合同，追缴挪用的住房公积金，等等；会计处主要职责：编制住房公积金和其他住房资金财务预决算，核算、监督住房公积金和其他住房资金的归集、运用、收支及分配，设立和管理住房公积金存款账户和其他住房资金存款账户，编制住房公积金年度归集、运用、收支计划及中长期总体规划，执行、监督、控制财务收支计划，协调、监督、检查、指导受托银行承办住房资金结算业务，等等；技术处主要职责：保证管理信息系统的正常运行及信息安全，做好与受托银行业务衔接协调，等等；资产保全处主要职责：清收不良贷款，管理、接收、变现、盘活抵债资产，进行诉讼类贷款的起诉、执行，核销呆、死贷款，管理公积金贷款的抵押物，审核确认住房公积金贷款保证人资格，评估确认"二手房"及抵押资产，等等。

住房公积金与社会保障统筹基金不同。① 住房公积金缴存、使用、所有权直接与职工个人相对应，全部归职工个人所有。住房公积金缴存的多少，决定着职工个人可使用住房公积金的多少。如缴存期间未使用，职工离退休时可一次性提取缴存的余额及利息；社会保障统筹基金，是以互助为基础，以满足职工个人最基本的看病和养老需要为目的，在客观上分散了个人看病和养老的风险，符合条件的职工可以使用，不符合条件的职工不能使用，也不能返还。因此，统筹基金不属于职工个人所有，可视为统筹对象所共有。

个人住房公积金贷款与商业住房贷款不同。一是贷款主体不同。住房公积金贷款主体是住房公积金管理中心，商业性住房贷款主体是各商业银行。二是贷款对象不同。商业性个人住房贷款对象是经资信考察合格，具有还款能力的自然人，住房公积金贷款对象是除具备商业性贷款所要求的条件外，还必须是正常足额缴存公积金12个月以上的在职职工。三是贷款资金来源不同。商业性个人住房贷款资金来源是各商业银行的自营资金（居民或单位存款），而住房公积金贷款资金来源是职工个人及所在单位缴存的住房公积金。四是贷款利率不同。住房公积金贷款实行低存低贷的原则。五是贷款风险承担主体不同。商业性贷款风险由发放贷款的商业银行承担，公积金贷款风险由确定发放贷款的住房公积金管理机构承担。②

下岗职工、内退职工或类似情况的职工，且仍从所在单位领取薪资的职工，应视同为单位在职职工，仍须按时足额缴存住房公积金。缴存

---

① 《住房公积金与社会保障统筹基金等的区别》，新浪房产（http://bj.house.sina.com.cn/bbs/ggj/2007-05-22/1614191826.html）。

② 《个人住房公积金贷款与商业性个人住房贷款的区别》，找法网（http://china.findlaw.cn/ask/baike/13851.html）。

基数为单位发放给职工的下岗、内退工资或其他形式的薪资。① 扣除职工应缴存的部分后,职工工资不得低于长春市劳动与社会保障局公布的当年下岗职工基本生活费。经单位职工代表大会讨论通过,征得职工本人同意,下岗职工也可以停止缴存住房公积金。

一般来说,任何单位必须按时、足额缴存住房公积金,不得逾期不缴或少缴。但是,对一些经济效益不好或严重亏损企业来说,缴交确有困难,可以经本单位职工代表大会或者工会讨论通过,并经长春市住房公积金管理中心审核,报长春市住房公积金管理委员会批准后,可以降低缴存比例或者缓缴;待单位经济效益好转后,再提高缴存比例或者补缴缓缴。

单位撤销、破产或者解散的,欠缴职工的住房公积金本息,比照所欠职工工资优先予以偿还。单位缓缴住房公积金后未补缴的缓缴部分,应视为欠缴的职工住房公积金。

住房公积金贷款的还款方式:一是等额本金还款法。这种方法第一个月还款额最高,以后逐月减少,所以这种方法常被称为"递减法"。二是等额本息还款法。这种还款法是按照贷款期限把贷款本息分成若干个等份,每个月还款额度相同,所以这种方法常被称为"等额法"。

住房公积金贷款必须担保。住房公积金贷款担保形式有三种。一是抵押担保。用所购的自住住房、自有住房或第三人住房抵押。二是质押担保。用银行的定期存单、国债等有价证券进行质押。三是保证担保。用公积金中心认可的法人、其他经济组织或自然人提供保证担保。②

第二节 长春市住房公积金发展分析

长春市住房公积金成立以后,发展迅速,归集数量逐年增加。初期,每年只能归集到几千万元,现在每年归集额已达到 30 亿元。特别是近几年,长春市住房公积金管理中心采取各种有效措施,加大住房公

---

① 《职工下岗住房公积金怎么上?》,房天下(http://www.fang.com/ask/ask_3412067.html)。

② 《公积金贷款担保方式有哪些可选择?》,百度(http://zhidao.baidu.com/question/680330618692554772.html)。

积金归集执法力度,使住房公积金覆盖面不断扩大,归集率不断提高,归集额逐年上升,呈现出大幅度递增态势。在住房公积金贷款方面,长春市住房公积金管理中心适应长春市职工购房贷款的需求,积极调整贷款政策,规范贷款程序,简化贷款手续,积极为职工提供住房公积金贷款服务,同时,加大对"二手房"发放住房公积金贷款的力度,贷款额不断上升。

2003年,长春市住房公积金管理中心归集住房公积金133156万元,完成计划的234%。长春市有3913个单位、477525名职工建立了住房公积金制度。截至2003年年末,住房公积金余额为321080万元。2003年发放住房公积金贷款68000万元,完成计划的114%。2003年住房公积金贷款占全市银行住房贷款的54%,支持5667名职工家庭购建住房面积60万平方米。2003年职工提取和使用住房公积金25085万元。购买国家债券20000万元。2003年实现净收益1885万元,按规定提取贷款风险准备金1131万元,提取长春市住房公积金管理中心管理经费754万元。

2004年,长春市住房公积金管理中心归集住房公积金145003万元,完成计划的145%;归集率为75%(电力、铁路等升值未列入);长春市有5351个单位、559739名职工建立了住房公积金制度;2004年发放住房公积金个人贷款82948万元,完成计划的115%。支持6165户中低收入职工家庭购买住房面积62万平方米。2004年住房公积金贷款占长春市个人住房贷款的70%。2004年实现收益4402万元。截至2004年年末,住房公积金余额为409224万元。2004年度职工提取和使用住房公积金54185万元。2004年购买国家债券33855万元。2004年实现净收益4402万元,按规定提取贷款风险准备金2689万元,提取城市廉租住房的补充资金300万元,提取长春市住房公积金管理中心管理经费1413万元。

2005年,长春市住房公积金管理中心归集住房公积金179914元,发放住房公积金个人贷款84664万元,支持6296户中低收入职工家庭购买住房面积64万平方米。职工提取使用住房公积金8.6866亿元。全年实现收益6377万元,同比增长44%。截至2005年年末,长春市共有6000多个单位、60余万名职工缴存了住房公积金,累计归集住房公积金 72 亿元，累计发放住房公积金贷款 25 亿元，支持 2 万余户中低收入职工家庭解决或改善了住房问题，总面积达 192 万平方米。

2006 年，长春市住房公积金管理中心归集住房公积金 180432 万元，完成全年计划的 120%；发放住房公积金个人贷款 94928 万元，完成全年计划的 119%，为 8252 户缴存住房公积金职工解决了住房资金问题。职工提取使用住房公积金 9.7781 亿元。住房公积金增值收益达 7310 万元，比 2005 年增加了 933 万元。对住房公积金增值收益按照 6：3：1 的比例进行了分配，提取贷款风险准备金 4386 万元；提取长春市住房公积金管理中心经费和专项资金 2193 万元；提取城市廉租住房建设补充资金 731 万元。

2007 年，长春市住房公积金管理中心归集住房公积金 204314 万元，完成全年计划的 113.51%，同比增长 13.23%；发放住房公积金个人贷款 114020 万元，完成计划的 126.69%，同比增长 16.77%，为 7561 户缴存住房公积金职工解决了住房资金问题。职工提取使用住房公积金 13.7343 亿元。住房公积金增值收益达 7875 万元，比 2006 年增加 559 万元。对住房公积金增值收益按照 6：3：1 的比例进行了分配，提取贷款风险准备金 4725 万元；提取中心经费和专项资金 2362.5 万元；提取城市廉租住房建设补充资金 787.5 万元。

2008 年，长春市住房公积金管理中心归集住房公积金 308203 万元，完成计划的 114%，同比增长 36%；发放个人公积金贷款 156803 万元，完成计划的 131%，同比增长 27%；职工提取住房公积金 146362 万元，同比增长 10%；实现住房公积金增值收益 11430 万元，同比增长 30%；提取贷款风险准备金 6858 万元，同比增长 45%；为市政府提供廉租住房建设补充资金 1143 万元，同比增长 45%。实现了归集和使用的动态平衡。

2008 年长春市住房公积金运作，累计拉动长春市经济增长近 1 个百分点，有效促进了住房消费，促进了房地产市场的健康发展。从 2008 年 1 月 1 日起，长春市单位和职工住房公积金最低缴存比例由原来的各 5% 调整到各 7%。这项举措，将有 36 万人直接受益。

长春市住房公积金管理中心所取得的成绩，得到了国家、省、市

第四篇　住房公积金与经济发展

政府的充分肯定。长春市住房公积金管理中心先后被评为全国建设系统创建文明行业示范点、吉林省建设系统文明单位和长春市精神文明先进单位、长春市经济社会软环境建设先进单位,荣获吉林省和长春市"五一"劳动奖状。

长春市住房公积金的快速发展,是长春市住房公积金管理委员会和长春市住房公积金管理中心全体人员不懈努力的结果。

第一,制定促进长春市住房公积金发展政策法规。长春市住房公积金管理委员会和长春市住房公积金管理中心,根据建设部、财政部、中国人民银行《关于住房公积金管理若干具体问题的指导意见》,国家建设部、财政部、中国人民银行、银监会关于印发《住房公积金行政监督办法》的通知,建设部、国家发展改革委、国土资源部、人民银行关于印发《经济适用住房管理办法》的通知,国务院《住房公积金管理条例》,财政部关于住房公积金财务管理补充规定的通知,国务院《关于进一步深化城镇住房制度改革加快住房建设的通知》,中华全国总工会关于认真做好工会参与建立住房公积金制度的通知,建设部等十部委关于完善住房公积金决策制度的意见,建设部等九部委关于住房公积金管理机构调整工作的实施意见和吉林省有关住房公积金的政策法规,制定了一系列发展长春市住房公积金的政策法规。比如,关于《长春市住房公积金贷款管理办法》的补充规定、关于印发长春市住房公积金贷款管理办法实施细则的通知、关于印发长春市住房公积金贷款管理办法的通知、关于规范长春市住房公积金缴存若干问题的意见、长春市城镇务工人员缴存和使用住房公积金的暂行规定、长春市棚户区改造回迁安置项目个人住房公积金贴息贷款管理办法(试行)、关于调整长春市住房公积金缴存比例的通知、长春市低收入家庭购买经济适用住房政府保障性住房公积金贴息贷款管理办法(试行)、长春市住房公积金提取管理办法、长春市住房公积金卡管理办法、关于《长春市住房公积金贷款管理办法》的补充规定、长春市住房公积金装修贷款管理办法(试行)、关于外来务工人员(农民工)租赁房屋提取住房公积金的补充规定,等等。这些政策法规,为长春市住房公积金发展提供了制度支持。

第二,加大归集执法力度,扩大覆盖面和归集率。建立科学的归集工作管理体系，采取分区域管理，指标分解落实，分理处由分中心统一管理、指导业务的方式开展归集工作；每月召开归集工作调度会议，加强中心与分中心及所辖分理处的信息沟通，严格落实指标考核制度，提高归集工作质量和效率。归集工作按照"区域管理、直接归集"的方式进行。一是存量与增量并重，指标分解、落实到人。二是直接管理新增单位二、三级账。三是加大行政执法力度，下达《责令改正通知书》，召开案审会，立案处罚，申请法院强制执行，直接划缴等措施。对拒不建立住房公积金和无故欠缴、少缴住房公积金的单位，坚决进行处罚和"曝光"；在劳动用工合同当中，增加缴存公积金内容。

第三，强化贷款力度，拓展贷款方式。长春市住房公积金管理中心个贷工作在"规模控制、计划管理"原则的指导下进行。一是在直接审批的基础上建立科学的贷款管理体系，全面规范个贷业务的各个环节。二是积极做好个贷的营销工作，保证职工有选择房源的空间。三是完成分中心的业务衔接工作，大力开展分中心贷款业务。四是推动长春市二手房市场的健康发展，积极为二手房贷款。五是谨慎办理信誉贷款。六是强化贷审会职能，加强程序管理，规避贷款风险。

第四，采取有效措施，做好贷款清收工作。一是认真分解清贷指标，制定具体清收措施，落实责任人，增强紧迫感与责任感；二是以中心为主，取得银行、法院等相关部门的配合与支持，组成清收网络，拓宽清欠渠道；三是继续坚持依法清贷，通过法律渠道清收贷款，依法查封欠款单位的资金账户或资产；四是积极探索清贷新模式，引入风险代理机制，充分发挥律师作用。

第五，加强贷款管理，做好风险防范工作。加大贷前审查力度，认真审查贷款单位担保能力和资格，加强贷款前期项目的审核、项目手续的审查及个贷件的审核等项工作；强化贷后管理，做好售建房单位摸底和定向购房单位摸底，完成抵押登记和注籍登记，对借款违约人实行银行催收和中心催收，加强还款情况跟踪，建立对逾期贷款的预警和催收机制，完善个人贷款档案管理，要求保证人履行担保责任，借款人履行违期贷款还款责任。加强会计核算工作，确保资金安全。实现会计核算电算化管理，加快票据传递速度，严把资金收付关，严格审核手续；各管理部建立住房公积金存款专户,资金全部划入中心账户内,保证公积金缴存余额准确无误和资金的安全。

第六,科学制定会计核算体系,确立核算的主体地位。制定会计工作规范,完善工作程序,明确会计核算工作体系。搞好会计人员培训,保证各项会计核算工作的高质量完成。完成年度住房公积金会计决算报表的编制、报送工作和住房公积金业务统计工作,完成年度住房公积金归集、使用和财务收支计划的编制和报送工作,完成年度中心在受托银行存量资金的核算工作,实现三级账与受托银行同步管理,做好职工住房公积金提取工作,加强住房公积金管理。

第七,制定和实施惠民举措。长春市住房公积金建立后,长春市住房公积金管理委员会出台了一系列惠民规定和措施,长春市住房公积金管理中心积极贯彻落实管委会决策,发挥住房公积金制度的优势,积极惠民、利民,为构建和谐长春做出了一定的贡献。一是实施城镇务工人员缴存、使用住房公积金规定。长春市住房公积金管理中心根据《关于长春市城镇务工人员缴存和使用住房公积金的暂行规定》,确定以建筑、餐饮、娱乐等服务行业为重点开展工作,排除各种不利因素,维护城镇务工人员的合法权益,实现了历史性的突破,也使中心在这方面的工作走在了全国前列。二是拓展棚户区改造回迁贴息贷款。近几年,棚户区改造是长春市要解决的重点问题。棚户区居民是城市的低收入人群,能够住上温暖舒适的楼房,一直是他们的愿望。为了帮助棚户区居民解决住房困难,长春市住房公积金管理委员会出台了《长春市棚户区改造回迁安置项目个人住房公积金贴息贷款管理办法》和《长春市低收入家庭购买经济适用住房、政府保障性住房公积金贴息贷款管理办法》。根据"贴息贷款"优惠政策,长春市住房公积金管理中心决定:2007—2008年度的贴息率为30%,即借款人实际偿还的利息,为现行住房公积金贷款利息的70%,由长春市住房公积金管理中心贴补其余的30%。"贴息贷款"对棚户区居民来说可谓是"雪中送炭"。贴息对象为:凡是按规定连续足额缴存住房公积金的长春市棚户区改造回迁户,其回迁安置房屋面积超出被拆迁房屋面积部分的扩大面积款,均可使用住房公积金贴息贷款解决;2008—2009年度,棚户区改造回迁安置户住房公积金贴息贷款及低收入家庭购买政府保障性住房的住房公积金贴息贷款的贴息率均为 30%；低收入家庭购买经济适用住房的公积金贴息贷款的贴息率为 20%。

参考文献

1. 长春住房公积金网（http：//www.cczfgjj.gov.cn/）。
2. 阎祖美：《住房公积金制度若干法律问题研究》，硕士学位论文，山西财经大学，2009 年。
3. 《中国人民银行关于加强住房公积金信贷业务管理的通知》，《中国财经审计法规公报》2002 年第 10 期。
4. 《住房公积金管理条例》，《人民日报》2002 年 3 月 29 日。
5. 姜景远、姜忠孝：《解读住房公积金》，《吉林日报》2006 年 12 月 26 日。
6. 蔡勇：《广元市住房公积金信贷风险管理研究》，硕士学位论文，电子科技大学，2008 年。
7. 刘成立：《浅议有关住房公积金的几个问题》，《对外经贸财会》2003 年第 10 期。
8. 颜景泉、孟凡明、李嘉楠：《为困难职工贴息贷款》，《吉林日报》2007 年 10 月 30 日。
9. 王有军：《长春市出台住房公积金新政策》，《中国经济时报》2007 年 11 月 22 日。
10. 张晓东：《对加快兵团住房公积金贷款发展的思考》，《兵团工运》2005 年第 2 期。
11. 江莉：《上海中低收入家庭住房问题的调查与建议》，《上海城市管理职业技术学院学报》2004 年第 4 期。
12. 刘新：《健全住房公积金制度之我见》，《当代贵州》2005 年第 18 期。
13. 《为什么要全面推行住房公积金制度》，中国社保网（http：//www.spicezee.com/zhishi/gongjijin/62955.html）。
14. 《住房公积金为什么实行低存低贷原则？》，百度（http：//zhidao.baidu.com/question/1446046571534101060.html）。
15. 《公积金知识》，豆丁网（http：//www.docin.com/p-577484733.html）。
16. 《住房公积金与社会保障统筹基金等的区别》，新浪房产（http：//bj.house.sina.com.cn/bbs/ggj/2007-05-22/1614191826.html）。
17. 《个人住房公积金贷款与商业性个人住房贷款的区别》，找法网（http：//china.findlaw.cn/ask/baike/13851.html）。

第四篇　住房公积金与经济发展

18.《职工下岗住房公积金怎么上?》,房天下（http：//www.fang.com/ask/ask_3412067.html)。

19.《公积金贷款担保方式有哪些可选择?》,百度（http：//zhidao.baidu.com/question/680330618692554772.html)。

第十五章　长春市住房公积金运行及其风险评价

长春市住房公积金运行及风险评价，主要是分析长春市住房公积金运行状况，评价长春市住房公积金运行风险，保障长春市住房公积金健康、快速发展。

第一节　长春市住房公积金运行分析

长春市住房公积金运行分析，主要分析长春市住房公积金归集，长春市住房公积金贷款，长春市住房公积金资产保全。

一　长春市住房公积金归集[①]

长春市住房公积金运行，首先必须归集到住房公积金。如果没有归集到住房公积金，也就没有长春市住房公积金运行。因此，归集住房公积金，是长春市住房公积金运行的起点。

按照《中华人民共和国住房公积金管理条例》规定，单位应当到住房公积金管理中心办理住房公积金缴存登记，再到受托银行为本单位职工办理住房公积金账户。单位合并、分立、撤销、解散或破产的，应当由原单位或者清算组织到住房公积金管理中心变更登记或者注销登记；再到受托银行办理职工住房公积金账户转移或者封存手续。职工缴存的住房公积金，由职工个人缴存的住房公积金和单位为职工个人缴存

---

① 长春住房公积金网（http://www.cczfgjj.gov.cn/）。

的住房公积金两部分构成。职工个人住房公积金月缴存额为职工本人上一年度月平均工资乘以职工住房公积金缴存比例；单位为职工缴存的住房公积金的月缴存额为职工本人上一年度月平均工资乘以单位住房公积金缴存比例。住房公积金缴存比例由住房公积金管理委员会拟定，由本级政府审核，报省政府批准。

单位按照工资的一定比例，为职工个人缴存的住房公积金，实质是以住房公积金的形式为职工增加的一部分住房工资，具有工资属性，目的是达到住房机制分配转换的目的，所以归属于职工个人所有。由于住房公积金的本质是工资属性，所以，单位为职工个人缴存住房公积金就大幅度增加了企业的成本，减少了企业的利润；并且，由于为职工缴存的住房公积金的月缴存额是以职工上一年度月平均工资为基数，如果本年度企业效益下滑，就很容易导致企业亏损。因此，大多数企业都千方百计地以各种借口不缴或少缴职工住房公积金。住房公积金归集难度较大，归集额也不确定。进而，会影响住房公积金的正常运行。

为此，长春市住房公积金管理中心执法人员经常对不缴或欠缴单位进行现场检查。填写《检查记录》和《调查笔录》，同时下达《责令改正通知书》，确定缴存住房公积金期限和欠缴住房公积金额度；要求被检查单位必须在《责令改正通知书》限期内，持单位公章、职工身份证号，到长春市住房公积金管理中心登记窗口办理登记手续，并在指定银行办理账户设立手续和缴存住房公积金；如果被检查单位逾期未按《责令改正通知书》办理，欠缴住房公积金的，由稽查执法人员填写《申请法院强制执行审批表》报主管领导审批后，填报强制执行申请书申请法院强制划转。未按《责令改正通知书》期限登记和设立账户的，中心执法人员填报《立案审批表》和《行政处罚审批表》报"中心案件审理委员会"审批，确定罚款金额；执法人员组成送达小组，向单位送达《行政处罚事先告知书》。3天内被处罚单位不申请听证的，送达《行政处罚决定书》。被处罚单位在收到《行政处罚决定书》15日内到中心开具缴纳罚款通知书后，到指定银行缴纳罚款；被罚单位不缴纳罚款，逾期60日，由中心填写《强制执行申请书》，申请法院强制执行罚款和滞纳金。

长春市住房公积金归集流程如下：①

第一，单位办理登记建户。①单位在长春市住房公积金管理中心资金归集处窗口领取《住房公积金登记表》和《住房公积金职工缴存清册》，填妥后送交归集处窗口审核，审核缴存职工范围、缴存比例、工资基数、月缴存额，填写各代码标识后，交归集处窗口进行缴存登记；②受托银行依据单位送达经审核后的《住房公积金登记表》和《住房公积金职工缴存清册》为缴存职工设立住房公积金个人账户。每个职工只能有一个住房公积金账户；③单位办理职工开户手续后，即可办理住房公积金的汇缴。单位采取按月汇缴方式，单位应当于每月发放职工工资之日起5日内将单位缴存的和为职工代缴的住房公积金由单位填写《住房公积金汇（补）缴款书》汇缴到住房公积金专户内，由受托银行记入职工住房公积金账户；④新设立单位应自设立之日起30日内到住房公积金管理中心办理公积金缴存登记，登记后20日内到受托银行办理职工公积金个人账户。

第二，单位办理缴存比例。①职工和单位住房公积金的缴存比例下限，不得低于7%，有条件的可适当提高比例；②长春市目前职工个人最多不能高于8%，单位最多不能高于20%，要单位提出书面申请，住房公积金管理中心审批；③单位办理降低缴存比例需提供以下材料：一是提交职工代表大会或者工会讨论通过的决议；二是单位提交降低缴存比例或者缓缴的申请；三是单位提交半年内的会计报表。最后，由长春市住房公积金管理中心审核批准。

第三，单位办理变更登记。职工调入调出之日起30日内，到长春市住房公积金管理中心资金归集处办理缴存登记和变更登记，单位应填写《住房公积金转移通知书》和《住房公积金缴存变更清册》，并持长春市住房公积金管理中心审批文件到受托银行办理职工公积金账户设立转入、转出手续。

第四，单位办理合并、分立、解散、破产登记。单位办理合并、分立、解散或者破产，自发生之日起30日内，由原单位或清算组织到长春市住房公积金管理中心资金归集处办理变更登记或者注销登记，并自

---

① 长春住房公积金网（http://www.cczfgjj.gov.cn/）。

办妥之日起20日内,持长春市住房公积金管理中心的审核文件,到受托银行为本单位职工办理住房公积金账户转移或者封存手续。

第五,单位办理停缴、缓缴申请。单位办理停缴、缓缴,需提供如下材料:一是提交职工代表大会或者工会讨论通过的决议;二是单位提交停缴或者缓缴的申请;三是单位提交有关部门批准关于停产半停产的文件。最后,由长春市住房公积金管理中心审核批准。

第六,资金列支渠道。单位为职工缴存的住房公积金,按照下列规定列支:一是机关在预算中列支;二是事业单位由财政部门核定收支后,在预算或者费用中列支;三是企业在成本中列支。

第七,工资额确定。1990年1月1日,国家统计局发布了《关于工资总额组成的规定》,工资总额由下列六个部分组成:一是计时工资;二是计件工资;三是奖金;四是津贴和补贴;五是加班加点工资;六是特殊情况下支付的工资。工资总额不包括出差伙食补助费、误餐补助、调动工作的旅费和安家费、计划生育独生子女补贴。

二 长春市住房公积金贷款[①]

长春市建立住房公积金的目的,就是为了向长春市缴存住房公积金的职工放贷,支持他们购买或解决住房困难。长春市住房公积金贷款,实质是长春市住房公积金管理中心个人住房担保委托贷款,是由长春市住房公积金管理中心运用住房公积金,委托银行向购买(自建、翻修、大修等)住房的职工发放的一种政策性担保委托贷款。资金来源于职工个人缴存的住房公积金和单位为职工缴存的住房公积金。贷款的对象,是在长春市住房公积金管理中心缴存住房公积金的缴存人和缴存单位的离退休职工。贷款的用途是用于购买、建造、翻建、大修自住住房。贷款委托银行发放,并由借款人或第三人提供符合长春市住房公积金管理中心规定的担保方式。

申请长春市住房公积金贷款的条件:一是贷款人必须有长春市城镇常住户口;二是截至申请贷款之日,贷款人连续足额缴存住房公积金12个月以上;三是有符合法律规定的购房、建房、大修自住住房的合

---

① 长春住房公积金网(http://www.cczfgjj.gov.cn/)。

同（协议）及有关材料；四是具有一定比例的自筹资金。购买商品房、经济适用房的，自筹资金不低于总房价的 20%；五是具有稳定的经济收入，有偿还贷款本息的能力（由所在单位出具月收入证明）；六是同意用所购住房或具有完全产权的自有住房或第三人住房做抵押，或用贷款银行认可的有价证券、银行定期存单进行质押，或由贷款银行认可的法人、组织或第三人提供保证。

进行长春市住房公积金贷款，贷款人必须进行贷款担保。具体担保形式：一是用所购自住住房、自有住房或第三人住房进行抵押；二是用国债、银行定期存单等有价证券进行质押；三是用长春市住房公积金管理中心认可的法人、其他组织或自然人提供保证；四是符合长春市住房公积金管理中心信誉等级评定条件的信誉贷款。抵押、质押、保证等担保或信誉贷款发生的相关费用由借款人负担。

如果住房公积金贷款借款人在还款期内连续 3 个月，累计 6 个月（含 6 个月）不按合同约定还款期限偿还贷款本息；或者借款人超过借款合同最后期限一个月仍未还清贷款本息；或者借款人向贷款银行提供虚假证明材料，已经或可能造成贷款损失；或者借款人擅自将抵押房屋出售、出租、转让、改建、赠予或重复抵押；或者借款人擅自改变用途，挪用贷款的；或者借款人在借款合同终止前死亡、失踪或移居国外，借款人合法继承人拒不承担偿还贷款本息或无力偿还贷款本息；或者借款人发生其他可能影响归还贷款本息的行为，贷款银行就有权处理抵押、质押物或由保证人代为偿还。

长春市住房公积金贷款偿还有两种方式，一种方式是等额本息还款方式，另一种是等额本金还款方式。前者是指贷款期内每月以相同的额度平均偿还贷款本息，后者是指每月等额偿还本金，贷款利息随本金逐月递减。

长春市住房公积金贷款流程如下：

第一，建房、大修自住住房贷款流程。①借款人提出建房、大修自住住房申请；②提交政府规划、土地管理部门审核批准材料；③到中心窗口领取《公积金贷款申请审批表》《借款合同》，准备相关材料；④中心对借款人提交的材料进行审核、审批；⑤借款人材料交受托银行进行录入；⑥办理公证、保险；⑦办理房屋抵押登记（房屋他项权证);⑧中心向受托银行出具《准予放款决定书》;⑨受托银行放款;⑩借款人按月还款。

第二,购买商品房,经济适用房,单位职工集资合作建房贷款流程。①借款人提出购买商品房、经济适用房、单位职工集资合作建房申请;②与售(建)房单位签订购房合同或协议,交纳首付款;③到中心窗口领取相关表格填写借款合同,并准备相关贷款材料;④中心对借款人提交的材料进行审核,审批;⑤借款人材料交受托银行进行录入;⑥办理公证、保险;⑦现房办理抵押登记(房屋他项权证),增量房办理注籍登记;⑧扣划贷款保证金;⑨中心向受托银行出具《准予放款决定书》,受托银行放款;⑩借款人按月还款。

第三,购买二手房贷款流程图。流程之一:①借款人提出购买二手房申请;②购买有产权证、土地证的二手房或用有产权证、土地证的第三人住房抵押的二手房,到中心指定的评估机构进行抵押房屋的评估作价;③买卖双方在中心的监督下签订《买卖房屋合同》,缴纳首付款,并办理更名过户手续;④到中心窗口领取《公积金贷款申请审批表》《借款合同》,准备相关材料;⑤中心对借款人提供的材料进行审核,审批;⑥借款人材料交受托银行进行合同录入;⑦办理公证、保险;⑧抵押房屋办理抵押登记(房屋他项权证);⑨中心向受托银行出具《准予放款决定书》,受托银行放款;⑩借款人按月还款。流程之二:①借款人提出购买二手房申请;②购买有产权证、无土地证的二手房,到长房置换担保有限责任公司;③长房置换担保有限责任公司对购买房屋进行评估作价,确定贷款金额,在担保公司的监督下买卖双方签订《买卖房屋合同》,办理更名、过户手续,并缴纳付款,同时担保公司指导填写相关表格;④中心对借款人提供的材料进行审核,审批;⑤借款人材料交受托银行进行合同录入;⑥办理公证、保险;⑦抵押房屋办理抵押登记(房屋他项权证);⑧中心向受托银行出具《准予放款决定书》,受托银行放款;⑨借款人按月还款。

三 长春市住房公积金保全

只有保全长春市住房公积金资产,长春市住房公积金才会正常运行、健康运行,才能实现建立长春市住房公积金的目的。为此,一要拟订不良贷款年度清收计划，及时清收不良贷款。二要做好抵债资产的接收、变现、盘活及日常管理等工作。三要协调受托银行和法院做好诉讼类贷款的起诉、执行工作。四要强化住房公积金信誉贷款保证人资格审核确认工作。五要强化住房公积金二手房贷款抵押资产委托评估认定工作。六要强化开发商、集资建房单位阶段性连带责任保证资格确认工作。七要建立缴款个人信用信息库及进行个人信用等级评定工作。

长春市住房公积金资产保全工作流程：①追缴贷款人所欠的贷款；②委托相关机构拍卖抵押资产；③委托相关机构要求担保人履行担保承诺；④建立缴款个人信用信息库。

第二节　长春市住房公积金运行风险评价

长春市住房公积金运行风险评价，主要是长春市住房公积金归集风险评价，长春市住房公积金贷款风险评价，长春市住房公积金保全风险评价。

一　长春市住房公积金归集风险评价

从1993年建立，到2008年年末，长春市住房公积金归集数量不断增加。目前长春市住房公积金每年的归集量已是当初的几十倍。2003年到2008年，长春市住房公积金管理中心归集的住房公积金分别为133156万元、145003万元、179914万元、180432万元、204314万元、308203万元，年均增长26.3%。长春市住房公积金归集风险为零。

长春市住房公积金归集数量不断持续增长的原因之一，是各级政府的高度重视和相关部门的大力支持。

长春市政府的主要领导亲自担任长春市住房公积金管理委员会的领导，并经常同长春市住房公积金管理中心的主管领导参加有关长春市住房公积金发展的会议，经常到长春市住房公积金管理中心调查研究，现场听取工作汇报，及时解决长春市住房公积金发展中遇到的问题，同时要求各相关职能部门支持长春市住房公积金发展。比如，2009年5月8日，长春市住房公积金管理委员会召开2009年第一次全体会议，长春市住房公积金管理委员会主任委员、市长崔杰，副市长王学战，市政府

| 第四篇　住房公积金与经济发展

副秘书长王慧力等领导参加了会议。会上，副市长王学战代表长春市政府对长春市住房公积金管理中心的工作给予了高度评价。他说，2008年长春市住房公积金管理中心认真贯彻市委市政府有关政策，不断推出有利于民生的政策措施，努力扩大公积金覆盖面，年度归集额突破了30亿元，并实现了归集和使用的动态平衡。长春市住房公积金管理中心通过资金的有效运作，累计拉动长春市经济增长近一个百分点，有效促进了住房消费，促进了房地产市场的健康发展。市长崔杰也做了重要讲话。他在肯定了中心工作的同时，对中心工作提出了新的任务和要求：一是要继续加大公积金贷款发放力度，在合理防范风险的基础上，争取早放、快放、多放，推动长春市房地产市场健康发展。二是继续扩大公积金覆盖面，创新归集管理模式，采取灵活多样办法，将灵活用工岗位和个体户也纳入为公积金缴存对象，扩大受益群体。长春市政府领导对长春市住房公积发展的高度重视，会转化为长春市住房公积金发展的直接动力。

　　长春市住房公积金归集数量不断持续增长的原因之二，是长春市住房公积金管理委员会和长春市住房公积金管理中心紧密合作与开拓性的工作。长春市住房公积金管理委员会和长春市住房公积金管理中心成立后，开拓进取，努力工作，促进了长春市住房公积金的归集。首先，制定了一系列住房公积金归集政策、规章和制度，为长春市住房公积金归集，提供了依据和保证；其次，严格把制定的各项政策、规章和制度落到实处，违者必究，在政策、规章和制度面前单位平等，人人平等；最后，不断完善创新归集制度，努力提高归集率，尽可能覆盖长春市所有"在职职工"。

　　对拒不缴存住房公积金的单位依法进行处理，维护了住房公积金制度的严肃性。2003年对550个单位进行了执法检查，对23个单位进行了执法公示，立案处罚了44个单位，申请法院强制执行21个单位，为37511名职工追补缴住房公积金4800多万元；2004年对574个单位进行了执法公示，立案处罚296个单位，申请法院强制执行46个单位，为33116名职工追补缴住房公积金3197万元；2005年对278户单位进行了执法检查，立案22户单位，申请法院强制执行82户单位，为10140名职工追补缴住房公积金1423万元；2006年检查了1257个单位，下达《责令改正通知书》599 份，媒体执法公示 126 个单位，对 23 个单位立案处罚，增加归集额 5612 万元；2007 年检查单位 2360 户，下达《责令改正通知书》925 份，召开案审会 21 次，立案处罚 373 户，申请法院强制执行 85 户，直接划缴 19 户，金额为 1791.67 万元。

在长春市住房公积金管理委员会和长春市住房公积金管理中心全体人员的共同努力下，长春市住房公积金归集数量不断持续增长。

二 长春市住房公积金贷款风险评价

为了防范贷款风险，长春市住房公积金管理中心制定了完善的公积金贷款制度，并不断强化贷款管理，努力实现公积金贷款管理科学化、规范化。特别是近几年，长春市住房公积金管理中心不断修改完善审贷会工作规则，充分发挥审贷会的作用，根据贷款需要，及时召开审贷会，严格审查贷款单位担保能力和资格。同时，全面加强贷款前期项目的审核、项目手续的审查及个贷件的审核等项工作；并且，加大贷款后管理的力度，启动了借款人履行借款责任程序、保证人履行保证责任程序；在此基础上，加大贷款催收工作力度和档案管理工作。长春市住房公积金管理中心通过贷款制度建设和强化贷款管理，较好地防范了贷款风险，始终使住房公积金贷款处于良性运行状态，支持了长春市职工解决住房或改善住房条件。同时，也拉动了长春市经济的发展。

三 长春市住房公积金保全风险评价

长春市住房公积金运行中，管理是否到位，管理质量高低，也会使住房公积金产生风险。比如，对公积金贷款的抵押物管理不当；对不良资产的清收、接收、变现、盘活时措施失误；监督、检查各受托银行不及时、不认真；管理信息系统不能良性运行，系统内数据信息不安全、不完整；不当核销呆、死贷款；不及时编制住房公积金财务预决算；不按规则核算和监督住房公积金归集、运用；不及时办理住房公积金存款账户；不编制住房公积金年度归集、运用计划及中长期总体规划；不及时建立会计凭证、账簿及报表档案等；均会产生住房公积金保全风险。

为了防范和化解住房公积金保全风险，长春市住房公积金管理中

第四篇 住房公积金与经济发展

心全面加强住房公积金保全管理工作。首先,强化住房公积金内部管理,建立完善住房公积金会计核算体系和健全财务管理制度,及时进行住房公积金会计核算和资金结算,规避操作风险;强化会计核算和财务监督,充分发挥会计的作用,保证核算准确,与银行同步核算。其次,集中封存管理住房公积金,实行无记名票表决制和主要领导一票否决制,发挥贷款审理委员会的作用,规避政策性风险。最后,根据楼盘价格确定贷款比例,对超期和逾期还款户实行公示,敦促其尽快偿还贷款。

长春市住房公积金管理中心基本实现了会计核算电算化管理,票据传递速度快,会计核算及时。银行按日交换票据和传输数据,票据及时入账、对账,保证票据不积压。依据《会计法》和长春市住房公积金管理中心的资金管理办法进行管理,严把资金收付关,严格审核;分类登记在银行开立的存款账户,及时掌握资金变动及余额,发现问题及时解决。

全面加强贷款后管理,加大对逾期项目贷款清收工作力度。近几年,长春市住房公积金管理中心针对不同情况,通过法定程序对抵押资产进行公开拍卖,通过诉讼程序确认债权,并督促抵债单位完成接收抵债资产。比如,2003年强制收回项目贷款资金636.2万元;2004年查封资金98万余元,查封资产40343平方米,强制收回资金16.6万元;2005年,强制收回资金4182万元;2006年强制收回项目贷款资金2949万元,接收两处项目贷款抵债资产3490余平方米;2007年强制收回一处1290余平方米抵债资产,回款145万元,收回榆树市政府欠款20万元,立案3户,查封2户抵押资产计289平方米,其中1户执行回款13余万元。资产保全工作为住房公积金良性运行奠定了基础。

参考文献

1. 长春住房公积金网(http://www.cczfgjj.gov.cn/)。
2. 《住房公积金》,百度文库(http://wenku.baidu.com/view/ba725b31b90d6c85ec3ac666.html)。
3. 《住房公积金手册》,豆丁网(http://www.docin.com/p-475649077.html)。

4.《关于中央国家机关住房公积金归集管理若干问题的通知》,《中国房地产金融》2000年第4期。

5. 徐强、杨楠:《住房公积金:数字后的民生话题》,《长春日报》2007年4月3日。

第十六章　长春市住房公积金对长春市经济发展的贡献

长春市住房公积金发展，改善了部分职工的居住条件，促进了长春市房地产市场的发展，拉动了长春市经济增长。

第一节　拉动了长春市经济增长

2003年，长春市住房公积金管理中心发放住房公积金个人贷款6.8亿元，职工提取使用住房公积金2.5085亿元，长春市GDP实现1338亿元；长春市住房公积金管理中心发放住房公积金个人贷款占长春市GDP的0.6957%，即为长春市经济增长贡献0.6957个百分点。

2004年，长春市住房公积金管理中心发放住房公积金个人贷款8.2948亿元，职工提取使用住房公积金5.4185亿元，长春市GDP实现1535亿元；长春市住房公积金管理中心发放住房公积金个人贷款占长春市GDP的0.8934%，即为长春市经济增长贡献0.8934个百分点。

2005年，长春市住房公积金管理中心发放住房公积金个人贷款8.4664亿元，职工提取使用住房公积金8.6866亿元，长春市GDP实现1678.5亿元；长春市住房公积金管理中心发放住房公积金个人贷款占长春市GDP的1.0219%，即为长春市经济增长贡献1.0219个百分点。

2006年，长春市住房公积金管理中心发放住房公积金个人贷款9.4928亿元，职工提取使用住房公积金9.7781亿元，长春市GDP实现1934.1亿元；长春市住房公积金管理中心发放住房公积金个人贷款占长春市GDP的0.9964%，即为长春市经济增长贡献0.9964个百分点。

第十六章　长春市住房公积金对长春市经济发展的贡献

2007年，长春市住房公积金管理中心发放住房公积金个人贷款11.4024亿元，职工提取使用住房公积金13.7343亿元，长春市GDP实现2264.8亿元；长春市住房公积金管理中心发放住房公积金个人贷款占长春市GDP的1.1099%，即为长春市经济增长贡献1.1099个百分点。

2008年，长春市住房公积金管理中心发放住房公积金个人贷款15.6803亿元，职工提取使用住房公积金14.6362亿元，长春市GDP实现2588亿元；长春市住房公积金管理中心发放住房公积金个人贷款占长春市GDP的1.1714%，即为长春市经济增长贡献1.1714个百分点。

2003年到2008年，每年长春市住房公积金管理中心发放的住房公积金个人贷款，拉动长春市经济增长约0.5个百分点。

第二节　改善了部分职工的居住条件

2003年，长春市住房公积金管理中心发放住房公积金贷款68000万元，住房公积金贷款占全市银行住房贷款的54%，支持5667名职工家庭购建住房面积60万平方米；2004年，长春市住房公积金管理中心发放住房公积金贷款82948万元，住房公积金贷款占全市银行住房贷款的70%，支持6165名职工家庭购建住房面积62万平方米；2005年，长春市住房公积金管理中心发放住房公积金贷款84664万元，住房公积金贷款占全市银行住房贷款的80%，支持6296名职工家庭购建住房面积64万平方米；2006年，长春市住房公积金管理中心发放住房公积金贷款94928万元，支持8252名职工家庭购建住房；2007年，长春市住房公积金管理中心发放住房公积金贷款114020万元，支持7561名职工家庭购建住房；2008年，长春市住房公积金管理中心发放住房公积金贷款156803万元用于支持缴存职工家庭购建住房。

另外，长春市住房公积金管理中心发放的"贴息贷款"，也使很多职工家庭受益。2007年，为了支持长春市棚户区改造，长春市住房公积金管理中心研究决定向回迁户发放住房公积金贴息贷款。凡是按规定连续足额缴存住房公积金的长春市棚户区改造回迁户，其回迁安置房屋面积超出被拆迁房屋面积部分的扩大面积款，均可使用住房公积金贴息贷款解决。2007 年的贴息比例为 30%，贴息部分从长春市住房公积金管理中心的增值收益中支出。长春市住房公积金管理中心全年共为 47 户家庭发放贴息贷款 192.6 万元。2008 年，长春市住房公积金管理中心决定向长春市棚户区改造回迁安置户和长春市低收入家庭购买经济适用住房、政府保障性住房发放公积金贴息贷款。长春市棚户区改造回迁安置户住房公积金贴息贷款及低收入家庭购买政府保障性住房的住房公积金贴息贷款的贴息率均为 30%；低收入家庭购买经济适用住房的公积金贴息贷款的贴息率为 20%。贴息部分长春市住房公积金管理中心从住房公积金的增值收益中支出，按此比例贴补给借款人。

2009 年，为进一步拓展住房公积金贷款业务，改善职工居住条件，支持职工住房装修消费，允许职工申请装修贷款。职工申请住房公积金装修贷款可以用所购自住住房抵押担保或提供保证担保。住房公积金装修贷款额度按所购住房建筑面积计算，每平方米不超过 800 元。贷款期最长不超过 10 年。

第三节 促进了长春市房地产市场的发展

为了有利于长春市房产市场发展，不同时期，根据不同情况，确定不同的住房公积金贷款最高额度。比如，2003 年，为了促进存量房和增量房的销售，长春市住房公积金管理中心对公积金贷款政策做了较大调整，规定：购买二手房和使用权住房（"房票子"）的职工可申请公积金贷款；足额缴存住房公积金一年（原规定为两年）以上的职工，即可申请公积金贷款；最高贷款额度由 20 万元放宽到 40 万元，改变过去最高不超过 20 万元的规定。此外，还将为参加集资合作建房的职工提供公积金按揭贷款；向全市所有"五证"齐全的开发项目提供公积金贷款；引入资信担保。

2005 年 4 月，为了调整长春市房地产市场住房供应结构，增加普通商品房供应量，防止高档商品房过度开发。长春市住房公积金管理中心调整了单笔住房公积金贷款最高额度。单笔贷款最高额度由 2004 年的 40 万元，降到 30 万元。同时，对住房公积金贷款的首付款比例进行了规定，主要原则是以楼盘销售价格为衡量标准，确定住房公积金贷款首付比例。销售价格在 2000 元/平方米以下的首付 20%；2000 元/平方米—2500 元/平方米的首付 25%；2500 元/平方米—3000 元/平方米的首付 30%；3000 元/平方米—3500 元/平方米的首付 35%；3500 元/平方米—4000 元/平方米的首付 40%；4000 元/平方米以上的首付 50%。相对于以前的公积金贷款最低首付 20%，此次贷款首付的调整力度较大，尤其是利用公积金贷款购买 3000 元/平方米的高档住房，首付最少提高了 10%，最多提高了 30%。因为，2004 年，长春市高档住宅空置 27.8 万平方米，平均价格高于 4000 元/平方米，空置面积占高档住宅开发总量的近一半，原因主要是中低价房屋供应量偏少。所以，通过提高高档住宅公积金贷款首付比例，影响住宅结构向合理化调整。长春市住房公积金贷款最长期限为 20 年，但不能超过借款人自贷款发放之日到国家法定离退休年龄的年限。长春市住房公积金"二手房"贷款的首付比例为 30%，最高贷款额为 20 万元，贷款期限最长时间为 10 年。

2009 年，为了充分利用住房公积金拉动长春市经济发展和最大限度地改善职工住房条件，长春市住房公积金管理中心又调整了贷款政策：一是上调住房公积金贷款最高额度，突破现行的 40 万元，上不封顶，根据职工购房面积和总房款做参照，首付比例最低为房款的 20%，最高为 45%~50%。二是调整贷款最高年限，由 20 年调整为 30 年。三是调整职工最高还款年龄的规定，由退休年龄向后延长 5 年。四是把提取政策进一步人性化，结合当前的经济形势，有一些困难的企业，考虑允许他们的职工按月集体提取，解决生活困难问题。此外，长春市住房公积金管理中心还规定，外来务工人员（农民工）租赁房屋可以每季度提取一次住房公积金，提取额度不超过当季租赁房屋实际发生额度。

另外，从长春市经济发展的角度来说，长春市还需要继续强化住房公积金对长春市经济发展的贡献。

第一，强化长春市住房公积金归集。住房公积金拉动长春市经济发展，需要持续不断地进行住房公积金贷款和扩大住房公积金贷款额度，而要持续不断地进行住房公积金贷款和扩大住房公积金贷款额度，就需要不断强化住房公积金归集，不断增加住房公积金归集数量。因此，长春市住房公积金管理中心必须继续采取有效措施，制订科学的归集计

第四篇　住房公积金与经济发展

划,建立缴存信息档案,扩大归集覆盖面,调整缴存基数和缴存比例,强化执法。从操作层面来说,核心是强化住房公积金归集管理。

住房公积金归集按照"区域管理、直接归集"的原则进行,充分利用现有资源主动归集,在保证存量的同时,重点抓增量,对新增加的缴存单位要直接对二、三级账进行管理;强化对改制后企业和民营企业缴存住房公积金的检查力度,督促并限期缴存住房公积金,对下责令后仍不为职工缴存住房公积金的单位,要在新闻媒体上公示,并依法进行处罚。按长春市住房公积金管理中心划分的区域管理办法,各分中心专管员分区域包保;强化对分理处的建户率、缴存率的指导检查力度,对分管的分理处所辖县(市)单位缴存住房公积金的人数、户数、额度进行全面的检查;委托在长春的各家商业银行开展归集业务,覆盖乡(镇)及铁路沿线地区的归集工作空白点。①

对分中心进行特殊授权,对分理处一般授权。授权之后,相应的权利、义务、责任按照管理层级进行划分。采取完全授权的方式,将住房公积金行政执法权下移到分中心,分中心管辖区域内发生的案件从调查到申请法院执行都由分中心办理。

第二,强化长春市住房公积金贷款。进一步健全和完善住房公积金贷款制度,加强贷款管理,防范贷款风险。加强住房公积金贷前管理、贷中管理和贷后管理,最大限度规避风险。加大了住房公积金贷款力度,扩大贷款范围,强化商品房、经济适用房、集资合作建房的住房公积金贷款。对商品房、经济适用房、集资合作建房的住房公积金贷款实行按比例管理的新办法,合理调度分配贷款资金,科学利用资源。强化二手房贷款,拓宽担保方式,增加担保内容;完善审贷委员会规则,严格审查贷款单位担保能力和资格,强化审贷委员会的职能,强化审贷会审议力度;降低住房公积金贷款门槛,放宽贷款条件,减少贷前审核要件,降低担保单位的保证金额度,取消现房和现房贷款保证金,允许低收入职工自愿办理抵押财产保险。

建立贷后管理的风险预警体系,对连续两期违约的借款人实行重点催收;建立住房公积金个人贷款诚信管理体系。贷款要实行"规模控

---

① 长春住房公积金网 (http://www.cczfgjj.gov.cn/)。

制、计划管理",增强贷款计划指标管理的科学性。要研究贷款的投向,科学分配贷款资金,规避贷款风险。适当加大贷款的首付款比例,降低借款人的还款压力;适当加大信誉保证贷款的发放规模;适当降低公积金个贷发放的最高额度。制定有效措施,规避政策调整带来的风险。加大公积金提取的管理力度。

第三,强化长春市住房公积金保全。要拉动长春市经济发展,就必须强化长春市住房公积金保全。如果归集到的长春市住房公积金得不到保全,则拉动长春市经济发展就难以落到实处,甚至使拉动长春市经济发展成为一句空话。因此,要采取有效措施,做好资产保全工作。要做好项目贷款清收,加大执行力度;同时,适度放宽信誉贷款保证人条件,根据购房款确定信誉贷款额度;规范对中介机构的委托,与中介机构签订委托合同,明确权利义务和责任;完善个人信用信息系统,发挥信用信息系统在发放公积金贷款中的重要作用;加强公积金贷款预警系统建设,强化贷款风险防范。

在政策允许的情况下,及时对清收资产进行处置,保证资产收回,或尽量减少损失;根据有关规定,向财政部门提出资产处置书面申请,经财政部门审核并报公积金管委会审议批准后,按照《财政部关于印发〈住房公积金呆账核销管理暂行办法〉的通知》规定的程序,对资产进行处置,对公积金呆账进行处置核销。职工有下列情形之一,可以申请提取本人住房公积金:①购买、建造、翻建、大修自住住房的;②离休、退休的;③职工死亡或者被宣告死亡的;④与单位终止劳动关系未再就业的;⑤偿还购房贷款本息的;⑥出境定居或户口迁出本管辖区的;⑦被纳入本市城镇居民最低生活保障范围的;⑧租住住房的月房租超出家庭月工资收入15%的;⑨遇到下列突发事件,造成家庭生活困难的:一是本人、配偶、子女及父母患有重大疾病的;二是因交通事故、医疗事故、工伤事故等受到严重人身伤害的;三是家庭中子女考取国家承认学历的全日制大学,无力供其就学的;四是遇到其他突发事件,造成家庭重大财产损失导致家庭生活困难的;⑩城镇务工人员与单位解除劳动关系、租住房屋及符合⑤、⑨项提取条件的。依照第①项规定提取住房公积金的,其配偶及同一户籍内的子女、父母可同时提取住房公积金;依照第⑤、⑦、⑧、⑨项规定提取住房公积金的,其配偶可同时提取住房公积金。

参考文献

1. 长春住房公积金网（http://www.cczfgjj.gov.cn/）。

2. 《长春市住房公积金提取管理办法》，天下房地产法律服务网（http://www.law110.com/law/city/zhangchun/law110comchangchun2006200320146.html）。

3. 徐强、罗明、刘佳伟：《都市"上班族"的"住房银行"》，《长春日报》2007年8月16日。

4. 徐阳：《长春调整住房公积金贷款》，《吉林日报》2005年4月27日。

5. 《大连市实施国务院〈住房公积金管理条例〉办法》，中华人民共和国财政部驻大连财政监察专员办事处网站（http://dl.mof.gov.cn/lanmudaohang/zhengcefagui/200805/t20080524_42161.html）。

6. 《长春市住房公积金贷款尺度放宽 最高可贷40万》，新华网（http://news.xinhuanet.com/newscenter/2003-06/19/content_927312.htm）。

7. 南昌住房公积金网（http://www.ncgjj.com.cn）。

8. 《菏泽市住房公积金管理暂行办法》，《菏泽日报》2005年5月11日。

9. 《南京市住房公积金管理条例》，《南京日报》2006年10月20日。

10. 刘淑敏：《住房公积金法律制度研究》，硕士学位论文，郑州大学，2006年。

11. 《南昌市住房公积金管理条例》，《南昌日报》2008年1月19日。

12. 李浩、潘兴彪：《关于鞍钢住房公积金的研讨》，《冶金财会》2000年第11期。